本书出版获四川外国语大学后期资助项目资助

制度内选择行为与东亚经济一体化的路径选择

Internal Choosing Behaviors and Path Selections of East Asian Economic Integration

席桂桂　著

中国·广州

图书在版编目（CIP）数据

制度内选择行为与东亚经济一体化的路径选择/席桂桂著．—广州：暨南大学出版社，2017.11
ISBN 978-7-5668-2194-2

Ⅰ.①制…　Ⅱ.①席…　Ⅲ.①东亚经济—区域经济一体化—研究
Ⅳ.①F131.04

中国版本图书馆 CIP 数据核字（2017）第 232982 号

制度内选择行为与东亚经济一体化的路径选择
ZHIDUNEI XUANZE XINGWEI YU DONGYA JINGJI YITIHUA DE LUJING XUANZE
著　者：席桂桂

出 版 人：徐义雄
策　　划：黄圣英
责任编辑：吴筱颖　宋　茜
责任校对：何利红
责任印制：汤慧君　周一丹

出版发行：暨南大学出版社（510630）
电　　话：总编室（8620）85221601
　　　　　营销部（8620）85225284　85228291　85228292（邮购）
传　　真：（8620）85221583（办公室）　85223774（营销部）
网　　址：http：//www.jnupress.com
排　　版：广州市天河星辰文化发展部照排中心
印　　刷：广州市穗彩印务有限公司
开　　本：787mm×1092mm　1/16
印　　张：13.5
字　　数：221 千
版　　次：2017 年 11 月第 1 版
印　　次：2017 年 11 月第 1 次
定　　价：48.00 元

目　录

绪 论

在“冷战”时期，相对于以欧盟（EU）为代表的欧洲经济一体化，或者以美国为主导的北美自由贸易区（NAFTA），东亚区域经济一体化进程相对迟缓。从20世纪60年代出现东亚经济整合趋势，到1989年象征着亚太区域经济一体化的亚太经济合作组织（APEC）的建立，东亚区域经济合作走过了一条曲折却充满希望的一体化道路。

以APEC制度的发展为例，澳大利亚、日本、中国和美国都是APEC的重要成员国。在APEC建立之初，成员国希望借助这一组织，推动亚太区域自由贸易和技术合作，实现区域经济一体化。日本、澳大利亚、美国等初始成员国抱着积极参与建设的态度。中国加入这一组织后，也抱着积极的态度参与APEC建设。

1997年，东亚金融危机的爆发促使东亚新区域主义出现。双边自由贸易协定（FTA）在东亚大行其道，成员国相对弱化了对APEC制度的参与。[①] 此时的日本、中国、美国和澳大利亚分别与东亚国家或者国家集团进行双边或多边自由贸易协定（FTA）谈判。例如，四个国家都与东南亚国家联盟（ASEAN）签署了《东南亚国家友好合作条约》（Treaty of Amity and Cooperation in Southeast Asia，TAC），都是大湄公河次区域（GMS）经济合作机制的成员国。澳大利亚、日本和中国分别与东盟签署了自由贸易协定（FTA）或优惠贸易协定（PTA），美国和东盟签署贸易与投资框架协议（Trade and Investment Framework Agreements，TIFA）。东亚多边经济合作制度进入了具有歧视性色彩的以“东盟+N”双边自由贸易协定（“ASEAN+N”FTA）为代表的新阶段。这种经济秩序强调开放性，以大国均势作为根基，以各种经济安排和制度、倡议为骨肉，以大国合作博弈为动力。这种转变一方面与东亚所

① 部分学者如印度裔学者贾格迪什·巴格瓦蒂（Jagdish Bhagwati）、英国旅澳学者雷文修（John Ravenhil）倾向于用特惠贸易协定（Preferencial Trade Agreements，PTA）代指自由贸易协定（Free Trade Agreements，FTA）。本书中，两种说法都指同种类型的协定。

处经济安全形势有关，另一方面与 APEC 制度难以提供区域经济发展所需公共物品有关。

东盟主导下的东亚经济一体化，存在日本和中国关于自由贸易谈判议程的争夺，形成分别以中国和日本为圆心的两组“轴心—轮辐”结构的 FTA。2003 年，中国提出支持东盟在东亚范围内建立“东盟 + 中日韩”（“ASEAN + 3”）的“东亚自由贸易区”（EAFTA）设想；2006 年，日本倡议在“ASEAN + 3”的基础上，引入印度、澳大利亚、新西兰，建立“东亚全面经济伙伴关系”（CEPEA）。中日竞争性的双边贸易协定，导致东亚多边经济合作制度越来越多，且制度重叠日趋复杂，以至于形成所谓的“面条碗效应”（Noodle Bowl Effect）。[①] 为了克服制度重叠弊端，简化贸易手续，降低交易成本，进一步整合东亚区域经济，东亚多边经济合作制度进入新的整合阶段，新一轮的东亚自由贸易谈判超越了双边 FTA 谈判，体现出跨区域的经济整合的特征。

爆发于美国的新一轮全球金融危机加速了区域经济整合的趋势。金融危机削弱了美国和欧盟的经济地位，相对而言，亚洲和澳大利亚没有受到危机的太多冲击。这表现在金融危机以来，澳大利亚经济实力不降反而进一步增强；尽管经济下行压力增大，但中国经济数字保持了较快速度的增长。美国和欧盟进一步重视亚洲市场，为挣脱国内危机泥潭，美国开始主导新一轮的自由贸易谈判议程。这表现在美国与欧盟进行关于《跨大西洋贸易与投资伙伴关系协定》（TTIP）的谈判，在亚太地区主推《跨太平洋伙伴关系协定》（TPP）谈判，从全球层面推广新一轮的贸易标准和规则。这是一项门槛规格较高的自由贸易协定谈判，以 TPP 谈判为代表的新的亚太多边贸易制度一旦建成，不仅对 APEC 开放的区域主义特征是一个沉重打击，而且足以拆分现存的 APEC 制度。与 TPP 谈判相呼应，东盟与中国力推更为符合自身经济发展水平的区域性自由贸易协定谈判——区域全面经济伙伴关系（RCEP），强调从不同的制度化路径，建立亚太自由贸易区（FTAAP）。

随着自由贸易谈判的深入，日本、中国、美国和澳大利亚同时成为新的东亚区域多边经济合作制度的倡议者或者成员国。日本、澳大利亚和中国积

① “面条碗效应”这一说法源于贾格迪什·巴格瓦蒂（Jagdish Bhagwati）提出的“意大利面条碗效应”（Spaghtti Bowl Effect）。详细分析请参考：C. Fred Bergsten，“Pacific Asia and the Asia Pacific：The Choices for APEC”，*Policy Briefs*，Vol. 2，No. 4，2009，pp. 381 – 383；C. Fred Bergsten，“Toward a Free Trade Area of the Asia Pacific”，*Estudios Internacionales*，Vol. 39，No. 156，2011，pp. 159 – 162.

极参与 RCEP 谈判，与此同时，澳大利亚、日本积极加入美国主推的 TPP 谈判。TPP 未邀请中国，中国也因为 TPP 高标准的贸易规则，暂未有加入的打算。中国积极促进中日韩三边 FTA 谈判，除此之外，重提涵盖地域更广的亚太自贸区（FTAAP）概念，倡导建立亚洲基础设施投资银行（AIIB）、金砖国家新开发银行、上海合作组织开发银行和“丝路基金”（“三银一金”），并提出“一带一路”的亚欧大陆经济合作战略。积极推动区域性经济整合，表明中国政府外交上突破“韬光养晦”，越发“有所作为”。从 APEC 建立到近期进展迅速的 RCEP、TPP 以及 FTAAP 等巨型自贸区谈判，表明成员国对亚太地区多边贸易制度的态度发生了变化。

在东亚经济制度化进程中，成员国对制度的参与模式可大体分为三种类型：领导型（包括制度的倡议者）、建设型（包括积极的建设者和消极的建设者），以及另起炉灶型。通过观测最近 20 余年东亚经济制度化合作情况，我们能够注意到多个成员国存在同时转变对某一制度的参与模式的情况：它们从制度的倡议者转变为制度的消极建设者，甚至抛开参与的制度，另起炉灶。

日本是东亚地区大国。“冷战”期间，日本经济迅速崛起并成为东亚地区潜在的霸权国，寻求主导东亚甚至亚太地区多边贸易制度建设，提出一系列东亚经济一体化倡议。日本寻求在东亚乃至亚太地区建立主导性的多边贸易制度的努力遭到美国的打压。需要指出的是，正是日本对东南亚国家的战后赔偿与援助，促使东南亚国家开始考虑建立统一的市场和经济整合的可能性。APEC 制度得以建立，离不开日本的倡导和支持。

中国的崛起导致东亚权力格局出现调整，日本开始借助积累的经济与贸易优势开始与中国争夺东亚区域内的其他国家，提出有助于日本发挥主导作用的多边自由贸易制度设计。日本对东亚多边经济制度持开放态度，无论制度的倡议者是中国还是美国。目前，日本既是美国主导的 TPP 多边贸易谈判的新加入的成员国，也是东盟主导、中国参与的 RCEP 谈判的成员国，然而其本身并没有积极倡导建立新的贸易谈判议程。日本从制度的倡议者（initiator）变为适应者（accommodator），一方面，日本需要适应中国崛起带来的东亚甚至亚太地缘政治、经济的变化；另一方面，日本需要适应中国以积极姿态参与东亚经济一体化的行为。日本的适应战略最大限度地为自己争取了经济利益，它既不反对同时参与竞争性的自由贸易制度的谈判集团，又体现了日本不拒绝成为中国和美国主导的不同贸易谈判议程的协调者的可能。

中国与日本一样，是东亚地区大国。“冷战”期间，中国是美国与苏联之外不可忽视的第三方力量，是东亚地区的政治、军事大国。“冷战”结束后，中国经济迅速崛起，成为东亚甚至世界经济发展的引擎。中国崛起、日本与美国相对衰落改变了亚太地区地缘经济格局。APEC 建立后，中国有限参与东亚多边自由贸易建设。中国加入 APEC 时更多的是以一种政治姿态，寻求融入既有亚太多边经济贸易制度的途径。直到 1997—1998 年东亚金融危机爆发，中国才开始采取积极姿态推动东亚经济一体化建设。中国对东亚多边经济合作态度的转变，体现出明显的阶段性，特别是东亚金融危机前后，中国从见证者（eye-witness）转变为积极的参与者（proactive actor）。

美国作为“冷战”后国际体系的全球超级大国，一直是东亚地区安全的提供者。美国及其盟国构建以美国为中心、以双边安全协定为支轴的“轴心—轮辐”（Hub - Spoke）式的联盟安全体系，是保证东亚经济一体化顺利实施的安全架构。[①]“冷战”期间，美国对东亚经济一体化制度建设并不上心，对东亚地区国家提出的一体化倡议也多少抱有犹疑，但对日本是否将通过经济制度建设攫取东亚经济主导权保持警惕。“冷战”结束后，特别是克林顿政府时期，美国开始积极关注东亚经济一体化，美国联合澳大利亚，将 APEC 制度从部长级会谈升级到年度成员国首脑非正式会晤机制。美国卷入东亚多边贸易制度体系后，再也没有离开，参与角色从较为单一的东亚安全提供者（guardian）逐渐变为安全提供者和经济规则的重新塑造者（rule-setter）。

澳大利亚是一个中等强国，在地缘上不属于东亚，但它是东亚经济一体化进程中重要的域外因素，甚至一度主导了 APEC 制度的建立和发展。20 世纪 70 年代，随着日本崛起，澳大利亚积极响应日本提出的一系列多边经济安排，谋求区域内组织的成员国身份（membership）。20 世纪 80—90 年代，澳

---

① 1975 年，罗恩·旺纳科特（Ron Wonnacott）教授发展了“轮轴和辐条”（Hub and Spoke）理论，用以分析欧洲、美洲和拉丁美洲的 FTA 网络。可参考 Ron Wonnacott，“A Canada’s Future in a World of Trade Blocs：A Proposal”，*Canadian Public Policy*，Vol. 1，Issue 1，1975，pp. 118 - 130；Ron Wonnacott and Paul Wonnacott，“Toward Free Trade Between Canada and the United States：What are the Potential Effects of a Broad Canada-United States Free-Trade Agreement?”，*Canadian Business Review*，Vol. 12，Issue 3，1985，pp. 12 - 16. 借用这一概念分析美国对亚太安全战略的文章，可以参考：Josef Joffe，“‘Bismarck’ or ‘Britain’? Toward an American Grand Strategy after Bipolarity”，*International Security*，Vol. 19，No. 4，1995，pp. 94 - 117；G. John Ikenberry，“American Hegemony and East Asian Order”，*Australian Journal of International Affairs*，Vol. 58，No. 3，2004，pp. 353 - 367.

大利亚主动走向前台，成功提出一系列针对东亚区域合作的经济倡议。1989年，澳大利亚与日本共同倡议建立了 APEC 部长级会议机制，随后澳大利亚总理保罗·基廷（Paul Keating）积极主张将 APEC 制度升级为国家首脑参加的高级别合作机制，将其作为进一步融入亚洲区域决心的重要展示。[①] 此外，澳大利亚也积极推动实现亚太自由贸易时间表的茂物目标（Bogor Goals）。澳大利亚在东亚有巨大的经济利益，东亚是其实施能源外交的主战场。降低关税、降低东亚国家市场准入门槛、推动东亚自由贸易，都符合澳大利亚的国家利益。

随着东亚地缘经济版图的变化，日本、中国和美国的力量此消彼长，复杂互动。三个国家为了应对金融危机，各自提出新的东亚区域一体化倡议，对此，澳大利亚开始采取“两面下注”（Hedging）战略：安全上依赖美国，经济上依赖中国。澳大利亚积极参与东亚地区各种多边贸易制度，同时打造自己作为亚太地区多个贸易集团的搭桥者（bridge-maker）角色，塑造其成为亚太地区贸易网络的重要关节点。

本书的研究基于对以上四个国家参与东亚多边贸易制度行为变化的观测。成员国在参与东亚多边贸易制度建立和运作过程中，存在相似的制度内选择模式，存在同时支持或背离该项多边贸易制度的行为。引发成员国参与多边贸易制度模式发生转变的原因是什么？为什么在某些关键的历史节点，成员国采取了近似的参与模式？成员国参与制度建设的模式是否有规律可循？制度是如何被选择和改变的？本书的研究目的正是解释成员国参与行为的变化，回答导致成员国对参与制度的态度出现近似转变的原因，从而解释东亚贸易体系的变迁。

第一节　问题的提出

东亚地区存在着一系列的多边贸易合作机制，也存在某个国家同时是多个制度的成员国的情况。这些成员国在制度建设过程中，存在近似的参与行

---

① Allan Gyngell and Michael Wesley, *Making Australian Foreign Policy*, Cambridge: Cambridge University Press, 2003, p. 116.

为。日本曾经是“冷战”期间东亚多边自由贸易制度积极的倡议者，然而，“冷战”后超过10年时间，日本游离于东亚多边贸易合作制度之外，随后逐渐转变为积极的适应者，在适应美国和中国主导的多边自由贸易谈判的同时，伺机重新夺回关于制度建设倡议的主导权。中国加入APEC后，从见证者转变为积极的参与者。美国近来逐渐丰富参与内涵，借助“亚太再平衡战略”，从单纯的东亚安全的提供者，试图转变为新的东亚贸易规则的塑造者。澳大利亚从最初的东亚自由贸易规范的倡导者，转变为各类型多边贸易制度积极的参与者，试图塑造其亚太地区不同贸易集团的搭桥者的身份。

东亚经济一体化制度建设存在关键的历史节点，在一些特定的历史节点，东亚经济一体化获得巨大进展。这种历史节点主要体现为东亚各种类型的经济危机。经济或者金融危机是推动东亚经济一体化的重要外力，无论是1997—1998年的东亚金融危机，还是2007—2009年的全球金融危机，都大大改变了日本、中国、美国和澳大利亚等成员国的制度参与模式，它们抛弃了先前的参与角色。

正是基于这种观测，本书提出关于成员国参与制度模式的行为分析的概念和相关假设，通过对成员国参与行为的梳理，探讨这种参与行为如何改变东亚经济一体化的制度选择。

本书引入“制度是东亚区域公共物品有效供给”的解释框架，提出成员国的制度内选择行为是分析成员国参与模式变化的核心变量。这类分析视“自由贸易”为一种区域性公共物品，以东亚多边贸易合作制度作为东亚自由贸易的载体，制度是否有效推动东亚自由贸易，决定了制度参与国对该制度的参与模式是积极参与还是消极对待。是否为“有效的”东亚自由贸易制度，统一采用“削减关税”这一指标进行衡量。

从东亚自由贸易深化的路径可以看出，东亚多边贸易制度从最初作为自由贸易规范的倡导者（如APEC对实现自由贸易的目标路线图），演变为东亚金融危机时强化金融领域的合作者（如“清迈倡议”），进而上升到强调公平贸易的美国与韩国自由贸易协定（KORUS FTA），到强调消除关税、强调贸易监管措施的一致性（TPP）。在制度不断演化，更有效承载和提供东亚区域公共物品的同时，存在促进制度完善的主导国因素。主导国对制度参与模式表现为支持、漠视、背离某些制度，这极大影响了此类多边经济合作制度的发展。

从参与程度上，成员国制度内参与角色可以划分为主导者、积极建设者、消极建设者、漠视者以及破坏者。[①] 制度参与国对制度的参与行为，特别是制度中的主导国家，极大决定了制度是否存在、以何种方式存在，以及制度的活跃度。亚太区域秩序的稳定不仅依靠美国这个超级大国，以及大国平衡政治，区域制度本身也是东亚秩序建设的重要部分。因此，成员国对制度的参与行为，不仅决定制度存在的形式以及生命力，也决定着东亚秩序和稳定。

本书通过分析成员国制度内参与模式，厘清成员国制度内参与行为的逻辑，特别是在制度取代霸权国成为区域公共物品主要提供来源的情况下，现存的多边经济合作制度能否继续得以存在，以何种方式存在？东亚经济一体化是一个持续的进程，特别是两次金融危机后，东亚对区域自由贸易和经济管理的需求进一步加大。此类研究有助于分析并预测东亚自由贸易制度的现状和未来。此外，成员国制度内参与行为关系到成员国如何最大化实现自己的参与战略。通过考察成员国如何参与区域经济一体化进程，细化分析参与角色在不同的制度建立时期参与战略的变化，这不仅在学术上具有研究价值，在实际问题上也具有指导意义。

多边经济合作制度的成员国，同时具有其他的身份，根据国家所处国际体系或者区域体系中的位置，制度内成员国可能是体系中的超级大国或者崛起国，或者区域外大国。本书通过控制成员国的其他角色变量，探讨成员国的其他身份是否对制度的形成与发展具有有效刺激。考虑到中国随着经济的崛起，海外利益的增长和维护，在参与世界其他区域经济合作的进程中，除了积极参与东亚区域、亚太区域多边贸易制度外，作为一个域外国家，也面临着如何处理参与的其他区域多边贸易制度问题。本书通过梳理并分析美国和澳大利亚参与的东亚多边经济合作角色演变，对于中国参与域外区域合作行为具有一定的借鉴意义。

① 在制度内的成员国或者参与国家涉及成员国身份问题方面，本书采取宽泛的界定：成员国既包括原始会员国，也包括后来加入的新成员国以及正在进行相关贸易谈判的谈判国等。

第二节　研究综述

成员国对制度参与形式的研究，一直是学界关注的重点议题。美国新制度经济学家巴里·温格斯特（Barry R. Weingast）指出："制度研究最有前途和最为深远的方面，涉及为何制度采用这种形式而不是那种形式的问题。"①

学界关于国家参与多边制度的研究，多集中于研究主要国家对已有国际制度采取何种态度，如研究中国如何对待亚洲的多边制度，是采取积极的建设态度，还是采取消极的、游离在外的参与模式。② 近年来，介绍成员国参与国际组织的参与模式变化的论文并不鲜见，如以田野为代表的借助交易成本角度分析制度形式选择的文章。③ 石元华、祁怀高根据制度化程度的高低，将国家参与制度行为归为四类模式：主导参与型多边主义、适度参与型多边主义、深度参与型多边主义和积极参与型多边主义，并分别对应中国参与中亚、南亚、东北亚和东南亚治理。④ 也有学者注重研究中国参与东亚多边主义的制度模式，⑤ 对参与制度其中的成员国的参与模式转变的研究比较少见。

另一类研究主要从制度本身存在的缺陷，回答制度成员国对制度的参与

① 巴里·温格斯特：《政治制度：理性选择的视角》，［美］罗伯特·古丁、汉斯—迪特尔·克林格曼主编，钟开斌等译：《政治科学新手册》（上册），北京：生活·读书·新知三联书店，2006年，第255页。

② 相关文献可参考：秦亚青：《国家身份、战略文化和安全利益——关于中国与国际社会关系的三个假设》，《世界经济与政治》2003年第1期。Alastair Iain Johnston and Robert S. Ross, eds., *Engaging China: The Management of an Emerging Power*, London: Routledge, 1999. 张清敏：《冷战后中国参与多边外交的特点分析》，《国际论坛》2006年第3期。门洪华：《压力、认知与国际形象——关于中国参与国际制度战略的历史解释》，《世界经济与政治》2005年第4期。纪文华：《加入WTO十周年：中国参与争端解决机制的宏观问题和应对之策概析》，《世界贸易组织动态与研究》2011年第3期。

③ 田野：《国际关系中的制度选择：一种交易成本的视角》，上海：上海人民出版社，2006年。马骏：《国际制度的"次优"选择——从"有限理性"到"不确定性"》，《外交评论》2013年第4期。刘铁明、李俊久：《东亚区域的货币金融合作与中国的制度选择》，《当代经济研究》2002年第5期。袁胜育、郑飞：《交易成本国际政治学：一种新的视角》，《河南师范大学学报（哲学社会科学版）》2010年第9期。

④ Shi Yuanhua and Qi Huaigao, "The New Thinking on China's Asia Diplomacy during the Post-Cold War Era: Institutional Model Choices and Sino-U.S. Compatibility", *Korean Journal of Defense Analysis*, Vol. 22, Issue 3, 2010, pp. 303-320.

⑤ 祁怀高：《中国的亚洲多边外交：制度模式的视角》，张贵洪、斯瓦兰·辛格主编：《亚洲的多边主义》，北京：时事出版社，2012年，第184-190页。

模式问题。阿尔伯特·赫希曼（Albert Hirschman）的《退出、呼吁与忠诚》一书从制度缺陷这一研究前提出发，分析成员国针对制度所采取的行为。[①] 赫希曼指出成员国针对制度出现的危机，存在两种纠错方式：呼吁和退出，这两种纠错机制缘于成员国对组织的忠诚。呼吁是成员国通过语言表达不满，退出是成员国通过行动表达不满，这两种纠错方式可以是集体行为，也可以是个体行为。如果不满意某项制度，成员国可以采取退出机制。

对成员国如何选择某种制度形式，理性选择学派从交易成本的角度给出了分析，考虑到理性选择学派内容繁杂，本书将这一学派细分为经济学派、交易成本经济学，以及新制度主义中的理性选择制度主义三个分支进行分析。国际关系中的功能主义学派与理性选择制度主义在强调制度效用这一点上有共通之处。历史和社会学制度主义则分别从路径依赖和社会学角度，分析国家与制度的关系，其中，国际关系理论中建构主义学派与社会学制度主义学派在强调社会化路径的重要性上，存在共通之处。本书会对所有涉及制度选择的这一系列理论或者视角予以简单梳理。

有学者从外部环境冲击说这一角度分析国家对制度的参与行为，认为这是导致东亚经济一体化呈现出不同选择路径的原因。此外，他们强调“国际—国内”因素相互渗透，政治因素与经济因素密不可分的国际政治经济学（International Political Economy，IPE），以及政治心理学等学派，并从各自角度对成员国与制度的互动进行了分析。每一种分析方式对于制度参与的解释都作出了贡献，但是在解释成员国参与制度模式的空间和时间上存在一些问题。在本节，我们将分别梳理几种影响比较大的理论解释，并对其解释力作出评价。

一、从交易成本角度分析制度选择问题

理性选择学派强调从“成本—收益”的权衡出发，认为国家参与区域经济一体化的利益分配是国家实施参与战略的动力。一般对国家参与行为转变问题的回答是从制度建设者与制度操纵者之间的关系开展，认为参与行为和

① Albert Hirschman, *Exit, Voice, and Loyalty: Responses to Decline in Firms, Organizations, and States*, Cambridge: Harvard University Press, 1970.

国家权力大小及其在国际体系中所处的地位是分不开的。体系中的大国所能承担的参与成本，远高于小国。因此，参与行为对制度存在的方式和发展的方向有更大的影响力。

经济学研究方法强调市场、利润，认为国家参与多边经济合作多是缘于工业因素或者生产因素的作用，将多边经济合作安排作为外部因素，分析这种因素如何通过影响国内福利进而影响国家的参与行为。马科·费罗尼（Marco Ferroni）和阿什卡·莫迪（Ashoka Mody）认为，以经济学方式研究公共物品是有局限的，因为家庭式、商业的以及政府对公共物品的供给是孤立的，明显不会过多考虑他们的行为对其他行为体的影响。于是，基于市场和价格的协调机制难以基于共有利益实施，市场没有能力将足够多的资源分配到公共物品供给上，个体回报率偏低。[①] 仅仅强调市场自由调节，强调利润的引导作用，不足以解释贸易集团的形成，因为这类安排与国家福利假设相冲突。

学者田野借助交易成本经济学（Transaction Cost Economics）的研究路径，从国家间交易成本的视角为国际制度的形式选择提供了一个解释模型。[②] 他将国家间交易成本划分为治理成本和缔约成本，国家间治理成本随着制度化水平的提高而递减，国家间缔约成本随着制度化水平的提高而递增。缔约国在选择国际制度的安排形式时，将在国家间治理成本与国家间缔约成本之间进行权衡。作为理性的国际行为主体，缔约国在交易收益给定的情况下，将选择使国家间交易成本最小化的国际制度安排形式。这种分析可以有效解释中国为什么积极参与 RCEP 而不是 TPP 建设，但是，仅从交易成本的角度不能解释为什么中国主动倡议涉及国家和地区更广、交易成本明显更大的 FTAAP 这一经济一体化概念。

新制度经济学（New Institutional Economics）认为制度建立后，随着时间推移，制度自我生产以及调试会达到一定的限度，变革会随之出现，制度成

---

① Marco Ferroni and Ashoka Mody, "Global Incentives for International Public Goods: Introduction and Overview", *International Public Goods: Incentives, Measurement, and Financing*, Kluwer Academic Publisher, 2002, p. 2.

② 田野：《国际制度的形式选择——一个基于国家间交易成本的模型》，《经济研究》2005 年第 7 期，第 96 – 108 页。

员国与制度之间的互动，为双方建设、管理，并为彼此提供诠释框架。[①] 制度影响着每个个体的有效行为，影响着这些行为的次序，影响对每一位决策者都有用的信息结构，而这些影响又使制度模型化。从而解释为什么新的制度会出现（起源问题），为什么制度会变迁，以及为什么选择这种制度形式而不是那种制度形式。其中，理性选择制度主义（Rational Choice Institutionalism）主要吸收了新古典经济学中有关“经济人”的假设和新制度主义经济学中有关制度在经济生活中作用的理论，从交易成本的角度出发，分析战略互动下集体选择的制度。该理论通常假定相关行为体具有一套固定的偏好或口味，其行为不过是实现偏好最大化的工具而已。[②] 制度是汇集个人偏好，并使之成为集体偏好的手段。[③] 制度在选择议程、提供信息以及减少不确定性方面，发挥重要功能，通过解释制度功能解释了制度为何存在。[④] 理性选择制度理论为制度本身、制度选择和制度持久性的研究提供了一套独特的研究方法，[⑤] 从理论上解释了国家行为与制度选择之间的逻辑关系。然而，理性制度主义解释不了制度起源问题，它解释了制度为什么会存在，而解释不了制度怎么存在。另外，学界还从制度是否真的是理性的，以及能否从设计和形式这两个角度批判该理论。

理性主义认为国家或者其他行为体可以通过制度扩大自己的利益。这与功能主义（Functionalism）主张近似，这一学派认为国家之所以选择制度，是因为秉承着制度可以带来积极效果的理念。这一派学者认为行为体选择某些制度是因为他们期待这些制度能带来积极功能。[⑥] 在强调通过解释制度功能解

① Maria Consuelo C. Ortuoste，“Internal and External Institutional Dynamics in Member States and ASEAN：Tracing Creation，Change and Reciprocal Influences”，A Dissertation Presented in Partial Fulfillment of the Requirements for the Doctor Degree of Philosophy，Arizona State University，2008.

② Peter Hall and Rosemary Taylor，“Political Science and Three Institutionalism”，*Political Studies*，Vol. 44，No. 5，1996，p. 944.

③ Helen V. Milner，“Rationalizing Politics：The Emerging Synthesis of International，American，and Comparative Politics”，*International Organization*，Vol. 52，No. 4，1998，p. 760.

④ Peter Hall and Rosemary Taylor，“Political Science and Three Institutionalism”，*Political Studies*，Vol. 44，No. 5，1996，pp. 944 – 945.

⑤ 巴里·温格斯特：《政治制度：理性选择的视角》，［美］罗伯特·古丁、汉斯—迪特尔·克林格曼主编，钟开斌等译：《政治科学新手册》（上册），北京：生活·读书·新知三联书店，2006年，第246页。

⑥ Paul Pierson，“The Limits of Design：Explaining Institutional Origins and Change”，*Governance*，Vol. 13，Issue 4，2000，pp. 475 – 499.

释制度为何存在方面，这种理论解释与理性选择制度主义解释有共同之处。

功能理论（Functionalist Theories）主导下的国际制度研究，强调制度建设的有效性，强调国家参与制度收益分析，强调制度建设路径，这种分析方式结合了理性选择和下文将要介绍的历史制度主义（Historical Institutionalism）关于制度建设路径依赖的解释优势。制度与成员国的互动是导致制度存在形式和生命力千差万别的重要原因。国际关系理论对国际制度和国家行为的研究，强调制度对国家利益和行为的塑造作用，随着折中主义分析方式逐渐盛行，有学者开始结合国际关系理论和比较政治研究，分析制度内部变革和制度间相互影响对国家行为的影响。玛丽亚·奥托斯特（Maria Consuelo C. Ortuoste）借用折中主义分析方法，分析 ASEAN 作为区域多边制度与成员国国家建设（State Building）之间的互动。① 然而，功能理论解释了制度何以存在，却缺少对制度设计和演化路径的研究。

二、从历史角度分析制度选择问题

彼得·豪尔（Peter Hall）和罗斯玛丽·泰勒（Rosemary Taylor）将理性选择制度主义与历史制度主义、社会学制度主义（Social Institutionalism）并称为三种新制度主义，下面将介绍历史制度主义对制度形式的变化给出的解释。

历史制度主义认为业已存在的选择影响和决定了新制度的设计和形成。②相对于理性选择制度主义关于算计对制度选择的解释，历史制度主义强调历史遗产对制度的影响，主张从一个整体的、相互联系的、辩证发展及历史的视角研究制度的演化。该理论认为世界远比理性选择制度主义所强调的偏好与制度更为复杂，制度及其运行轨迹并非孤立地存在，而是嵌入复杂的经济关系、政治关系、社会关系、社会组织及文化环境之中。③ 历史制度主义强调路径依赖和意外后果，认为制度的变迁是一个不断演进的过程而非设计的产

① Maria Consuelo C. Ortuoste，"Internal and External Institutional Dynamics in Member States and ASEAN: Tracing Creation, Change and Reciprocal Influences"，A Dissertation Presented in Partial Fulfillment of the Requirements for the Doctor Degree of Philosophy，Arizona State University，2008.

② ［新西兰］戴维·凯皮：《结构、动荡和范式变化——东亚防务外交近期的兴起》，《南洋资料译丛》2014 年第 2 期，第 8 页。

③ 林义：《制度分析及其方法论意义》，《经济学家》2001 年第 4 期，第 79 - 85 页。

物；强调过去对现在的影响，即前一阶段的政策选择往往会决定和影响着后一阶段的政策方案；强调关键时间节点，当实质性的制度变迁发生时，就会由此产生出某种“关键节点”（Critical Juncture），使得历史的发展走上某种新的道路。历史制度主义认为权力在社会集团中间的分配不均衡，制度赋予了某些组织集团更多地参与到决策进程的优势。[①] 在回答为什么社会不选择更为成功的制度结构时，历史与比较制度分析（Historical and Comparative Institutional Analysis）作为一种实证研究方法，被用来分析制度的起源、本质、应用及变迁。[②]

历史制度主义分析强调制度选择遵循路径依赖。泽科·赛瑞吉尔（Zeki Sarigil）认为“一旦一个国家或者区域开始步入某种轨道，转向的代价会非常高。也存在一些其他的选择，但是某些牢固的制度安排会对其形成阻碍”。他梳理了三种路径依赖方式：惯习路径（Habitual Path）、效用路径（Utilitarian Path）和规范路径（Normative Path）。[③] 惯习路径强调习惯的作用，效用路径强调最大化理性计算，规范路径则认为制度选择根植于制度所处的社会环境。然而，历史制度主义这种分析难以解释东亚经济一体化制度建设中，为何成员国能成功避免付出高昂的代价，实现参与模式的转变，并进而影响东亚制度的选择路径。

三、从社会学角度分析制度选择问题

本书主要从社会学角度分析两类制度选择的学派，一类是社会学制度主义，一类是建构主义。

社会学制度主义可以用来解释制度改革的方向，认为现代组织所使用的规则、规范、程序是特定文化的一种实践形态。制度不仅包含正式规则、程序和规范，而且包括为人类行动提供“意义框架”的象征系统、认知模式和道德模板。制度指明行动者在特定情景下把自己想象和建构成何种角色。因

① Peter Hall and Rosemary Taylor, “Political Science and Three Institutionalism”, *Political Studies*, Vol. 44, No. 5, 1996, pp. 937 – 940.

② Avner Greif, “Historical and Comparative Institutional Analysis”, *American Economic Review*, Vol. 88, No. 2, 1998, pp. 80 – 84.

③ Zeki Sarigil, “Showing the Path to Path Dependence: The Habitual Path”, *European Political Science Review*, Vol. 7, No. 2, 2015, pp. 221 – 242.

此，制度能够得到扩展，并不是来自理性人的算计和合作意图，而是来自这种制度能够适应特定的文化背景，能够在某种文化背景和组织场域中体现出合法性。[①] 制度与文化成为一对同义词，将观念因素嵌入制度变迁的研究，印证着制度选择理论的一些基本命题，有助于解释为什么东亚共同体观念下的东亚制度建设可以成为东亚经济一体化努力的方向。这种分析框架与国际关系理论中建构主义对“规范”等社会性因素影响参与模式的强调有共通之处。

国际关系理论中的建构主义强调社会化作用，从偏好、认同出发，力图建构某种类型的命运共同体，国家通过改变自己，适应区域形势的发展。随着时间推移，观念被广泛接受后成为恰当性观念，特定制度开始演化。[②] 多伦多大学刘易斯·波利（Louis W. Pauly）教授在考察国际金融稳定与国家宏观政策关系时，揭示了国际货币基金组织（IMF）角色的演化：IMF 从监管汇率体系演化到市场决定论的化身，[③] IMF 监管体系的演变正是关于非法的汇率限制和合法的资本管制两种规范互动的结果。[④] 秦亚青教授在借鉴温特等结构建构主义的基础上，结合东方社会关系的特征，构建了“过程建构主义”分析方式，他认为行为体先验性地诞生于某个关系网中，随着社会化互动，行为体的行为发生变化。[⑤] 借助这种方式分析国家在制度建设过程中扮演的角色，可以发现制度建设对国家来说，是一个社会化的过程，在社会化过程中国家选择扮演的角色，受关系过程因素的影响。过程建构主义不仅解释了社会化条件下，国家为什么要参与制度建设，还动态性地解释了国家将以何种方式参与，从而展示出制度演变的动态图。

本书在分析东亚经济一体化制度化进程中的制度选择问题时，借鉴了历史制度主义关于历史关键节点的论述，同时借鉴了秦亚青教授“过程建构主

---

① Peter Hall and Rosemary Taylor, “Political Science and Three Institutionalism”, *Political Studies*, Vol. 44, No. 5, 1996, pp. 946 – 950.

② M. N. Barnett and M. Finnemore, “The Politics, Power, and Pathologies of International Organizations”, *International Organization*, Vol. 53, No. 4, 1999, pp. 699 – 732.

③ Louis W. Pauly, “The Old and the New Politics of International Financial Stability”, *Journal of Common Market Studies*, Vol. 47, No. 5, 2009, pp. 954 – 957.

④ Louis W. Pauly, “The Institutional Legacy of Bretton Woods: IMF Surveillance, 1973 – 2007”, from David Andrews, ed., *Orderly Change: International Monetary Relations Since Bretton Woods*, Ithaca, New York: Cornell University Press, 2008, pp. 189 – 210.

⑤ 秦亚青：《关系本位与过程建构：将中国理念植入国际关系理论》，《中国社会科学》2009 年第 3 期，第 69 – 86 页。

义”关于过程如何影响行为体与环境的关系的思路，如分析制度成员国（如中国、美国、澳大利亚等）在参与多边贸易制度建设和运作进程中，是选择支持还是反对行为。此外，本书借鉴了赫希曼的研究成果，肯定了在东亚经济一体化制度建设过程中，成员国（无论是日本、中国还是美国、澳大利亚）同时存在要求制度变革的声音，如成员国对 APEC 协商一致原则的讨论；以及实际行动中对制度刻意漠视甚至另起炉灶的行为，如美国推动 TPP 制度就有分化 APEC 成员国贸易集团的倾向。与赫希曼不同的是，本书不将制度缺陷作为预设前提，而是将制度是否存在缺陷本身作为研究的出发点，将能够有效提供区域性公共物品的制度视为好的制度，成员国积极参与这类制度的建设和运作；将不能有效提供区域性公用物品的制度视为有缺陷的制度，成员国将采取淡化参与或者背离的态度对待这类制度。

四、外部环境冲击说

外部环境冲击说主张从“冲击—反应”角度研究东亚经济一体化与金融危机的关系。这种分析强调外部动荡的重要性，主张关键性时刻，如战争或萧条能凸显现有游戏规则存在的问题，有利于新制度的兴起。[①] 然而这种学说难以解释为何在金融危机出现之前，东亚多边经济合作的倡议就已经出现。另外强调外部环境对国家制度形式选择的研究包括维纳德·亚格沃尔（Vinod K. Aggarwal）和张宇燕研究员。亚格沃尔认为治理结构和经济互动影响亚太区域制度发展。[②] 张宇燕则从技术变革的角度，分析制度形式选择问题，认为技术的变革导致制度选择集合的不断扩大，也会引发制度形式变迁。[③]

五、国际政治经济学（IPE）对制度选择的解释

探究国内政治对国际经济的作用。制度形式的变化缘于国内政治的变化。

---

① ［新西兰］戴维·凯皮：《结构、动荡和范式变化——东亚防务外交近期的兴起》，《南洋资料译丛》2014 年第 2 期，第 7 页。

② Vinod K. Aggarwal, “Building International Institutions in Asia-Pacific”, *Asian Survey*, Vol. 18, No. 22, 1993, pp. 1029 – 1042.

③ 张宇燕、李增刚：《国际经济政治学》，上海：上海人民出版社，2008 年，第 146 页。

凯瑞·蔡斯（Karry A. Chase）从国内政治角度解释国际贸易安排何以形成，认为国家参与多边贸易安排是为了回应国内政治压力，国内行为体，特别是工厂和贸易联盟（Trade Association）的贸易偏好，导致了国家参与多边贸易安排的变化。此外，国内政治体系与政策决策过程对国家采取何种合作方式有重要的影响。①

成员国为了提升国内政治的合法性以及在区域中的地位，也会转变对制度的参与模式，现供职于美国拉法耶特学院的韩裔学者朴瑞贤（Seo-Hyun Park）、曹日贤（II Hyun Cho）在2014年6月出版的《国际研究评论》（*Review of International Studies*）杂志上，指出东亚区域主义的动力并非危机，认为日本、韩国在不同时期倡议东亚经济一体化的目的在于提升国内政治的合法性以及在区域中的地位，并提出在何种条件下，日韩会提出新制度而不是继续利用旧制度。②

霸权稳定论是IPE重要研究流派，该理论从国际公共物品（International Public Goods，IPG）供给角度分析了国家参与制度的形式。霸权国是制度的供应者，是理所应当的领导者；其他国家是“搭便车”者（free-rider），是追随者。成员国对制度的参与模式只能随着霸权国提供IPG实力和意愿的变化而发生变化。

刘均胜、沈铭辉等人从制度供给角度分析国家偏好对制度形式的影响。他们从霸权国与崛起国等不同的国家偏好出发，对区域合作制度安排在产生的时间、规模、内容、标准和方式上的差异进行了比较。③ 这种分析并不能解释制度创立者并非霸权国情况下，制度创立者与霸权国之间的关系如何影响成员国的参与模式。

霸权稳定论认为主导国家由霸权国充当，霸权国是有力的区域性公共物品的提供者。然而，在亚太区域主推公平贸易规范之前，美国拒绝成为东亚公共物品的最终提供者。在经济上，美国拒绝扮演最后贷款人角色。美国只

① Karry A. Chase, *Trading Blocs: States, Firms, and Regions in the World Economy*, Michigan: The University of Michigan Press, 2005, pp. 1 - 6.

② II Hyun Cho and Seo-Hyun Park, “Domestic Legitimacy Politics and Varieties of Regionalism in East Asia”, *Review of International Studies*, Vol. 40, Issue 3, 2014, pp. 583 - 606.

③ Simon Hix, “Institutional Design of Regional Integration”, *ADB Papers*, No. 64, 2010. Shintaro Hamanaka, “Institutional Parameters of a Regional Wide Economic Agreement in Asia”, *ADB Papers*, No. 67, 2010.

是半个稳定者，一直提供的贸易赤字，是一种公用物品，但是存在很大风险。另外，美国作为东亚最终商品市场的地位，一直备受挑战，先是受日本挑战，再是受中国挑战。尽管东亚缺少霸权国，但是东亚多边贸易制度建设仍然存在主导国家，其作用体现在促进或者阻碍制度有效供给东亚公共物品，也体现在传播自由贸易规范或者主导制度建设方向。例如，美国克林顿政府时期，因为APEC难以实现美国推动东亚自由贸易的目标，美国对APEC制度支持度的削弱，导致1997年东亚金融危机时没有积极救市，东亚国家的经济遭受极大损失。而TPP的扩展体现了美国奥巴马政府充当了东亚区域公平贸易规范的推手，并在一段时间内主导着东亚自由贸易议程。此外，中国与东盟国家签署的中国与东盟自由贸易协定引发了一系列的连锁反应，强化了“ASEAN＋N”形式的自贸区网络的形成。澳大利亚在APEC建立之初，以倡议者的身份主导了东亚自由贸易进程，并与美国一起，将APEC从一个事务论坛性质的组织，提升到年度首脑会议级别。这是澳大利亚作为东亚域外国家积极主导东亚自由贸易获得的重要成功。随着APEC在推动自由贸易时逐渐弱化，澳大利亚处于东盟编制的“ASEAN＋N”自贸区网络的边缘地位，在美国主推TPP之后，在追随美国积极推动TPP深化扩展的基础上，开始思考自己作为连接亚洲贸易集团搭桥者的角色。东亚经济一体化形成了以美国主推的TPP和中国支持下东盟主推的RCEP两种一体化途径相互竞争的局面。一旦出现竞争性的制度合作形式，多边经济制度的参与国将被迫在竞争性的合作制度中确定何者作为优先考量。

六、政治心理学对制度选择的分析

政治心理学将国家赋予人格和情感，从中推测国家对制度的参与模式。情感（emotion）与社会结构、个体和集体身份的相互关系，是国际关系研究的焦点。情绪感知（what we feel）成为国家对外行为和政策表达的重要因素。

集体情绪分为积极和消极的情绪，分别对国家对外政策产生不同的影响。① 政治心理学有助于解释大众或者精英偏好某些制度的原因和情感转变需要的时间，而当成员国对东亚经济合作制度的参与模式在极短的时间内扭转时，政治心理学就较难给出合理的解释。卡梅伦·蒂斯（Cameron G. Thies）从政治心理学角度，根据竞争性的体系和社会化体系两种塑造角色的机制，划分了四种体系角色，分别是：初学者（novice）、小成员（small member）、主要成员（major member）以及大国（great power）。② 理想状态下，相对于一个新的国际体系，所有国家都是初学者，而实际上，大国因为其强大的实力，在体系转换时总能保持体系的正式成员身份，在体系稳定时，才会出现体系的初学者。③ 其中，成员国决定角色、规范、原则，影响初学者的过程就是社会化过程。大国对小成员和主要成员进行社会化，主要成员也可以对小成员进行社会化。④

现有理论范式对国家参与行为的分析表

<table>
<tr><th colspan="2">分析范式</th><th>主要解释变量</th><th>对应的国际关系理论</th><th>解释力</th></tr>
<tr><td rowspan="4">理性选择学派</td><td>经济学派</td><td>市场决定</td><td rowspan="3">理性主义</td><td>相对较弱</td></tr>
<tr><td>交易成本经济学</td><td>交易成本</td><td>相对较强</td></tr>
<tr><td>理性选择制度主义</td><td>偏好最大化</td><td>相对较强</td></tr>
<tr><td>功能主义学派</td><td>制度收益</td><td>功能主义</td><td>相对较强</td></tr>
<tr><td colspan="2">历史制度主义</td><td>路径依赖和意外后果</td><td></td><td>相对较强</td></tr>
</table>

① 关于情感与国际关系的分析，可参考：Emma Hutchison and Roland Bleiker，“Theorizing Emotions in World Politics”，*International Theory*，Vol. 6，Issue 3，2014，pp. 491 – 514. Also Jonathan Mercer，“Feeling Like a State：Social Emotion and Identity”，*International Theory*，Vol. 6，Issue 3，2014，pp. 515 – 535. Andrew Linklater，“Anger and World Politics：How Collective Emotions Shift over Time”，*International Theory*，Vol. 6，Issue 3，2014，pp. 574 – 578.

② Cameron G. Thies，“A Social Psychological Approach to Enduring Rivalries”，*Political Psychology*，Vol. 22，No. 4，2001，pp. 708 – 709.

③ Cameron G. Thies，“A Social Psychological Approach to Enduring Rivalries”，*Political Psychology*，Vol. 22，No. 4，2001，p. 701.

④ Cameron G. Thies，“A Social Psychological Approach to Enduring Rivalries”，*Political Psychology*，Vol. 22，No. 4，2001，pp. 715 – 718.

（续上表）

分析范式	主要解释变量	对应的国际关系理论	解释力
社会学制度主义	文化、观念	建构主义	相对较强
外部环境冲击说	关键性事件		相对稍弱
国际政治经济学（IPE）	国内因素与国际因素的互动	霸权稳定论	相对较强
心理学	人格与情感	政治心理学	相对较强

第三节 研究方法、创新与不足

本书主要研究东亚经济一体化制度建设进程中，成员国参与多边贸易制度建设时参与行为的变化，在研究方法上主要运用了案例研究、过程追踪以及文献分析等研究方法。

一、研究方法

案例研究（Case Study）在国际关系研究中非常重要，特别是案例研究与过程追踪（Process Tracing）和类型学理论（Typological Theorizing）相结合，有助于揭示国际关系研究中的复杂现象。① 巴内特和厄尔曼认为案例研究选择需要遵循一定的标准，将案例研究的类型分为最不适合案例（Least-Likely Case）、最相似案例（Most-Similar Case）、最不相似案例（Least-Similar Case），以及反常案例（Deviant Case）。②

“案例研究是研究者基于特定目的，选择少数甚至单一事例或事例的某一

① Andrew Bennett and Colin Elman, “Case Study Methods in the International Relations Subfield”, *Comparative Political Studies*, Vol. 40, No. 2, 2007, p. 171.

② Andrew Bennett and Colin Elman, “Case Study Methods in the International Relations Subfield”, *Comparative Political Studies*, Vol. 40, No. 2, 2007, pp. 172 – 176.

方面，联系其发生条件与环境而进行的深入分析与解释。”[①] 成思危指出，案例研究是认识客观世界的必要环节，是处理复杂问题的有力工具，并指出单纯依靠统计数据进行决策十分危险，而案例研究可以弥补统计的不足。[②] 根据罗伯特·殷（Robert K. Yin）的理论，案例研究类型主要有四种：单案例研究、整体性单案例研究与嵌入性单案例研究、多案例研究、整体性多案例研究与嵌入性多案例研究。[③] 关于案例的挑选，需要在可比性和代表性之间作出权衡，避免出现选择偏见。然而，案例研究毕竟不同于数据统计的大样本分析，它更强调对某一历史插曲的前因后果进行分析，对事件所处环境（context）的分析，带有一定程度的建构成分，不能独立于学者研究特定问题的分析框架。[④] 作为一种分析性的建成物（construction），它们是被造出来的而不是找到的，是被发明的而不是发现的。[⑤] 然而，在进行案例挑选时，需要尽量避免选择偏见，其具体做法是，尽量选择有代表性的案例，且照顾到案例之间的差别。

本书为避免出现案例选择偏见，所用于分析的东亚多边经济合作制度的成员国既包括东亚区域的大国，如日本、中国，也包括地处东亚域外，但属于全球超级大国的美国，同时包括同样处于东亚域外，国力属于中等强国的澳大利亚，案例选择充分尊重了多样化来源。

之所以采取案例研究方法，是为了弄清楚东亚多边经济建设进程中，成员国制度参与模式的形成机制。在具体进行案例研究时，本书采用了强调过程追踪法的单案例研究和多案例比较研究相结合的方式。

所谓过程追踪法是通过单一案例来评估因果过程的方法，主要目的是理解原因与结果之间的中间过程，是利用对过程的历史阐述来验证理论或者假设的中间变量与互动。利用过程追踪法来检验理论的方法逻辑是：如果某项

---

① 李少军：《论国际关系中的案例研究法》，《当代亚太》2008 年第 3 期，第 113 页。

② 成思危：《认真开展案例研究，促进管理科学及管理教育发展》，《管理科学学报》2001 年第 4 期。

③ ［美］罗伯特·殷著，周海涛主译：《案例研究方法的应用》，重庆：重庆大学出版社，2004 年，第 44－53 页。

④ 李少军：《论国际关系中的案例研究法》，《当代亚太》2008 年第 3 期，第 113－114 页。

⑤ Jack S. Levy, “Qualitative Methods in International Relations”, in Frank P. Harvey and Michael Brecher, eds., *Evaluating Methodology in International Studies*, Michigan: Michigan University Press, 2002, pp. 133－134，转引自李少军：《论国际关系中的案例研究法》，《当代亚太》2008 年第 3 期，第 114 页。

理论能够被证实，那么该理论所预测的原因导致结果的过程应该可以被证实。[①] 过程追踪法强调对原因引发结果之间的中间过程的细致分析，通过区分预测过程与现实过程相同或相异判断变量关系。“这种研究的目标，是确定哪一种可能的解释与这个从假设的原因到观察的后果之间的证据链条相一致。这种研究要求对一个案例做连续和完全的解释。”[②] 需要指出的是，“在现实世界中，尤其是在国际关系研究中，那些意义重大而又极少发生的事件，其因果关系非常复杂，难以用两个或几个变量的线性相关来解释，也不能完全排除解释变量之间的相互作用以及行为体的主观性。因此，有学者强调过程追踪法才是正确的方法论方向，是理解现实世界多重互动影响的合适方法，我们所面临的世界已经很难再用两个或几个原因变量来解释结果了”[③]。

在本书的分析中，过程追踪法分别用于分析日本、澳大利亚、中国和美国针对所参与制度的参与角色的转变，主要用于确定如下的因果关系：国家对制度态度的变化取决于制度是否有效推动东亚自由贸易。

此外，本书也采用了多案例比较研究。通过案例间比较，以及历时性案例比较（Over-Time Comparisons），解释成员国对制度的参与模式，在东亚多边经济体系建设的关键节点，如何影响制度发展的趋势和形态。

本书在论证参与国态度的变化取决于制度是否有效推动自由贸易这一论断时，同时运用了逐项复制和差别复制的方法，通过正反两方面的案例，进行案例分析。罗伯特·殷（Robert K. Yin）提出了所谓的“可复制法则”（Replication Logic）。研究者仔细挑选每一个案例，目的或是通过不改变条件的逐项复制（Literal Replication），得到相同结果；或是通过改变某些条件的差别复制（Theoretical Replication），得到与前一次不同的预知结果。殷认为，人们从事多案例研究可以进行合理的配置，运用一些案例进行逐项复制，运用另一些案例进行差别复制。如果所有得到的结果都与事前提出的理论假设相符，那么这种多案例研究就能较有说服力地证明最初提出的理论假设。如果在案例之间出现矛盾的结果，那么就应对最初的理论假设进行修改，然后再用几个案例对修改后的假设进行检验。在整个复制过程中，最重要的是要有合适的理论框架，以指明在哪些条件下某一特定现象可能出现（逐项复

① 曲博：《因果机制与过程追踪法》，《世界经济与政治》2010 年第 4 期，第 103 页。

② 李少军：《论国际关系中的案例研究法》，《当代亚太》2008 年第 3 期，第 118 页。

③ 曲博：《因果机制与过程追踪法》，《世界经济与政治》2010 年第 4 期，第 104 页。

制），或者在哪些条件下某一特定现象不可能出现（差别复制）。如果该理论框架取得成功，那它就能成为推广研究成果的载体。[①]

案例研究作为一种方法，存在适用的限度。关于案例研究的争论，不在于这种研究方法是否正确，而在于是否能够得出普遍性结论。案例研究最大的不足是难以从中得出具有普遍意义的结论，其结果也难以进行推广。[②] 然而，案例研究作为一种研究方法，"运用之道，存乎一心"。如果运用恰当，案例研究在符合两个原则的基础上，也是可以推广的：第一，案例中所观察到的条件之间的逻辑关系是相对稳定的，即案例条件逻辑的自洽性；第二，案例中的"条件"是可复制的。在案例研究通过"条件—结果"的"复制"可以把案例研究的结果进行一定的推广和应用。[③] 有案例研究学者强调关于案例研究本体论的认识差异：如果我们认为相邻的单元完全是不可比的，那么案例研究方法就是不可行的，案例研究就是荒谬的；如果我们认为特定类型的所有案例都是完全可比的，案例研究同样是荒谬的。既然所有的案例都一样，那为什么还要集中于其中的某一个单元呢？案例研究学者就处于这两个极端之间。他们不相信那些从很多明显不同的单元中推导出来的比较的可行性，但同时对每一个独特单元的案例研究也表示怀疑。[④] 对本体论的认知差异会对案例解释产生影响，因此在进行案例研究时需要予以区别。

文献分析法（Document Methodology）是社会科学中常用的研究方法，即由分析与研究问题相关的各类文本，归纳出具有解释与预测能力的理论。文献分析法借助对原始文件、相关书籍、期刊、论文、报纸、统计资料及政府出版物等的阅读分析，进行系统的归纳整理。但凡原始资料，如个人日记、原始档案、会议记录等，都是第一手资料，由于其可信度较高，本书将尽量采用第一手资料，如美国和澳大利亚等国家的国防白皮书、外交白皮书、贸易白皮书等，以及国会听证记录和国际会议相关报告。由于某些一手资料取之不易，未免疏漏，本书将采用可靠性高的二手资料作为补充，如中国官方媒体发布的相关信息等，分析成员国对所参与的多边经济合作制度的表述。

① ［美］罗伯特·殷著，周海涛主译：《案例研究方法的应用》，重庆：重庆大学出版社，2004年，第52－53页。

② 风笑天：《社会学研究方法》（第2版），北京：中国人民大学出版社，2005年，第249页。

③ 王建云：《案例研究方法的研究述评》，《社会科学管理与评论》2013年第3期，第77－82页。

④ ［美］约翰·格宁著，朱世平编译：《案例研究及其效用》，《经济社会体制比较（双月刊）》2007年第6期，第99页。

二、本书的创新之处

本书主要借助“制度作为区域性公共物品的供给来源”这一分析框架，研究东亚经济制度化建设过程中，成员国的制度参与模式变化的根源。创新之处主要表现在三个方面：

第一，分析视角相对独特。“区域性公共物品”“制度供给”“国家参与”“制度选择”等词汇，都是国际关系区域研究和对外政策研究的热门词汇，借助区域性公共物品的制度供应框架，分析东亚经济一体化制度建设的现状及未来，丰富了关于制度参与的理论分析。

第二，学界在进行关于东亚公共物品研究时，多将降低合作成本，汇聚成员国利益预期的制度作为东亚区域性公共物品，如贺平将为推行域内自由贸易而设立的区域贸易合作机制视为是区域性公共产品中优先供给的主要项目。[①] 本书更强调自由贸易为东亚区域性公共物品的可行性，这是本书不同于其他关于区域性公共物品研究的地方。

第三，在研究方法上，本书挑选了具有独特性的东亚经济一体化进行研究，且研究的是有交叉性的多个东亚多边经济合作制度的成员国的参与模式，通过分析单个成员国参与模式的变化，了解东亚多边经济合作制度的特征并预测其未来趋势。

三、本书的不足之处

本书研究的不足主要表现在研究的时间限制带来的结果的不确定性，以及范围限制带来的结论的特定针对性上。

东亚经济一体化是一个相当长的历史阶段，且仍处于进行中。如果按照统一货币作为区域经济一体化高级阶段这个标准，东亚经济一体化可以上溯到历史上的明清时期，那时白银作为流通货币在东亚区域形成一个闭合的流

① 贺平：《日本的东亚合作战略评析：区域性公共产品的视角》，《当代亚太》2009 年第 5 期，第 105－106 页。

通体系。[①] 本书之所以选择研究“冷战”结束后东亚多边经济合作制度化进程，一方面考虑到此时的东亚经济一体化面临全球经济一体化和区域经济一体化的机遇与挑战，相关的成员国都对区域经济一体化充满期待，而1982年以来的新自由主义推动世界经济结构逐渐扩展到东亚区域，随后东亚经济一体化中多边经济合作制度建设具有一脉相承的可比性；另一方面，“冷战”后东亚区域国际体系面临巨大的变动，包括区域成员国国家实力的升降变化，然而，对东亚自由贸易的诉求，将制度成员国锁定在一定的多边经济制度中。因此，本书对东亚经济一体化中制度选择的起点界定在“冷战”结束时，特别是APEC制度建立之后。

从APEC制度建立到当前为止仍在进行中的TPP、RCEP谈判，制度成员国对制度的参与模式出现过重大且集中的转变，对这种转变进行相应的研究，有助于在制度供给区域性公共物品的情况下，了解成员国对制度的具体需求。

研究范围的限制引发了结论适用性问题。本书主要研究制度内成员国参与行为的变化，不研究成员国谋求加入某项国际制度的进程，有学者已经对其做过相当成熟精彩的研究。本书研究对象仅限于东亚区域多边贸易制度内成员国的参与行为，且研究对象局限于东亚多边贸易制度的参与国。比较仅仅限定在东亚多边制度成员国参与模式的变化，结论不适用于所有区域经济一体化进程中，成员国对制度的选择和偏好。

东亚自由贸易有其自身的发展逻辑和动力，实现包括商品贸易、服务贸易及投资等在内的东亚自由贸易有助于实现区域经济的发展，满足东亚区域的整体利益，因此，借助大卫·李嘉图等的古典经济学派学说，视东亚自由贸易为东亚区域性公共物品。然而，自由贸易是一把双刃剑，除了促进区域经济发展和促进、巩固国内经济改革等积极方面外，其进程对区域落后国家的经济利益和安全利益的冲击，也不容小觑。本书的其中一项不足，体现在其摒除了成员国中的小国。小国并不必然视自由贸易为公共物品，但迫切地渴望消费这一物品，因此，为长远计，小国需要时间接受自由贸易规范，并模仿区域其他行为体实施相关改革。本书并未对这种转变投入足够的篇幅进行分析，本书的分析是建立在东亚自由贸易是不可逆的状态的前提下。

① ［日］滨下武志著，朱荫贵、欧阳菲译，虞和平校：《近代中国的国际契机：朝贡贸易体系与近代亚洲经济圈》，北京：中国社会科学出版社，1999年。

在东亚经济一体化进程中，制度作为供给自由贸易的区域性公共物品，有其独特的作用，它有助于克服东亚地区国家政治的不稳定，克服各国间政治对立，克服因为发展差距导致的各国对自由贸易的态度的差异，以及相关方围绕南沙群岛的各国立场的差异等产生的离心力等。需要指出的是，如果是霸权国供给公共物品，尽管存在霸权国将此类公共物品“私物化”的危险，但是霸权国在供应公共物品时更有效率，所以相似的区域性公共物品，霸权国供应比制度供应具有效率优势。也就是说，美国作为全球超级大国，一旦将战略重心转向东亚，并强力推行某类新的贸易规则议程，会比地区国家集体借助制度提供更强势，因此相应的地区国家需要做好积极的政策应对。

第四节　篇章结构

本书的核心问题是：在制度运作过程中，为什么制度成员国采取了近似的制度参与模式？本书的核心假设是：自由贸易是东亚区域性公共物品，东亚多边贸易制度是该区域性公共物品的载体，成员国偏好那些能促进东亚自由贸易的制度。当制度有效推动自由贸易时，成员国采取积极建设的态度；当制度不能有效推动自由贸易时，成员国选择漠视甚至背离该制度。

自由贸易是一个逐步深化的过程，贸易规则也经历了一个从单纯削减关税、非关税等贸易壁垒的自由贸易阶段，过渡到涉及国民待遇、劳工标准、环境标准等强调公平贸易的阶段，而东亚经济一体化制度建设也经历了一个从缺少约束力的多边自由贸易阶段（如 APEC 自由化阶段），到形成以“ASEAN + N”为标志的双边 FTA 自贸协定网络化阶段，随后发展到整合现存的各类 FTA 的巨型地区自贸区（Mega-regional FTA）的谈判阶段。成员国对东亚多边贸易制度采取支持或者不支持行为，取决于成员国对自由贸易的理解，这种理解体现在成员国签署的关于削减关税等贸易协定中。

本书主要分为三个部分，第一部分阐述成员国参与多边贸易制度建设时，支持、漠视甚至背离该制度的原因；第二部分借助四个成员国的案例对假设进行论证；第三部分是结论。

第一部分包括绪论到第四章，提出研究问题并进行理论阐释。具体来说，绪论是提出研究问题，回顾研究文献，阐述研究意义。第一章，试图确立理论分析框架，将区域性公共物品的制度供给作为分析框架，提出成员国制度内选择行为的理论假设和推论。第二章，论证自由贸易是东亚区域性公共物品。第三章，论证多边贸易制度是东亚区域性公共物品的载体，讨论制度提供公共物品的可行性以及必然性。第四章，将东亚经济一体化视为一项多边贸易制度建设的过程，这一过程被两场金融危机分割为三个阶段，分别是APEC倡导自由贸易阶段，构建以“ASEAN + N”为核心的双边自由贸易协定（FTA）网络阶段，以及以TPP、RCEP和FTAAP为代表的巨型地区自贸区谈判阶段。本章通过分析东亚经济一体化进程中多边贸易制度发展的关键节点，探讨东亚经济制度化的未来发展趋势。

第二部分主要是案例研究，包括第五章、第六章、第七章和第八章，对多边贸易制度成员国在参与东亚经济制度建设进程中的制度参与行为进行了较为详细的案例分析，从而可以检验理论假设。第五章分析日本作为东亚自由贸易积极的倡导者，如何在制度选择过程中逐渐成为适应者。第六章分析中国在东亚多边贸易制度化建设中的制度选择与偏好，中国作为东亚地区大国，其经济崛起对整个东亚国际体系造成了冲击。中国对东亚经济一体化制度的选择体现了对深化东亚自由贸易的偏好。面对东亚向着巨型地区自贸区发展的趋势，中国进行着新一轮以依托“三银一金”（金砖国家新开发银行、亚洲基础设施投资银行、上海合作组织开发银行和“丝路基金”）和以实现互联互通为重点的“一带一路”等对外贸易战略的调整。第七章梳理和分析了美国政府对东亚自由贸易的偏好，以及对东亚多边贸易制度能否推动自由贸易进行的判断所导致的美国参与行为的变化。第八章分析了作为东亚经济一体化进程中重要域外因素的澳大利亚对东亚多边制度体系的参与态度，澳大利亚一度是东亚多边自由贸易制度的倡议者和主导者，澳大利亚参与角色的变化，体现了该国对制度是否有效供给区域性公共物品的判断。

最后一部分是结论。主要是对此前的研究进行总结，得出研究的基本结论，并对东亚经济制度化发展趋势进行简单的预测。

第一章　区域性公共物品的制度供给与成员国制度内选择行为

国际体系主导国的合法性与国际公用物品（International Public Goods）的供给紧密相连。霸权稳定论（Hegemonic Stability Theory）认为，霸权国是国际公用物品的提供者，霸权国允许其他国家“搭便车”（Free-riding），保证了国际体系的稳定性。对公共物品的供给主体的研究是国际关系学科探讨的重要内容，以罗伯特·基欧汉（Robert O. Keohane）为代表的新自由制度主义学派强调关于国际公用物品的制度供给，认为制度在缺少霸权国的情况下，也可提供公共物品，从而实现没有霸权的治理。[①] 这一章主要借用制度供给公共物品的分析框架，搭建了关于区域性公共物品的制度供给框架，这一框架视地区多边贸易制度为区域性公共物品的提供者，视东亚自由贸易为区域性公共物品，多边贸易制度是东亚自由贸易的载体。成员国在参与东亚多边贸易制度建设的过程中，其参与行为无不与制度是否有效提供区域性公共物品有关。

第一节　区域性公共物品理论及其流变

这一节主要在共性理论的基础上，确立针对东亚这个特定区域及其区域性公共物品这一研究对象。无论是“区域性”这一概念，还是“公共物品”这一概念，都不是天然地用在国际关系研究中。本书首先梳理了什么是“区域”和“区域性公共物品”，并在其基础上确定了什么是“东亚区域”，以及

---

① ［美］罗伯特·基欧汉著，苏长和、信强、何曜译：《霸权之后：世界政治经济中的合作与纷争》（第2版），上海：上海人民出版社，2012年。

"东亚地区公共物品"的内容及供给概况。

一、何谓"区域性公共物品"

什么是"区域"（region）？什么组成了"区域"？国际关系学界尚未给出统一的界定。不同的分析方式将得到不同的结论。[①] 卡尔·多伊奇（Karl W. Deutsch）将区域界定为一组国家，在市场上有多个维度的相互依存，这种相互依存是经常性的，但并非总受到社会经济发展模式，以及政治互动、沟通的影响而具有自身特点。[②] 卡赞斯坦对这种界定方式给予了积极的评价，他认为这种界定既打破了静止化概念，也没有让概念过于变化。通过关系界定身份，卡尔·多伊奇给出了一个充分稳定而又存在文本背景的解释，这给研究西方国家在互动中对中国、日本的影响，奠定了实证分析的基础。[③] 本书对区域的界定采取卡尔·多伊奇的概念，认为区域并不是一个固定的地理纬度上的概念，也不仅仅是由地理位置临近的国家组成，但是地理位置临近，是区域概念的内核。

东亚是一个政治地理概念。东亚作为一个地理区域自古就存在，并产生了一个独具特色的、以中国为中心的区域性国际体系。[④] 界定何谓"东亚"时普遍存在两类标准：一类借助于地缘区位方式，通过描述地理位置远近的方式界定东亚。例如，欧洲早期殖民者对"东亚"这个词的应用，东亚就是指远东区域。另外一类强调身份认同，东亚是一个赋予自己的身份认同，而关于身份的标准，可以是基于文化的，也可以是基于经济发展方式的，在这种分类下，东亚经济发展的最终目标被认为是形成东亚命运共同体。另外，关于东亚的界定也存在"我者"和"他者"的差别，即处在东亚区域的个体对自己东亚身份的认同，以及通过地理位置远近被西方进行界定的东亚。

关于东亚区域的范围，大致有三种划分方式。第一种按照地理范围划分，

---

① Rick Fawn, "'Regions' and Their Study: Where from, What for and Where to?", *Review of International Studies*, Vol. 35, Supplement S1, 2009, p. 30.

② Karl W. Deutsch, et al., *Political Community and the North Atlantic Area: International Organization in the Light of Historical Experience*, Princeton: Princeton University Press, 1957, pp. 5 – 7.

③ Peter J. Katzenstein, *A World of Regions: Asia and Europe in the American Imperium*, New York: Cornell University Press, 2005.

④ 张小明：《美国与东亚国际体系的变迁》，《国际政治研究》2007 年第 2 期。

这是来源于区位经济学的一种划分方式，认为区域是由毗邻的主权国家或者城市组成。例如，东南亚国家联盟（ASEAN）、超级城市（megacity）等都是按照这种方式划分的，被认为是一个区域。① 批评者认为，借助地缘设计区域，流于表面，不够深刻，区域应该是社会建构，是一个政治上相互竞争的、有活力的、面临变化的概念。第二种是按照议题划分，鲍威尔（Kathy Powers）和戈兹（Gary Goertz）认为区域是由区域经济制度（Regional Economic Institutions）构建而成。如欧盟（EU）、北美自贸区（NAFTA）等。② 尽管理查德·庞弗雷特（Richard Pomfret）教授认为区域贸易协定经常以失败告终，他对区域的划分也遵循了议题决定这一标准。③ 当前中国政府倡导的“丝绸之路经济带”和“海上丝绸之路”对区域的界定也可以视为这种类型。第三种，其构成来源是借用了建构主义对于身份特征的强调，“想象的共同体”便属于这一类。④ 如日本认为亚洲包括美国，马来西亚的马哈蒂尔总理则认为亚洲不包括美国。

“公共物品”（Public Goods）是公共经济学的一个核心术语。保罗·安东尼·萨缪尔森（Paul Anthony Samuelson）关于公共物品的一系列著作，重塑了经济学家和政治哲学家们关于私人产品和公共物品的思维方式。⑤ 1954 年，他发表的《公共支出的纯理论》（“The Pure Theory of Public Expenditure”）奠定了公共物品理论的分析基础。基于对公共物品研究的简单化处理原则，萨缪尔森先后提出了一系列相对的概念：私人消费物品与集体消费物品，私人消费物品与公共消费物品，纯私人物品与纯公共物品等。他认为公共物品具

---

① 如 Mark Beeson，“Rethinking Regionalism：Europe and the East Asia in Comparative Historical Perspective”，*Journal of European Public Policy*，Vol. 12，No. 6，2005，p. 969. 对以城市划分地域的研究，请参考 Klaus Segbers，ed.，*The Making of Global City Regions*：*Johannesburg*，*Mumbai/Bombay*，*São Paulo*，*and Shanghai*，Baltimore：John Hopkins University Press，2007.

② Kathy Powers and Gary Goertz，“The Economic-Institutional Construction of Regions：Conceptualisation and Operationalization”，*Review of International Studies*，Vol. 37，No. 5，2011，pp. 2387 – 2416.

③ Richard Pomfret，“Is Regionalism an Increasing Feature of the World Economy?”，*The World Economy*，Vol. 30，No. 6，2007，pp. 923 – 947.

④ Anssi Paasi，“Region and Place：Regional Identity in Question”，*Progress in Human Geography*，Vol. 27，No. 4，2003，pp. 475 – 485. Also Anssi Paasi，“The Resurgence of the ‘Region’ and ‘Regional Identity’：Theoretical Perspectives and Empirical Observations on Regional Dynamics in Europe”，*Review of International Studies*，Vol. 35，Supplement S1，2009，pp. 121 – 146.

⑤ Paul A. Samuelson，“The Pure Theory of Public Expenditure”，*The Review of Economics and Statistics*，Vol. 36，No. 4，1954，pp. 387 – 389.

有显著的非竞争性（non-rivalry）与非排他性（non-excludability）特征。非竞争性是指，每个人消费这种物品不会导致别人对该物品消费的减少。非排他性是指，一旦公共物品被生产出来，它会对所有人同时造成收益或损害。具备这两个特征的公共物品被称为纯公共物品（pure public goods）。例如，和平与安全。这一类型的公共物品很少。另一类公共物品被称为准公共物品（impure public goods），又被区分为两类：一类是具有排他性和非竞争性的物品，即俱乐部物品或自然垄断物品；另一类是具有非排他性和竞争性的物品，即公共资源或共有资源。随之，詹姆斯·M. 布坎南（James M. Buchanan）创建的公共选择理论发展了公共物品理论。[①] 根据提供者的不同，他将那些通过市场制度实现需求与供给的物品和服务称为私人物品，将那些通过政治制度实现需求与供给的物品和服务称为公共物品。

国际公共物品（International Public Goods，IPG）是公共物品概念的衍生，是将经济学原理运用到处理国际事务和国际关系当中的一个理论变种。“其内容包括但不限于对话合作机制、基础设施建设、人力资源开发、贸易便利化、区域内成员间的双边合作等，这些公共物品通过国家间自主协调的原则建立起来。”[②]

国际公共物品的非竞争性与非排他性，决定了公共物品在提供过程中存在两个悖论：一个是难以克服“搭便车”的现象，另一个是公共物品面临易于被领导国“私物化”的危险。“搭便车”是指公共物品的非排他性特点决定了其不能排斥任何人消费该种产品，任何消费者都可以免费消费公共物品。这会导致公共物品提供者的生产成本与收益不一致，削弱公共物品生产者为之付费的动机。而“私物化”一般而言，是指有人把公家的物品变为他个人私有或私用，从而达到服务于私人的目的。这里的国际公共物品的“私物化”是借用了这一现象，意指美国为了自己的一国之私，把原本该服务于整个国际社会的国际公共物品变为美国从国际社会牟取私利的工具。[③]

国际公共物品的一个显著特征是存在“存量外部性”（Stock Externalities）

---

① ［美］詹姆斯·M. 布坎南著，马珺译：《公共物品的需求与供给》，上海：上海人民出版社，2009 年。

② 卢光盛：《国际公共产品与中国——大湄公河次区域国家关系》，《创新》2011 年第 3 期，第 7 页。

③ 樊勇明：《区域性国际公共产品——解析区域合作的另一个理论视点》，《世界经济与政治》2008 年第 1 期，第 8 页。

问题。“存量外部性”是指其影响取决于长期积累起来的一种能力变量，这种影响力的大小取决于随时间积累起来的变量的累积。[①] 这是一种积累起来的消极因素，存量的积累通常非常缓慢，因此，在存量出现的初始时期，人们难以意识到问题的严重性，而一旦意识到往往积重难返。由于存量累积非常缓慢，存量外部性通常具有长期影响，并且具有不可恢复或接近不可恢复的特性。另外，由于长时间的迟滞，其影响可能在未来很长一段时期后才会出现，这就造成了大量的不确定性。有学者从“外部性”因素考虑，认为这是美国参与东亚合作的重要原因；也有学者利用公共物品的外部性角度，分析美国与东亚的安全治理。[②]

区域性公共物品（Regional Public Goods，RPG）是对国际公共物品概念的继承和发展，其理论源头同样是经济学中的区域性公共物品的概念。它也同时具有非竞争性与非排他性特征。张士威将区域公共产品分为四类，分别是区域纯公共产品、区域俱乐部公共产品、区域公共资源和区域混合产品。[③] 区域纯公共产品是具有严格公共性的产品，其利益具有完全的非竞争性和非排他性，也就是说区域内的每个公民基于其公民身份都可以无偿享用的公共产品。区域纯公共产品包括区域基本医疗服务、害虫防治等。区域俱乐部公共产品一般不具有消费的竞争性，但其外溢性仅限于特定区域范围内的公民。这类产品包括有线电视、通讯网路、电力输送等。区域公共资源是具有消费的竞争性，但没有排他性的物品。这类产品包括森林、公共渔场等。区域混合产品，即区域内同时具有公共产品性质和私人产品性质的产品。随着市场经济的发展和社会自主性的不断提高，很多传统意义上需要政府提供的区域公共产品现在可以通过市场主体和公民自组织提供，如由私人投资跨越不同管辖主体的道路桥梁等。

区域性公共物品可以是指一个区域内的公共物品，也可以是跨区域间的公共物品，但不是针对全球范围的公共物品。区域性公共物品的供给，对区域乃至全球公共问题的解决至关重要。托德·桑德勒（Todd Sandler）等人认

---

① Richard Cornes, *The Theory of Externalities*, *Public Goods*, *and Club Goods*, Cambridge: Cambridge University Press, 1996, pp. 8 – 12.

② 沈铭辉：《影响东亚合作的域外因素——从区域性公共产品的视角》，《新视野》2010 年第 6 期，第 94 页。

③ 张士威：《论基于区域公共产品分类的供给模式选择》，《辽宁行政学院学报》2011 年第 9 期，第 15 – 16 页。

为，相对于某些全球性公共物品（如消灭脊髓灰质炎、防治气候变暖等），某些区域性公共物品（如区域援助、能源管道、水管、维和行动、灭虫、扑灭森林大火、卫生医疗设备、预防酸雨、特殊地理气候对农业的影响研究等）反而更为重要。① 王方方认为区域公共产品包括以区域一体化为宗旨的区域制度，以及由区域制度产生的区域组织、团体，以及定期的协商、会谈等有效的沟通协调方式。② 按照公共选择理论，公共产品的提供主要通过两个途径来实现："市场激励"和"制度激励"。前者通过市场的力量，使个人行为的成本和收益达到平衡，以此消除或减少负外部性；后者通过集体选择达成一致的规则，用规则来约束个人的自利理性。③

对区域性公共物品的分析离不开区域经济一体化这一全球背景，随着区域和次区域经济协定的签订，东亚国家都至少是一个贸易协定的成员国。区域性公共物品的供给，如同国际经济物品的供给一样，同样需要克服集体行动问题。吴晓萍认为公共物品供给面临资金、"公正性"以及主体权力不平等等方面的困境。④

区域性公共物品克服了国际公共物品的一些矛盾，可以从四个方面来考虑。其一，由于区域性公共物品的涵盖范围并不大，各国从中得到的收益和必须付出的成本比较清晰，从而能避免全球性公共物品中存在的"搭便车"现象。其二，国际公共物品有一定的地域限制，其成本通过协商来分摊，从而能够比较有效地防止和排除该产品被"私物化"。其三，区域性公共物品能直接反映本区域不同类型国家的需求，从而使其机制更切合该区域稳定和发展的需要。⑤ 其四，当有较大规模的区域内行为主体生产和消费公共性的物品

---

① Daniel G. Arce M. and Todd Sandler, *Regional Public Goods: Typologies, Provision, Financing, and Development Assistance*, Stockholm: Almkvist and Wiksell International for Expert Group on Development Issues (EGDI), Swedish Ministry for Foreign Affairs, available online at: http://www.bistandsdebatten.se/wp-content/uploads/2012/10/study2002.1-Regional-Public-Goods.pdf.

② 王方方：《区域公共产品的缺失——对中日韩经济一体化困境的解析》，《实事求是》2006 年第 4 期，第 40 页。

③ 王方方：《区域公共产品的缺失——对中日韩经济一体化困境的解析》，《实事求是》2006 年第 4 期，第 40－42 页。

④ 吴晓萍：《论国际公共产品的供给困境》，《中南民族大学学报（人文社会科学版）》2011 年第 3 期，第 113－117 页。

⑤ 樊勇明：《区域性国际公共产品——解析区域合作的另一个理论视点》，《世界经济与政治》2008 年第 1 期，第 11－12 页。

与服务时，国际公共物品会产生溢出效应，即区域内的此事件不仅将对当事国产生影响，还会影响到区域外的第三者的损益。[①] 积极的外部性产生收益，消极的外部性则增加成本。第三方将以此为依据介入区域一体化中，影响和分摊区域内公共物品的成本和收益。

二、公共物品理论的流变

蔡拓、杨昊系统考察过公共物品理论应用的流变，指出曼瑟尔·奥尔森（Mancur Olsen）是最早将公共物品研究引入国际关系领域的。在论文《联盟的经济理论》（An Economic Theory of Alliances）中，奥尔森从集体物品供给视角，分析了美国在“二战”后不计成本筹划国际新秩序的原因，并于《增进国际合作的激励》（Increasing the Incentives for International Cooperation）一文中，奥尔森正式提出了“国际公共物品”的概念。[②] 奥尔森认为，相较于欧洲其他小国，美国在北大西洋公约（North Atlantic Treaty Organization，NATO）组织中，负担较多成本，有助于联盟稳定，以及增强小国的凝聚力，长远地看，符合美国国家利益。他定义的国际公共物品内容包括：第一，与国内社会保障体系相对应的国际经济援助体制。第二，与国内的国防与安全相对应的国际安全保障体制。第三，稳定的国际金融货币体制和完善的国际自由贸易体制能纠正对外经济不平衡的国际宏观经济政策的协调、公海的航行自由以及度量衡的标准化。

从公共物品供给视角出发，查尔斯·P. 金德尔伯格（Charles P. Kindleberger）和罗伯特·吉尔平（Robert Gilpin）等人发展出“霸权稳定论”的观点。金德尔伯格在《1929—1939 年世界经济萧条》中提出，国际经济体系的稳定运转需要某个国家承担“公共物品”；吉尔平则围绕国际公共物品的供给提出“霸权稳定论”的两个中心命题：一是世界政治中的秩序是由一个主导国家创立的，二是国际秩序的维持需要霸权国家的持续存在。[③]

① 樊勇明：《从国际公共产品到区域性公共产品——区域合作理论的新增长点》，《世界经济与政治》2010 年第 1 期，第 150 页。

② 蔡拓、杨昊：《国际公共物品的供给：中国的选择与实践》，《世界经济与政治》2012 年第 10 期，第 96 页。

③ 蔡拓、杨昊：《国际公共物品的供给：中国的选择与实践》，《世界经济与政治》2012 年第 10 期，第 96 -97 页。

金德尔伯格在《没有国际政府下的国际公共物品》（International Public Goods without International Government）一文中明确了提供公共物品载体的任务：国家所提供的国际公共物品包括生产过剩时的市场开放、严重短缺时的资源供给，以及严重金融危机中作为最后手段的借款人。[①] 吉尔平扩展了公共物品提供者的范围，国际经济体系的稳定运转需要领导者承担“公共物品”，这个领导者可以是主权国家，也可以是一种机制，如国际货币基金组织（International Monetary Found，IMF）。[②] 吉尔平认为霸权国提供公共物品是合法性的重要来源。“在政治、经济、军事和科技等各方面占据绝对优势的霸权国家，通过为国际社会提供稳定的国际金融体制、开放的贸易体制、可靠的安全体制和有效的国际援助体系等国际公共物品，来获得其他国家对由霸权国所建立的国际秩序的认同，从而实现体系内的稳定和繁荣。”[③]

国内研究区域公共物品的文献，多从研究区域性公共物品供给与东亚秩序建立的角度进行分析。历史上，东亚区域一直存在某种经济秩序的主导者，展现出经济合作在不同历史阶段的不同侧重点。耿协峰认为，从长历史时段看，东亚区域经济一体化进程经历了四个阶段，分别是“以华夷秩序”为特征的东亚体系阶段（19 世纪以前）；以“门户开放”为特征的亚太体系阶段（1861—1911 年）；以“大东亚共荣圈” 为特征的亚太体系阶段；以“冷战共处”为特征的亚太体系阶段。[④] 强调的这四个阶段中，以第四个阶段的主导者最为复杂。

高程以东亚秩序的演化路径为案例，讨论了区域公共产品供求关系及其动态变化对于地区秩序形成与变迁的影响。[⑤] 她根据区域公共产品供给水平的高低和需求程度的强弱组合，将地区秩序形态区分为“紧密合作秩序”“松散合作秩序”“无合作冲突”和“无合作秩序”四种理想类型，并就内部权力

① Charles P. Kindleberger, “International Public Goods without International Government”, *The American Economic Review*, Vol. 76, No. 1, 1986, pp. 1 - 13.

② Robert Gilpin, *U. S. Power and the Multinational Corporation*: *The Political Economy of Foreign Direct Investment*, New York: Basic Books, 1975.

③ Robert Gilpin, *U. S. Power and the Multinational Corporation*: *The Political Economy of Foreign Direct Investment*, New York: Basic Books, 1975.

④ 耿协峰:《新地区主义与亚太地区结构变动》，北京：北京大学出版社，2003 年，第 63 - 75 页。

⑤ 高程:《区域公共产品供求关系与地区秩序及其变迁——以东亚秩序的演化路径为案例》，《世界经济与政治》2012 年第 11 期，第 4 - 30 页。

结构和外部力量对区域公共产品供求的影响、地区秩序形态的稳定性与相互转化路径、和平的地区秩序与区域合作的形成和维系的条件提出逻辑假说，又借用东亚秩序及其演化过程对这些假说进行检验。她认为东亚秩序演化路径向何种秩序形态发展，将取决于区域公共产品供求关系的动态变化过程和趋势。这是一种动态研究方式，通过对秩序类型的划分，同时解释秩序变动的历史和未来趋势。这种分析对考察成员国与制度参与之间的关系，有极大的参考意义。

三、区域性公共物品的制度供给及其效用

区域性公共物品的供给来源，按照来源对象划分，主要分为两类：国家、非国家行为体供应和制度供应。其中国家行为体主要有霸权国（或超级大国）、主导区域合作的域内外国家等。按照供给方式划分，可以划分为单独供给和合作供给。下面主要分析区域性公共物品的霸权供给和制度供给两种方式。

霸权供应理论是指单独霸权国提供稳定的国际制度。[①] 这种理论认为霸权国是国际公共物品的主要供给者。[②] 金德尔伯格认为仁慈的霸权是实现稳定的、开放的国际经济秩序的必需品，“二战”前美国盛行的孤立主义和自给自足，导致当时的国际经济体系面临崩溃。约翰·艾肯伯里（G. John Ikenberry）对金德尔伯格的理论进一步发展，认为在经济和军事上发生大动乱后，霸权国的崛起使其能够创建反映其利益和偏好的新国际秩序。[③] 学者将美国作为东亚公共物品的提供者的理由如下：第一，美国提供的安全和公共物品为中国、

---

① 相关研究可参考：Charles P. Kindleberger, *The World in Depression, 1929 - 1939*, Berkeley: California University Press, 1973. Robert Gilpin, *U. S. Power and the Multinational Corporation: The Political Economy of Foreign Direct Investment*, New York: Basic Books, 1975. Stephen D. Krasner, “State Power and the Structure of International Trade”, *World Politics*, Vol. 28, No. 3, 1976, pp. 317 - 347. David A. Lake, “Leadership, Hegemony, and the International Economy: Naked Emperor or Tattered Monarch with Potential?”, *International Studies Quarterly*, Vol. 37, No. 4, 1993, pp. 459 - 489. Donald Crone, “Does Hegemony Matter? The Reorganization of the Pacific Political Economy”, *World Politics*, Vol. 45, No. 4, 1993, pp. 501 - 525.

② Charles P. Kindleberger, *The World in Depression, 1929 - 1939*, Berkeley: University of California, 1973.

③ G. John Ikenberry, *After Victory: Institutions, Strategic Restraint, and the Rebuilding of Order after Major Wars*, Princeton: Princeton University Press, 2001.

日本建立成功的经济关系提供了安全框架。如果没有美国提供的安全框架，中日之间很可能因为历史、军事、政治问题陷入对抗。第二，美国是保证海峡两岸维持现状的平衡者。①

制度供给区域性公共物品主要是解决在霸权国缺位的情况下，区域性公共物品的来源问题。国际制度主义者认为，制度可以通过提供他国行为信息、设定标准，惩罚不履约行为，降低国家间合作成本，从而克服集体行动难题。② 唐纳德·克龙（Donald Crone）和罗伯特·基欧汉（Robert O. Keohane）认为，相互依存创造的自由贸易安排和国际金融作为反应政策协调需求，可以在有效霸权缺失的情况下，成为新的国际秩序的基础。③ 国际制度可以在主权国家寻求合作时，降低国家交往成本。④

维纳德·亚格沃尔（Vinod K. Aggarwal）和杜庞（Cédric Dupont）认为国际制度在两种情况下可以帮助解决公共物品提供的困境。一种情况是，霸权国需要不同的制度完成不同的任务，一旦其他行为者不能单边生产某类物品，制度可以成为霸权国开始提供该物品的保证。另一种情况是，霸权国需要某种制度减轻负担或者有效应对鲁莽的先发制人的行动。⑤

沈满洪、谢慧明指出广义公共物品的基本供给方式包括政府供给、私人供给、自愿供给与联合供给及各供给方式的匹配与融合。⑥ 政府与市场具有一定程度的可替代性，市场失灵的公共物品领域往往要求政府干预，即政府提

① David Shambaugh, ed., *The Evolving Asian Order: The Accommodation of Rising Chinese Power*, California: California University Press, 2005, p. 358.

② 集体行动难题是指单个国家为了私利倾向于背叛集体努力，只有在集体行动中才能实现行动的目标。相关研究可以参考：Robert O. Keohane, *After Hegemony: Cooperation and Discord in the World Political Economy*, Princeton: Princeton University Press, 1984. Robert O. Keohane, "International Institutions: Two Approaches", *International Studies Quarterly*, Vol. 32, No. 4, 1988, pp. 379 – 396. Kenneth A. Oye, "Explaining Cooperation under Anarchy: Hypotheses and Strategies", in Oye, ed., *Cooperation under Anarchy*, Princeton: Princeton University Press, 1986, pp. 1 – 24.

③ Robert O. Keohane, *After Hegemony: Cooperation and Discord in the World Political Economy*, Princeton: Princeton University Press, 1984, p. 8.

④ Robert O. Keohane, "The Demand for International Regimes", *International Organization*, Vol. 36, No. 2, 1982, pp. 325 – 355.

⑤ Vinod K. Aggarwal and Cédric Dupont, "Goods, Games and Institutions", *International Political Science Review*, Vol. 20, Issue 4, 1990, pp. 393 – 409.

⑥ 沈满洪、谢慧明：《公共物品问题及其解决思路——公共物品理论文献综述》，《浙江大学学报（人文社会科学版）》2009 年第 6 期，第 133 – 144 页。

供公共物品。[1] 从私人供给角度出发，美国经济学家哈罗德·德姆塞茨（Harold Demsetz）基于个人需求曲线的垂直加总特征，通过沉没成本的分析方法研究认为，如果给定的私人生产者有能力排除非购买者，那么他就能有效地生产公共物品；在排他成本可以忽略的情形下，公共物品的私人生产与私人物品的市场生产结构一致，均存在竞争均衡的局面。[2] 公共物品的自愿供给与公共物品的私人供给不同，公共物品的自愿供给是自主组织与自主治理的过程，主要是个体为了满足个人经济利益、物质利益和精神利益的需要。[3] 联合供给就是政府和私人联合供给公共物品。

张士威对区域公共产品（区域性公共物品）进行分类后，认为存在四种有效的供给方式：政府供给模式、市场供给模式、社会供给模式和混合供给模式。[4] 其中，政府供给模式是政府基于合法权利之上运用强制性手段直接或间接供给区域公共产品，提供的多为纯区域性公共物品。市场供给模式是指各市场主体通过运用市场机制来供给区域公共产品。它强调竞争性，容易产生公平问题。社会供给模式是指随着社会组织能力的提高，社会各主体有意愿在政府机制和市场机制之外单独或联合供给区域公共产品，这种供给模式的沟通和协调成本较高。混合供给模式就是根据需要将各种供给模式按需组合进行供给。

从制度供给角度看，区域性公共物品可以由域内国家协商提供，也可以由一定地域范围内各利益相关方提供。持前者观点的学者认为，区域性公共物品是指相关国家联合起来，共同提供区域经济发展与区域和平稳定所需的制度性安排或者基础设施建设，且将服务范围限定于本区域，只适用于本区域，但其成本是根据安排、机制或制度由域内国家共同分担。这种区域性国际公共物品具有三个特征：第一，有地域限制，其成本通过协商来分摊，排除“私物化”可能。第二，涵盖范围较小，各国从中得到的收益和必须付出

---

① 沈满洪、谢慧明：《公共物品问题及其解决思路——公共物品理论文献综述》，《浙江大学学报（人文社会科学版）》2009 年第 6 期，第 139 - 140 页。

② Harold Demsetz, “The Private Production of Public Goods”, *Journal of Law and Economics*, Vol. 13, No. 2, 1970, pp. 293 - 306.

③ 沈满洪、谢慧明：《公共物品问题及其解决思路——公共物品理论文献综述》，《浙江大学学报（人文社会科学版）》2009 年第 6 期，第 139 - 140 页。

④ 张士威：《论基于区域公共产品分类的供给模式选择》，《辽宁行政学院学报》2011 年第 9 期，第 16 页。

的成本比较清晰，避免“搭便车”现象。第三，更直接地反映本区域不同类型国家的需求，从而使其机制和制度更有区域针对性。后一种关于区域性公共物品的提供者则不仅是域内成员国，也可以来自域外国家，凡是在该区域有相关利益的国家，都可以提供某种形式的公共物品。关于区域性公共物品的提供方式，可以是单独提供，也可以是集体提供。

郝宏杰将区域公共产品的供给模式分为5种：①成员国单独供给；②通过国家间援助间接供给；③区域发展银行提供融资支持；④国际组织供给；⑤区域经济组织供给。他认为区域公共产品的供给机制应该在区域经济组织的主导下，通过成员国间的集体行动来进行有效的制度安排。①

需要指出的是，区域性公共物品的内容具有非竞争性和排他性，供给方则具有竞争性和非排他性，也就是说作为区域性公共物品的供给方，它们之间可以提供有竞争性的不同类型的区域性公共物品，同时也不排除供给方竞争提供性质相似的区域性公共物品，从而作为获取区域经济一体化主导权合法性的重要手段。维纳德·亚格沃尔和杜庞指出公共物品是可以分割的，如果公共物品整体上可以分割，那么供给公共物品的挑战将极大减少。②

东亚合作很难不受到美国的影响。美国的赤字可以说是美国向国际社会提供的一种公共物品，其他区域的劳动和生产通过以美国为销售市场而得以支撑。以东亚金融危机为例，美国事实上为处在困境中的东亚国家充当了一种类似“最后买家”的角色。因此，只要美国仍然是东亚国家最主要的贸易伙伴和最终消费市场，即东亚最重要的公共物品——最终消费市场仍主要由美国提供，那么东亚经济与美国经济的“脱钩”就无从说起。张坤通过研究指出，从20世纪60年代以来，尽管东亚区域产业是梯次传递的动态发展模式，但是东亚区域贸易模式尚未能摆脱对外部市场的高度依赖，特别是对美国市场的依赖。③ 目前，中日两国均无法单独成为东亚区域内的最终产品市场提供者。④ 不过，随着中国经济的崛起，就东亚区域来说，中国逐渐向美国

① 郝宏杰：《APEC在该区域公共产品供给中的作用探析》，《亚太经济》2007年第6期，第16－19页。

② Vinod K. Aggarwal and Cédric Dupont, “Comment on ‘Common Goods, Matrix Games and Institutional Response’”, *European Journal of International Relations*, Vol. 9, No. 3, 2003, pp. 475－478.

③ 张坤：《中国在东亚区域内的进口贸易分析》，《世界经济研究》2011年第6期，第57－62页。

④ 李晓、冯永琦：《中日两国在东亚区域内贸易中地位的变化及其影响》，《当代亚太》2009年第6期，第27－46页。

“最后买家”的身份发起挑战。就人民币国际化来说，超过47个国家或地区的货币当局在中国境内持有人民币金融资产并纳入其外汇储备，人民币成为越来越受欢迎和重视的储备货币之一。2015年5月28日，人民币已成为全球第二大跨境支付货币，与中国发生跨境人民币收付的国家达到189个。[①] 李晓、冯永琦在考察了1992年至2008年中日两国在东亚区域内贸易变动情况后，认为中国为东亚区域提供了最大的最终资本品出口市场，而日本是区域内最大的最终消费品市场提供者。中日两国在为东亚地区提供最终产品市场方面各有侧重，但现阶段任何一方都难以单独成为区域内完全的最终产品市场提供者。[②] 然而，需要指出的是，21世纪以来，尽管东盟在区域内作为中国进口来源地的相对地位在不断上升，但中国市场的提供能力呈下降趋势，中国在区域内的分工地位未有实质性的变化。[③]

区域性公共物品的效用是指区域性公共物品的功效和作用。区域性公共物品的提供主要是为了克服集体行动困境以及金融危机等跨国挑战。[④] 萨缪尔森、布坎南和奥斯特罗姆等指出了广义公共物品面临的典型问题，如“搭便车”问题、排他成本问题、公地悲剧问题、融资和分配问题，并基于不同的物品分类及其面临的问题，提出了相应的理论模型，如纯公共物品理论、俱乐部理论和公共池塘资源理论。[⑤] 就区域经济合作来说，针对公共物品的价值，不同国家及其国民态度不同，产生了不同的协调问题。美洲开发银行高级官员马科·费罗尼（Marco Ferroni）认为区域性公共物品按照形式可以分为两类：最终物品和居间物品。最终物品包括和平、消灭赤贫等体现人类最终福利的物品等。居间物品包括共享的政策框架、区域经济一体化机制和制度

① 《央行：经济保持7%左右增速有强支撑》，http：//news. xinhuanet. com/fortune/2015 - 05/28/c_127850361. htm.

② 李晓、冯永琦：《中日两国在东亚区域内贸易中地位的变化及其影响》，《当代亚太》2009年第6期，第27 - 46页。

③ 张坤：《中国在东亚区域内的进口贸易分析》，《世界经济研究》2011年第6期，第62页。

④ Marco Ferroni，“Regional Public Goods in Official Development Assistance”，in Marco Ferroni and Ashoka Mody，eds.，*International Public Goods*：*Incentives*，*Measurement*，*and Financing*，Boston：Kluwer Academic Publisher，2002，p. 157.

⑤ 沈满洪、谢慧明：《公共物品问题及其解决思路——公共物品理论文献综述》，《浙江大学学报（人文社会科学版）》2009年第6期，第137 - 138页。

等，是促使最终物品出现的中间步骤。①

相对于国际公共物品“私物化”和“搭便车”的消极性，一般来说，区域性国际公共产品有地域限制，其成本通过协商分摊，从而能够比较有效地防止和避免该产品被“私物化”；由于其涵盖范围较小，从而能避免全球性国际公共产品中普遍存在的“搭便车”现象；由于它能够更加直接地反映本区域内不同类型国家的需求，从而使其机制和制度能更加切合该区域的稳定和发展的需要，更具针对性。②

区域合作行为是国家国内政策的延伸。国内公共物品和国际公共物品往往互为替代商品。③ 当一种国际公共物品在区域层面供给不足时，国内公共物品对外供给的增加可以作为其有益的补充，从而加大区域合作的稳定性。④ 国际公共物品在起到加强区域合作稳定的基础作用外，还有进一步深化成员国间依存度，保证区域合作规模扩展和升级的功效。恰当的区域公共产品生产和提供机制有利于区域合作机制的形成，从而找到解决区域公共问题的有效手段；有利于区域稳定、协调发展和社会公平的实现，有利于提高区域公共问题的治理水平。⑤

在国际公共物品的供给过程中可能出现占主导地位的国家根据自己的利益偏好来决定所提供的公共物品，这会使其他成员国的“投票”无效，从而加剧公共物品供给不畅、国家关系紧张、阻碍区域合作的发展。在分配正常的情况下，各方的收益与付出应该是相对应的。但在特殊情况下，有些成员甚至有些域外行为体在区域合作过程中会付出明显高于收益的成本，来促成某种区域内国际公共物品的供给。不过从长远的历史角度看，其最终成本和收益还是基本一致的。

---

① Marco Ferroni, “Regional Public Goods in Official Development Assistance”, in Marco Ferroni and Ashoka Mody, eds., *International Public Goods*: *Incentives*, *Measurement*, *and Financing*, Boston: Kluwer Academic Publisher, 2002, p. 158.

② 张磊、徐琳:《从区域性国际公共产品供给角度析东亚区域合作中的中韩自贸区建设》,《世界贸易组织动态与研究》2010 年第 2 期，第 65 页。

③ ［美］英吉·考尔等编，张春波、高静译:《全球化之道——全球公共产品的提供与管理》，北京：人民出版社，2006 年，第 267 页。

④ 樊勇明:《从国际公共产品到区域性公共产品——区域合作理论的新增长点》,《世界经济与政治》2010 年第 1 期。

⑤ 陈文荣:《区域公共管理视角下公共产品的有效供给》,《西安石油大学学报（社会科学版）》2007 年第 2 期，第 42 页。

供给者之间的竞争也会抑制区域性公共物品的供给。①沈铭辉认为这是导致东亚合作进程迟滞的重要原因，也给了域外国家——美国可乘之机。以日本参与“ASEAN +3”“ASEAN +6”为例。相较于“ASEAN +3”制度上东盟、日本、中国、韩国等行为体都可以在某些议题领域发挥主导作用，“10 +6”方案能够使日本更好地发挥在规制、标准、管理等方面的主导作用，一个以经济治理为核心的大东亚区域框架不仅使日本感到更有活动空间，同时一个新方案的出台也能帮助日本缓和“ASEAN +3”进程的压力，特别是减轻来自中国的农产品以及强大的制造业能力对日本国内市场的潜在冲击。

第二节　成员国制度内选择行为：核心概念与假设

作为制度的成员国，为什么有些制度执行良好，有些则被搁置并逐渐被边缘化？制度本身作为影响国家选择行为的因素，是否具有独立性？实现东亚经济一体化所进行的制度建设，是成员国选择的结果，还是制度遵循路径依赖，自身演化的结果？东亚经济一体化制度建设进程中，成员国制度内选择行为，是针对东亚区域独特的选择行为，还是具有普适性？这一系列问题的回答在于如何界定成员国针对制度建设的选择行为，也就是关于参与制度的模式。

概念的确定不仅是用来丰富学术研究。概念能够影响人们对世界的看法，并塑造人们对世界的期待以及采取哪些行为改变世界。对成员国选择行为的界定涉及如何理解东亚经济一体化最终将走向何方？是否可以设计和控制？

概念本身具有边界模糊、内核不确定等特点。另外，概念一旦出现争议，对统一概念的界定则更为困难。“争议性概念”（Contested Concepts）是指不同的人对同一原则或者观点的不同理解，这在政治讨论中并不少见。“概念的争论是政治之争的另一个战场。”②接受本质上存在争议的概念并不是试图放弃尝试理解该概念，而是承认争议性概念同样有效，并相信总有一天，通过

① 沈铭辉：《影响东亚合作的域外因素——从区域性公共产品的视角》，《新视野》2010 年第 6 期，第 94 页。

② ［英］安德鲁·海伍德著，王浦劬译：《政治学核心概念》（影印本），北京：中国人民大学出版社，2011 年，第 7 页。

持续的辩论和争鸣，能够得到一个单一的、被普遍认可的概念。①

概念是实现学术讨论和学术批评的根基，在这一节，本书主要界定并讨论成员国“制度内选择行为”这一核心概念及假设。

一、制度内选择行为

制度内选择行为（Internal Choosing Behavior）是指多边贸易制度的成员国，在参与建立、运作、完善该制度时，对制度表现出的选择行为。这种行为大致分为支持和反对两类，在这两类极端行为之间，存在漠视、背离两类较为缓和的选择行为。制度内选择行为，涉及成员国对制度的参与程度的高低。根据参与程度，选择行为可以分为积极支持和消极对待两者，其中，积极支持行为包括倡导、主导、追随该制度；消极对待行为包括漠视、背离甚至反对该制度。

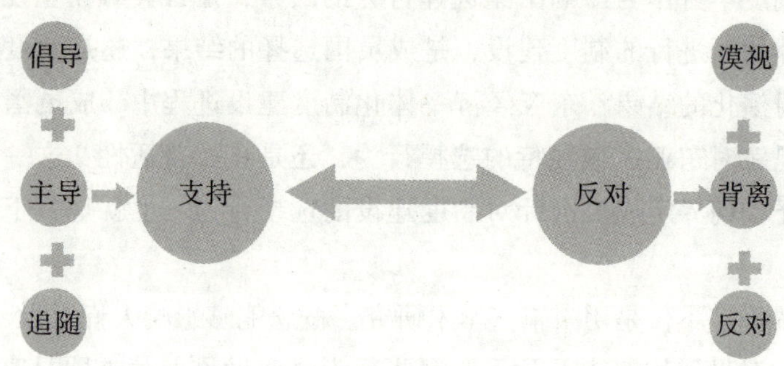

图 1－1　成员国制度内选择行为分布图

本书认为成员国的选择行为与国家对多边贸易制度是否有效推动自由贸易的预期有关。国家参与制度的预期是国家对制度能满足某项功能的期待与判断，在本书中，成员国对制度的期待在于制度能够促进东亚自由贸易，而降低关税可视为东亚自由贸易的衡量标准。另外，国家对制度的期待也体现在制度建立时的宗旨、目的，以及成员国在制度框架内达成的贸易协定中。

本书研究对象是东亚多边贸易制度成员国的制度内选择行为，特别是成

① ［英］安德鲁·海伍德著，王浦劬译：《政治学核心概念》（影印本），北京：中国人民大学出版社，2011 年。

员国作出选择行为时所体现出的近似参与模式，如成员国较为一致地选择积极支持某项多边贸易制度的建立与完善，或者成员国较为一致地选择漠视某项多边贸易制度。本书认为国家在成为制度成员国之前与成为成员国之后对东亚多边经济合作制度的选择偏好是一致的，国家倾向于支持积极推动东亚自由贸易的制度，一旦该制度未能继续推动东亚自由贸易，成员国便会消极对待，甚至寻求替代该制度的新方案。本书研究的重点在于成员国近似行为模式，特别是作为多个东亚多边贸易制度的成员国，它们的制度参与行为对东亚多边合作经济路径的选择造成的影响。

分析“制度内选择行为”这一概念涉及对成员国参与制度的范围进行界定。经济学家提出了三种制度的界定的含义：第一种对制度的界定强调参与者即制度，一些经济学家沿袭这种习惯，将制度明确等同于博弈的特定参与人，诸如行业协会、技术协会、大学、法庭、政府机构、司法等。[①] 第二种对制度的界定强调博弈规则，如诺斯（Douglass North）对制度的界定，他认为制度是社会的博弈规则，是人与人之间互动交往的约束条件，这些约束条件可以是类似法律法规等正式制度，也可以是习惯、规范等非正式制度。制度是界定和限制个人的决策集合。制度随着博弈的进行而发生变化。[②] 第三种对制度的界定强调规则是均衡博弈的结果，是一种自发秩序，是参与者内生的自我约束。[③] 青木昌彦（Masahoro Aoki）认为制度是关于博弈如何进行共有信念的一个自我维系系统。制度的本质是对均衡博弈路径显著和固定特征的一个浓缩性表征，该表征被相关域的几乎所有参与人感知，被认为与策略决策相关。这样，制度以一种自我实施的方式制约着参与人的策略互动，并反过来被参与人在连续变化的环境下的实际决策不断再生产出来。[④] 政治学家弗里德里克·克拉托赫维尔（Friedrich V. Kratochwil）从制度与规范的关系界定制

① R. R. Nelson, “The Co-evolution of Technology, Industrial Structure, and Supporting Institutions”, *Industrial and Corporate Change*, Vol. 3, No. 1, 1994, p. 57, available online at: http://hum.ttu.ee/failid/docs/eG/Nelson_1994.pdf.

② Douglass North, *Institutions, Institutional Change and Economic Performance*, Cambridge: Cambridge University Press, 1990.

③ ［日］青木昌彦著，周黎安、王珊珊译：《什么是制度？我们如何理解制度？》，《经济社会体制比较》2000年第6期，第28－38页。

④ ［日］青木昌彦著，周黎安译：《比较制度分析》，上海：上海远东出版社，2001年。

度，认为制度是由规范确立或规定的行为。[①] 维纳德·亚格沃尔（Vinod K. Aggarwal）对制度的界定类似于基欧汉，他认为制度包含元机制（meta-regime）和机制（regime）。元机制是指国际制度安排的、赖以存在的基础的基本原则和准则；机制指制定出来的特定的国际规则和决策程序。[②] 制度不同于国际组织，后者就国际合作的领域规定详细的原则、规范、规则和程序。[③]

制度本身并非一个清晰明确的概念。不同学者在如何将国际制度区别于国际机制、国际组织上的观点不一。国际关系理论界对国际制度的界定倾向于美国斯坦福大学教授斯蒂芬·D. 克拉斯纳（Stephen D. Krasner）的界定：国际机制是国际关系特定领域里行为体愿望汇聚而成的一整套明示或默示的原则、规范、规则和决策程序。[④] 马克·李维（Marc A. Levy）、奥兰·扬（Oran R. Young）和迈克·泽恩（Michael Zürn）通过研究国际机制文献，指出机制是社会制度，影响着国家及其主体的行为，机制包括正式和非正式的原则、规范、规则和程序，影响着国家在议题领域的行为。[⑤]

一般而言，制度形式按照制度化程度可以分为正式制度和非正式制度。唐纳德·普哈拉（Donald Puchala）和雷蒙德·霍普金斯（Raymond Hopkins）从是否存在立法行为对正式制度和非正式制度进行了划分。[⑥] 简而言之，正式的国际制度明确地阐述和公开地批准国家间的行为规则，包括国际条约、正式的国际组织和超国家组织等。[⑦] 非正式制度不具有严密的组织和章程，主要通过定期或不定期的领导人峰会进行沟通、协商和合作，共同解决区域或全

① 关于规范对形成制度的影响，可以参考：Friedrich V. Kratochwil, *Rules, Norms, and Decisions: On the Conditions of Practical and Legal Reasoning in International Relations and Domestic Affairs*, Cambridge: Cambridge University Press, 1989.

② 王巧荣：《西方主要国际关系理论流派对 APEC 研究评析》，《首都师范大学学报（社会科学版）》2010 年第 4 期，第 121－127 页。

③ Vinod K. Aggarwal and Min Gyo Koo, eds., *Asia's New Institutional Architecture: Evolving Structures for Managing Trade, Financial, and Security Relations*, Heidelberg: Springer-Verlag, 2008, p. 1.

④ Stephen D. Krasner, Structual Causes and Regime Consequences: Regimes as Intervening Variables, in Krasner, ed., *International Regimes*, Ithaca and London: Cornell University Press, 1983, p. 2.

⑤ Marc A. Levy, Oran R. Young and Michael Zürn, "The Study of International Regimes", *European Journal of International Relations*, Vol. 1, Issue 3, 1995, pp. 267－330.

⑥ Donald Puchala and Raymond Hopkins, "International Regimes: Lessons from Inductive Analysis", *International Organization*, Vol. 36, No. 2, 1982, p. 249.

⑦ 田野：《国际制度的形式选择——一个基于国家间交易成本的模型》，《经济研究》2005 年第 7 期，第 97 页。

球性问题。[①] 其形式包括非正式国际组织，如联系集团、核心集团、意志联盟、默契和口头协议等。

本书关于制度的界定采用基欧汉的界定：制度是与体系相关的，由不那么严格的一系列正式或非正式的规范、规则和程序组成。[②] 它可由国家之间的协议或条约组成，如1944年布雷顿森林会议对国际货币所做的安排，可以产生于美元付诸实施的正式安排计划，也可以是暗含的。国际制度不仅在范围上有所不同，而且行为体遵循国际制度的程度也大相径庭。[③] 基欧汉对制度宽泛的界定更符合东亚多边贸易合作制度多样化建设的实际。

本书所研究的制度是指东亚多边自由贸易制度，包括区域安排、原则、规范和程序。[④]具体包括东亚国家间签订的FTA协定，也包括APEC等领导人定期峰会，还包括博鳌论坛形式的制度，以及TPP、RCEP等正在进行的自由贸易谈判等。成员国身份是相对于参与的制度所确定的利益和责任。制度不可避免地会对成员国的行为产生重要影响。亚格沃尔认为制度影响力通过考察监管力度、开放程度和成员国数量等指标进行。[⑤]

二、主要假设及逻辑推论

自由贸易有其自身的路径选择特点，制度是保证东亚自由贸易的重要载体，制度对东亚自由贸易的支持力度，导致了参与国对制度态度的差异。单个选择行为受多种因素影响，行为动机来源广泛且难以排除，如果能观测到来源广泛的行为体出现共同的行为模式，那么对行为体类似行为的解释才更有说服力。本书对行为体的行为模式的观测不仅兼顾来源的多样性，而且发现成员国在多重制度参与中的行为选择具有规律性。

---

① 韦宗友：《非正式集团、大国协调与全球治理》，《外交评论》2010年第6期，第105页。

② ［美］罗伯特·基欧汉、［美］约瑟夫·奈著，门洪华译：《权利与相互依赖》（第3版），北京：北京大学出版社，2002年，第22页。

③ ［美］罗伯特·基欧汉、［美］约瑟夫·奈著，门洪华译：《权利与相互依赖》（第3版），北京：北京大学出版社，2002年，第21页。

④ Vinod K. Aggarwal, "Building International Institutions in Asia-Pacific", *Asian Survey*, Vol. 18, No. 22, 1993, p. 1030.

⑤ Vinod K. Aggarwal, "Building International Institutions in Asia-Pacific", *Asian Survey*, Vol. 18, No. 22, 1993, p. 1030.

从 APEC 诞生时自由贸易被作为重要的三项任务之一，到“ASEAN + N” FTA 自由贸易网络构建的东亚经济一体化对关税、投资、贸易条款进行重要的让渡和协调，从亚太地区自贸区建设的努力到强调东亚联合自助、自强，再到重新对亚太地区自由贸易进行谈判，进行新的地域分割，东亚多边经济合作制度的成员国在进行制度选择时，具有特殊的偏好。确定这种偏好是否真实存在，以及成员国制度内选择行为是否存在一定的规律性，正是本书研究的出发点和尝试解决的根本问题。

在东亚经济制度化建设的关键时间节点，对自由贸易支持和惩罚力度都有明确的规定，如果研究假设成立，东亚自由贸易逐步深化，涉及贸易规则和标准制定权的竞争将变得激烈，这将会是东亚经济一体化制度演化时所遵循的路径。不同的制度化建设节点，如 APEC 建设、“ASEAN + N”网络的建设、RCEP 和 TPP 谈判等，强调新的多边贸易合作制度关注的重点在于促进东亚自由贸易，削减关税则是最容易观测的目标。一旦支撑新的自由贸易议程的制度出现，成员国将积极对待这一制度，对弱化自由贸易议程的制度，则采取消极态度。考察从 APEC 制度到 TPP 谈判中规定的关于自由贸易条款和惩罚措施，可以发现东亚制度化建设演进的路径。

本书认为东亚经济一体化进程中，存在不同的制度化阶段，借助历史制度主义分析方法，本书对“二战”结束以来东亚经济一体化制度建设阶段进行了梳理。本书认为，“冷战”结束以来东亚经济合作制度化经历了两个关键的时间节点，第一个节点是 1997—1998 年东亚金融危机后的金融合作，第二个节点是 2007—2009 年全球金融危机后新的贸易谈判倡议（如 TPP 谈判、RCEP 谈判和 FTAAP 的设计），本书截取东亚区域主义制度化的关键时期，集中对澳大利亚、中国和美国参与东亚区域主义的角色变化进行分析。

本书主要研究的是国家行为目标的变化，假设在东亚经济一体化建设中，国家偏好是固定的，国家偏好的选择可以有效地提供区域性公共物品的制度。在东亚经济一体化建设中，制度是区域性公共物品的提供者，自由贸易作为区域性公共物品，参与国支持有效提供自由贸易的多边经济合作制度。制度能否有效地促进东亚区域的自由贸易，决定了制度成员国支持或背离该制度。其具体可以分为以下三种假设：

假设 1：当多边经济合作制度促进自由贸易规范传播时，成员国将积极推动制度深化扩展，成为制度积极的建设者。例如，APEC 积极倡导东亚自由贸

易规范时，澳大利亚、中国和美国选择了积极参与并深化该制度。又如，美国在亚太区域主推的 TPP，将自由贸易规范扩大到公平贸易规范，也收获成员国极大的参与热情。

假设 2：当多边经济合作制度不能积极推动东亚经济自由化时，国家开始弱化参与该制度，甚至另辟蹊径，另起炉灶。如 1997 年，东亚金融危机打断了东亚经济一体化进程，由于 APEC 本身缺少关于金融领域的合作框架，澳大利亚、中国和美国对 APEC 制度集体忽视；另外一个案例是 APEC 倡导安全议题为主的十年间，东盟主导的“ASEAN + N”制度网络迅速发展，根植于多边贸易规则的 APEC 制度框架逐渐被弱化，在以 RCEP 和 TPP 为主的地区多边自由贸易谈判开始后，APEC 推动东亚自由贸易的作用势必会被进一步削弱。

假设 3：在东亚多边贸易制度建设进程中，存在主导性的成员国。主导国家对制度的参与模式表现在支持、漠视、背离某些制度上，从而影响到多边贸易体系演化路径和发展方向。主导国对自由贸易的不同理解，导致了东亚多边经济合作制度出现活力差异。澳大利亚、美国和中国都曾在一定历史阶段成为东亚多边贸易制度建设的主导国，如 APEC 建立初期，澳大利亚作为积极的倡导者，主导着东亚经济一体化建设的议程和制度形式；东亚金融危机后，中国积极推动区域金融合作，倡导建立清迈倡议、货币互换等一系列金融合作机制；2007 年全球金融危机后，美国开始主导涉及 21 世纪贸易规则制定权的 TPP 谈判等。

第三节　案例选择依据

案例研究在国际关系研究中非常重要，特别是将案例研究与过程追踪法（Process Tracing）和类型学理论（Typological Theorizing）相结合，有助于研究复杂现象。[①] 选择正确的案例，可以直观有效地检验理论假设的有效性。

前文提到，案例选择根据遵循的标准，主要分为最不适合案例（Least-

① Andrew Bennett and Colin Elman, “Case Study Methods in the International Relations Subfield”, *Comparative Political Studies*, Vol. 40, No. 2, 2007, pp. 170 - 191.

Likely Case)、最相似案例(Most-Similar Case)、最不相似案例(Least-Similar Case)和反常案例(Deviant Case)。[①] 案例来源的多样性，最能体现案例对理论假设验证的力度。斯蒂芬·范埃弗拉曾列举出关于案例选择的 11 项标准，分别是：①资料丰富；②自变量、因变量或条件变量具有极端值；③自变量、因变量或条件变量的值在案例内的差异较大；④相互净增的理论对案例所作的预言存在分歧；⑤案例的背景条件与当前政策问题情况相似；⑥案例背景条件具有典型性；⑦适合于其他案例进行受控比较；⑧反常性；⑨内在重要性；⑩适宜重复先前的检验；⑪可以进行先前所遗漏的检验。[②] 他认为有关案例问题回答得越多，人们就越能从案例研究中知道更多东西。而掌握的资料越多，我们能够回答的问题就越多。本书对假设的检验采用了日本、澳大利亚、中国和美国共四个案例。

进行案例选择时，需要避免选择偏见(Selection Bias)。选择偏见是指研究设计或者对所研究的现实世界现象的选择过程导致系统性的错误。[③] 选择案例有可能对所获得的结论造成偏差，为避免选择偏差，盖瑞·金(Gary King)、罗伯特·基欧汉(Robert O. Keohane)和西德尼·维尔巴(Sidney Verba)在《社会科学中的研究设计》这本研究方法论著作中给出了减少选择偏见的原则：第一，根据结果变量选择案例会削弱变量间的因果影响，因此选择案例要保证结果变量体现最低程度的变化，将不同结果的案例都包括进来，并且在研究中要确保解释变量的结果变量相互独立。[④] 有鉴于此，在分析成员国参与 APEC 模式变化时，不仅要分析成员国支持 APEC 的行为，而且要分析成员国漠视甚至背离 APEC，另起炉灶的行为。第二，根据原因变量选择案例并不会导致推理问题，因为依据原因变量选择案例的方法并不会预先设定结果。[⑤] 曲博认为为了避免案例选择偏见，根据解释变量来选择案例是最好

---

① Gary King, Robert O. Keohane and Siddney Verba, *Design Social Inquiry: Scientific Inference in Qualitative Research*, Princeton: Princeton University Press, 1994.

② [美] 斯蒂芬·范埃弗拉著，陈琪译：《政治学研究方法指南》，北京：北京大学出版社，2006 年，第 74 页。

③ Alexander George and Andrew Bennett, "Case Studies and Theory Development in the Social Science", 转引自曲博：《危机下的抉择：国内政治与汇率制度选择》，上海：上海人民出版社，2012 年，第 14 页。

④ Gary King, Robert O. Keohane and Sidney Verba, *Design Social Inquiry: Scientific Inference in Qualitative Research*, Princeton: Princeton University Press, 1994, p. 129.

⑤ 曲博：《危机下的抉择：国内政治与汇率制度选择》，上海：上海人民出版社，2012 年，第 15 页。

的方法；如果根据结果变量来选择案例，则需要注意推理程序和过程。无论根据解释变量还是结果变量来选择案例，都需要尽量保证变量取值不同，从而可以观察在自变量变化的情况下因变量的相应改变。[①]

在一个地区制度内，决定哪些国家参加，哪些国家不参加，一直是制度参与的标志性的重要问题。[②] 本书想要论证的问题则是，不管成员国身份如何，不管是地区中的大国，或者是体系中的超级大国（或者霸权国）身份，还是域外国家身份，成员国对制度的态度取决于制度是否有效推动或者深化区域性公共物品。

本书中作为案例部分的成员国的选择，除了需要同时是多项东亚多边贸易制度正式的成员国这一身份外，还需要具备两个要素：第一，案例选择需要有代表性。所谓代表性是指成员国必须是在东亚多边经济体系建设中发挥主导作用的国家，需要体现该成员国曾经主导过某一项或者多项东亚多边贸易制度建设。从功能意义上说，只有在制度建设中具备主导性力量的国家，才能影响制度合作方式，从而造成制度类型的差别，具备研究的价值。第二，需要体现成员国来源的多样化。成员国在制度建设或运作过程中扮演的角色、实施的政策和在制度组织结构中所处的位置的不同，将会造成成员国对制度参与的态度的不同。

案例的代表性主要体现在日本、澳大利亚、中国和美国都是多个东亚多边贸易制度的成员国，且四国在东亚经济一体化制度建设进程中，都曾作为制度建设的主导国身份发挥过重要作用。此外，四个国家来源具有代表性，澳大利亚代表了东亚经济一体化进程中重要的域外因素，日本、中国是东亚地区重要的大国，美国除了是东亚经济一体化重要的域外因素外，还是东亚安全框架的提供者，其在体系中的超级大国地位相当于东亚国家的霸权国。

本书对这四个案例进行了单案例研究（Within-case Study)，包括了地区大国，如日本、中国；域外国家，如澳大利亚；以及体系中的优势国家，如美国。就国家性质来说，这三类案例属于极端值，保证了来源的多样性。同时，四个国家之间是并列关系，相互之间发挥补充证明的作用。此外，本书

① 曲博：《危机下的抉择：国内政治与汇率制度选择》，上海：上海人民出版社，2012 年，第 15 页。

② Michael Yahuda, "The Evolving Asian Order: The Accommodation of Rising Chinese Power", in David Shambaugh, ed., *Power Shift: China and Asia's New Dynamics*, California: California University Press, 2005, p. 359.

在进行案例研究时，加入了时间因素，对四个案例在同样的历史时间段采取行为模式进行讨论。

一、成员国是东亚经济一体化制度构建的主导国

“东亚经济一体化”是指发生在东亚地区的经济一体化行为，东亚多边贸易制度建设是东亚经济一体化进程的具体体现。通常，东亚是一个政治地理概念，指10个东南亚国家联盟（ASEAN）成员国、日本、韩国，以及包括台湾、香港和澳门地区在内的中国的总称。然而，在讨论东亚经济一体化进程时，东亚更多的是一个构成性概念，是由一系列与东亚国家相关的多边贸易制度本身构成的概念。一方面，东亚一体化制度本身的建设具有泛太平洋性，这从美国和澳大利亚同时是东亚地区多个制度成员国的参与行为可以看得出来。另一方面，东亚经济一体化存在通过亚太区域经济合作制度，倒逼东亚多边贸易制度建设，促成东亚经济一体化的可能，如中日韩三个国家的自贸区建设在很大程度上与美国主导的跨太平洋伙伴关系（TPP）谈判有关。这意味着，只要存在一个东亚国家发起或建立的多边经济合作制度，或者由域外国家（如美国、澳大利亚）主推的多边贸易合作制度，只要涉及东亚国家，无论制度范围局限于东亚地区，或者延伸到亚太地区，都应视为东亚经济一体化进程的重要内容，这也是本书研究的主要对象。

在制度建立过程中，存在主导性国家，芭芭拉·凯里迈诺斯（Barbara Koremenos）等学者创造了“主导性的制度成员”的概念来指代这样的国家。[①]主导性作用涉及主导权问题。社会学多从个体层次分析主导权，它可以作为一种行为模式（pattern of behavior）、一种个人品质（personal quality），或者作为一种政治价值（political value）。作为一种行为模式，主导权是指个人或集团通过组织或者指导对象达成目标。作为个人品质，主导权是指性格优势，这种情境下的主导权等同于领袖与魅力或权势。作为政治价值，主导权是指通过道德权威或者思想上的洞察力动员、引导和激励他人的能力。[②] 将社会个

① Barbara Koremenos, Charles Lipson and Duncan Snide, “The Rational Design of International Institutions”, *International Organization*, Vol. 55, Issue 4, 2001, pp. 761 - 799.

② ［英］安德鲁·海伍德著，王浦劬译：《政治学核心概念》（影印本），北京：中国人民大学出版社，2011年，第136-138页。

体划分为主导者和追随者根源于专制文化，尊重全知全能的领导者，认为广大公众需要被引导、动员或者指导。民主化的压力并没有根除对领导者的需求，却对领导权进行了强有力的限制，比如通过建立制度罢免措施来保证领导的可信度。①

在区域合作中，对于主导权的界定同样与领导地位、领导权威有关。陈峰君、祁建华指出所谓的“权威”或“主导权”，是指在区域合作中具有决定性指导地位，这种地位一般是由某个国家或国家集团承担，其发挥的政治、经济影响力比其他国家更多、更大、更强。② 在区域合作中，主导权的界定指需要界定制度建设层面的主导权和区域权力结构中的主导权。③ 陈峰君等认为主导权具有决定区域内规则的能力和指导一体化发展方向与进程的作用。④ 由此可知，区域合作中的主导国具有决定制度选择区间的影响力。

郭琼、陈一一根据阿米塔·阿查亚对安全共同体三支柱的阐述，并结合阿德勒对安全共同体发展三层次的定义（即环境的变化、相互信任和集体身份形成、和平变迁的可依赖预期），将主导性国家定义为，在安全共同体的构建过程中对制度构建、规范设立以及促进国家间认同这三个方面起主要作用的领导型国家。⑤ 张幼文则是从全球化经济分工角度，对国际经济体系中的主导性国家与从属性国家这一对关系进行描述。⑥ 200 多年来，主导性国家和发达国家主导着世界经济发展规则，发展中国家则被动适应这些规则。

从公共物品的角度分析主导权，可以发现区域合作主导权是一种与公共物品的提供密切联系的关于合作路径或合作模式的倡议权、选择权或决定权。王玉主认为在合作前提下，主导权是一种建立在义务与权利互动基础上的话

① ［英］安德鲁·海伍德著，王浦劬译：《政治学核心概念》（影印本），北京：中国人民大学出版社，2011 年，第 137 页。

② 陈峰君、祁建华主编：《新地区主义与东亚合作》，北京：中国经济出版社，2007 年，第 234－235 页。

③ 王玉主：《区域公共产品供给与东亚合作主导权问题的超越》，《当代亚太》2011 年第 6 期，第 78 页。

④ 陈峰君、祁建华主编：《新地区主义与东亚合作》，北京：中国经济出版社，2007 年，第 234－235 页。

⑤ 郭琼、陈一一：《主导性国家与东盟安全共同体的建构——兼谈美国重返东南亚对建构东盟安全共同体的影响》，《东南亚研究》2012 年第 5 期，第 55 页。

⑥ 张幼文：《全球化经济形成机制与本质分析》，《上海财经大学学报》2006 年第 5 期，第 52－53 页。

语权。合作中各方的权利与义务是否对等，或者说在区域性公共物品提供能力基础上的主导权的发挥程度，则要受到区域内的力量结构，尤其是各方“软实力”等多种因素的影响。① 主导权不同于霸权，霸权更多的是基于一种物质权力，而主导权更多地强调“软实力”，强调合法性认同。

一个在区域事务中能起主导作用的国家必须具备下列条件：第一，该国具有某些其他国家所不具备的能力，包括有形的物质资源和无形的知识或技术资源，特别是要具备约瑟夫·奈提出的在国际合作中起重要作用的“软实力”。第二，愿意在国际合作中不畏风险，利用自己的能力来促进合作的实现。第三，该国应获得区域国家的“合法性认同”，这种“合法性认同”并不来源于强制力，而是区域意识上的众望所归。第四，该国应有能力处理好与美国的关系。②

一般认为，国际制度多由霸权国主导建立或由主要大国协调建立。③ 主导国一般是大国，大国是相对于体系内成员国实力而言，霸权国或者大国的协调对制度的产生、运作与走向有重要的意义，但是制度建设的主导因素并不仅仅依赖于大国，一些中小国家也可以主导制度建设的进程。特别是在东亚多边贸易制度建设过程中，国家实力分布并非是决定制度建设的唯一因素，中小国家通过议题设置、规范倡导，同样可以主导东亚贸易制度化进程。④ 东盟成员国轮流主办 APEC 会议就体现了这种意图，特别是 1994 年在印度尼西亚主办的 APEC 会议上，通过《茂物宣言》和实现亚太自由贸易时间表的茂物目标，有力证明了中小国家在东亚多边贸易制度建设过程中，也可以发挥主导性作用。

尽管权力因素在制度建设主导权之争中发挥重要作用，但是将主导权限制在制度建设层面，更符合本书的研究初衷。因为主导权之争的结果最终要落实到制度选择层面。因此，在进行案例选择时，更多的是考虑成员国提出的制度倡议得以实现，并对东亚多边贸易体系建设产生了重大的影响。

奥兰·扬（Oran R. Young）认为存在三类主导行为（leadership behav-

① 王玉主：《区域公共产品供给与东亚合作主导权问题的超越》，《当代亚太》2011 年第 6 期，第 83 页。

② 王英英：《论东亚区域合作中的美国因素和主导权问题》，《亚太经济》2012 年第 3 期，第 5 页。

③ 王杰主编：《国际机制论》，北京：新华出版社，2002 年，第 220 页。

④ Jonas Tallberg, “The Power of the Chair: Formal Leadership in International Cooperation”, *International Studies Quarterly*, Vol. 54, No. 1, 2010, pp. 241 – 265.

ior）：基于谈判技巧的倡导性主导权（entrepreneur leadership），基于智力资本或者观念的知识性主导权（intellectual leadership），以及基于物质资源的结构性主导权。[①] 从20世纪60年代日本对区域经济合作的倡议开始至今，日本、澳大利亚和中国都曾在东亚多边贸易制度化建设进程中发挥过主导作用。2007—2009年的全球金融危机以来，美国强化在东亚多边贸易制度建设进程中发挥主导作用，逐渐从实用主义态度，转变为亚太多边贸易体制积极的参与者，试图通过推动TPP来主导亚太自贸区建设的方向。据此本书挑选日本、中国、美国和澳大利亚四个国家，符合案例选择的标准。其中，日本和澳大利亚共同倡导建立了APEC制度，提供了智力资本。中国在东亚金融危机后积极参与东亚金融合作，提出一系列倡议，这与中国经济实力增强直接相关。而具有地区体系结构性优势的美国从2009年开始力推TPP，并将其作为实现亚太自贸区（FTAAP）的主要路径。可见，这四个国家都是重要的主导国。

二、成员国来源的多样性

戴维·莱克（David A. Lake）认为区域是由地理因素加域外国家（externalities）组成。国家可以是多个区域的成员国，成员身份可以重叠。[②] 凯西·鲍威尔（Kathy Powers）与盖瑞·戈兹（Gary Goertz）赞同莱克关于区域成员国可以具有重叠身份的说法，他们认为区域是由区域性经济制度（Regional Economic Institution）构成，同时这些区域性经济制度需要满足一系列条件，其中之一就是这些区域性经济制度需要具备法律基础。因此，他们将APEC排除在重要的国家间组织之外。根据这个界定，日本、中国、美国和澳大利亚作为APEC的成员国，以及“ASEAN + N”自贸制度的成员国或者联系国，根据制度界定区域的观点，四国都可以被视为东亚区域国家。[③] 退一步讲，即使不承认美

① Oran R. Young, “Political Leadership and Regime Formation: On the Development of Institutions on International Society”, *International Organization*, Vol. 45, Issue 3, 1991, pp. 281 – 308.

② David A. Lake, “Regional Hierarchy: Authority and Local International Order”, *Review of International Studies*, Vol. 35, Supplement S1, 2009, pp. 35 – 58. See also David A. Lake, “Regional Security Complexes: A System's Approach”, in David A. Lake and Patrick Morgan, eds., *Regional Orders: Building Security in a New World*, University Park: Pennsylvania State University Press, 1997.

③ Kathy Powers and Gary Goertz, “The Economic-Institutional Construction of Regions: Conceptualisation and Operationalization”, *Review of International Studies*, Vol. 37, No. 5, 2011, pp. 2387 – 2416.

国和澳大利亚是东亚多边贸易制度的成员国，作为域外国家的美国和澳大利亚也可以通过巴里·布赞（Barry Buzan）和奥利·维弗（Ole Waever）所谓的“渗透”和“覆盖”两种方式参与到一体化制度建设中。① 本书进行案例研究时，既需要照顾到美国作为体系优势国且是东亚域外大国的身份，也需要顾及澳大利亚作为域外国家，在支持或反对某项多边贸易制度时，可能带来的变化。

（一）地区大国

葡萄牙里斯本大学社会科学院社会及政治科学研究员安德烈斯·马拉默德（Andrés Malamud）给出了关于评判成员国区域影响力的三个维度：该国家在区域经济一体化建设中的表现；为实现区域外目标，能获得该地区国家的支持；以及对区域领导权的争夺。② 按照这个标准，日本、中国、美国和澳大利亚都是东亚多边贸易制度建设的主导国家。

日本是亚洲乃至世界领先的工业国，具有杰出的金融能力和科技能力，是仅次于美国的投资国。中国是亚洲领土最大、人口最多的国家，随着中国经济的崛起，国民生产总值已经超过日本，成为仅次于美国的经济体，中国崛起的影响日益辐射到中国对外战略是否会出现调整，以及中国军事实力增强是否起到稳定地区形势的作用等各种热点议题。

日本和中国是东亚地区大国，同时被视为东亚经济一体化制度建设的驱动性力量。研究东亚多边贸易制度的演变，离不开对日本和中国参与行为的分析。东亚经济奇迹首先展示于日本经济在20世纪50年代末到60年代的腾飞，日本从60年代就开始倡议建立东亚地区多边贸易合作制度。“冷战”结束后，特别是进入21世纪，中国经济迅速崛起，开始有意识地参与到地区多边制度中。1997—1998年的东亚金融危机是中日两国参与东亚经济合作的关键节点，两国开始积极参与东亚贸易和金融治理，日本开始支持中国提出的一系列金融合作倡议，如清迈倡议。

① 关于域外国家如何参与地区安全制度，可参考：Barry Buzan and Ole Weaver，*The Regions and Powers*：*The Structure of International Security*，Cambridge：Cambridge University Press，2004.

② Andrés Malamud，“A Leader without Followers? The Growing Divergence between the Regional and Global Performance of Brazilian Foreign Policy”，*Latin American Politics and Society*，Vol. 53，Issue 3，2011，pp. 1 –24.

东亚经济一体化制度建设离不开日本和中国的参与。在相当长一段时间内，东盟是东亚经济一体化的驱动力量，中国和日本对东亚经济合作制度有自己的打算。随着 APEC 制度的弊端日益凸显，东盟作为驱动力量呈现小马拉大车的态势。日本和中国需要发挥主导性的力量，因此两国在东亚多边制度合作形式上提出竞争性的东亚经济一体化合作倡议。如果东亚经济一体化制度缺少日本或中国，将是不完整的，所发挥的效力也将大打折扣。因此在分析东亚经济一体化制度建设时，特别是成员国参与行为对制度选择的影响因素时，日本和中国是值得分析的典型案例。

（二）霸权国

霸权在国际关系研究中有着重要地位，但是霸权的概念仍然相对模糊，分析不够透彻。① 目前对霸权的界定还是基于物质主义，是从所具备的强制性资源角度来进行界定。② 金德尔伯格从公共物品角度界定霸权国，他认为霸权国有责任作为体系的稳定者，保证资本流通到潜在的借贷者手中，保证汇率和宏观政策稳定，并作为金融危机的最后借贷者。③ 霸权国可以在允许“搭便车”的情况下提供公共物品。④ 葛兰西认为霸权是武力压迫下维持的一致性。在这个意义上，美国在东亚的战略角色上可被理解为一种霸权。⑤

美国虽然是“冷战”后军事实力和经济实力最强的国家，但是美国并不是传统意义上的霸权国，然而，美国因为作为东亚安全保障的提供者，具备了成为霸权国的要素。葛兰西认为，在阶级体系里，比起不平等的经济和政

① Howard H. Lentner, “Hegemony and Power in International Politics”, in Haugaard and Lentner, eds., *Hegemony and Power*, pp. 107–108. See also R. B. J. Walker, *After the Globe*, *Before the World*, London: Routledge, 2010, p. 76. Eva Herschinger, “‘Hell is the Other’: Conceptualising Hegemony and Identity through Discourse Theory”, *Millennium-Journal of International Studies*, Vol. 41, Issue 1, 2012, pp. 65–90.

② Eva Herschinger, “‘Hell is the Other’: Conceptualising Hegemony and Identity through Discourse Theory”, *Millennium-Journal of International Studies*, Vol. 41, Issue 1, 2012, pp. 65–90.

③ Charles P. Kindleberger, “Hierarchy Versus Inertial Cooperation after Hegemony: Cooperation and Discord in the World Political Economy”, *International Organization*, Vol. 40, No. 4, 1986, pp. 841–847.

④ Norman Frohlich and Joe A. Oppenheimer, “I Get Along with a Little Help from My Friends”, *World Politics*, Vol. 23, Issue 1, 1970, pp. 104–120.

⑤ W. I. Robinson, *Promoting Polyarchy*: *Globalization*, *US Intervention*, *and Hegemony*, Cambridge: Cambridge University Press, 1966, p. 22. Cited with Peter Van Ness, “Hegemony, Not Anarchy: Why China and Japan are not Balancing US Unipolar Power”, *Working Paper*, 2001/4, Published by Department of International Relations RSPAS, Canberra: Australian National University, 2001, p. 6.

治权力，统治阶级的精神以及文化特权更容易被理解为霸权。

对美国来说，美国对东亚经济合作提供的区域性公共物品除了安全保障外，还以区域霸权国的身份，引入并主导建立新的贸易规则，也可以看作是提供了另外一种不同性质的公共物品。

当不存在霸权国提供公共物品的情况下，制度可以克服霸权国的某些劣势，作为一种集体合作供给模式，提供地区公共物品。在没有霸权国的情况下，制度在多大程度上可以提供公共物品？小威廉·迪博尔德（William Diebold）曾表示，美国霸权衰落意味着美国没有义务修补国际经济体系的看法是错误的。[①] 需要指出的是，制度建设进程中存在主导性国家，在霸权国提供的区域性公共物品与制度提供的区域性公共物品存在竞争的情况下，从成本角度考虑，一般而言，霸权国提供的区域性公共物品更具有吸引力。这是当前美国主推 TPP 谈判下的自由贸易协定内容高于 APEC 供给的自由贸易内容的原因，TPP 和 APEC 是两种不同规格的谈判。正因为如此，东亚地区的各类自由贸易协定存在共存和协调的空间。

（三）域外国家

随着经济全球化的开展，主权国家间相互联系日益密切，开始更多地参与到区域经济一体化的建设中。域外国家参与区域经济一体化涉及参与角色与参与机制问题，属于经济一体化研究的重要组成部分。相对于以欧盟为代表的欧洲经济一体化，或者以美国为主导的北美自由贸易区的建设来说，东亚区域经济一体化进程有其独特性，域外国家在东亚多边贸易制度的建设和运作过程中，曾发挥过重要的主导作用。尽管域外国家对东亚地区一体化的影响逐渐变得非常有限。[②]

在开放的条件下，外部力量的介入和区域内部力量结构共同影响区域公共产品的供求。外部力量的冲击不但有可能改变一个区域公共产品的需求的强弱，而且可以通过增加公共产品供给竞争来影响该区域内部主导力量的供

① Charles P. Kindleberger, “Hierarchy Versus Inertial Cooperation after Hegemony: Cooperation and Discord in the World Political Economy”, *International Organization*, Vol. 40, No. 4, 1986, p. 847.

② David Dewitt, Deanne Leifso and James Manicom, “Re-engaging Asia: Global Pathways to Regional Diplomacy”, Paper prepared for Plenary Session 5: Middle Powers and Regional Governance and Order, The 26th Asia - Pacific Roundtable, May, 2012, Kuala Lumpur, Malaysia, p. 3.

给意愿或供给能力。[①] 它们的参与角色以及参与机制，深刻影响着东亚经济一体化的进程。

澳大利亚最初参与东亚经济合作肇始于“二战”后初期参与英美在亚太区域设计的一系列多边防务协定，之后通过援助方式，与东亚区域国家建立了友好关系。20 世纪 70 年代，随着日本崛起，澳大利亚积极响应日本提出的一系列多边经济安排，谋求区域内组织的成员国身份。20 世纪 80 年代至 90 年代，澳大利亚主动走向前台，成功提出一系列针对东亚区域合作的经济倡议，如 1989 年，与日本一同倡议建立了 APEC 部长级会议机制，随后其总理保罗·基廷（Paul Keating）积极主张将 APEC 制度升级为国家首脑参加的高级别合作制度，并将其作为进一步融入亚洲区域决心的重要展示。[②] 随着中国经济的崛起，澳大利亚前总理霍克、菲律宾前总统拉莫斯和日本前首相细川护熙等人在 1998 年发起并倡议在中国海南建立博鳌论坛。博鳌论坛于 2001 年 2 月正式成立，论坛以年会形式讨论关于公共外交、国际关系、国际战略和区域安全等议题。2009 年，随着美国高调加入并推动 TPP 在亚太地区的谈判，澳大利亚积极参加 TPP 框架内的各轮谈判，并强调依靠 TPP 谈判作为实现亚太自贸区的基础。2012 年 11 月，澳大利亚作为 ASEAN 自贸协定签署国，积极参加了东盟主导的 RCEP 谈判。

澳大利亚是东亚多边贸易制度建设的重要域外力量，对东亚制度建设有着特别的意义。它的参与角色以及参与机制，深刻影响着东亚经济一体化的进程。这也是本书选取澳大利亚作为案例之一的原因所在。

在复杂的东亚经济一体化制度建设进程中，东亚大国，如日本、中国，以及域外大国，如美国、澳大利亚，都面临选择何种制度，或者实施何种参与战略的问题。因此，考察不同类型国家的近似参与行为具有现实价值。至于为什么特别研究这四个成员国在东亚经济一体化进程中的参与模式，原因如下：

首先，东亚地区是大国力量博弈的重点地区，日本、澳大利亚、中国和美国，任何三个国家都能形成复杂的三角关系，任何一对关系的变化都能产

---

① 高程：《区域公共产品供求关系与地区秩序及其变迁——以东亚秩序的演化路径为案例》，《世界经济与政治》2012 年第 11 期，第 13 页。

② Allan Gyngell and Michael Wesley, *Making Australian Foreign Policy*, Cambridge: Cambridge University Press, 2003, p. 116.

生牵一发而动全身的效果。其次，东亚地区经济一体化有可能成为缓和东亚地区紧张的政治局面和改善东亚地区经济发展不平衡的钥匙。欧洲通过经济一体化极大地巩固了政治稳定和提高了民众福利，这为东亚地区经济一体化提供了榜样。此外，东亚地区国家间经济贸易的相互依赖程度日益提高，相互依赖导致了经济脆弱性增加，东亚地区遭遇的两次金融危机进一步确定了成员国只有同舟共济，借助制度的力量，降低合作成本，才能更好地应对各类危机。最后，研究考虑到了这四个成员国身份的独特性。它们对制度的参与模式，很大程度上强化了东亚多边经济合作体系的特征。

小 结

这一章主要借用“制度供给公共物品”这一理论基础，搭建了关于区域性公共物品的制度供给框架，这一框架视地区多边贸易制度为区域性公共物品的提供者，视东亚自由贸易为区域性公共物品，认为多边贸易制度是东亚自由贸易的载体。成员国在参与东亚多边贸易制度建设过程中，其参与行为无不与制度是否有效提供区域性公共物品有关。其中，核心概念的界定、核心假设的提出，以及案例选择的考量都是这一章研究的主要内容。

本书借由对“区域”这一概念的界定引出关于“东亚”以及东亚经济一体化概念的界定。本书认同卡尔·多伊奇对区域的界定，认为区域并不是一个固定的地理纬度的概念，也不仅仅是由地理位置临近的国家组成，但是本书强调地理位置临近，是界定区域这一概念的内核。所以，在界定“东亚”时，不仅仅考量地理因素，更多地视东亚为一个构成性概念。因此，东亚不再仅仅是10个东南亚国家联盟（ASEAN）成员国和日本、韩国以及包括台湾、香港和澳门地区在内的中国的总称。在讨论东亚经济一体化进程时，东亚更多的是一个构成性概念：一系列与东亚国家相关的多边贸易制度本身构成了东亚概念。东亚经济一体化是指发生在东亚地区的经济一体化行为，东亚多边贸易制度建设是东亚经济一体化进程的具体体现。这意味着，只要存在一个东亚国家发起或建立的多边经济合作制度，或者由域外国家（如美国、澳大利亚）主推的多边贸易合作制度，只要涉及东亚国家，无论制度范围局限于东亚地区，或者延伸到亚太地区，都视为东亚经济一体化进程的重要内

容，也是本书研究的主要对象。因此，APEC、TPP、RCEP 和 FTAAP 等是已经建成或正在谈判进程中的多边贸易合作制度，都属于东亚经济一体化制度建设的重要内容。

本书在梳理公共物品、全球性公共物品等概念和理论流变的基础上，界定了什么是区域性公共物品，并分析了区域性公共物品的供给方式，包括霸权供给和制度供给。本书论证了制度作为东亚区域性公共物品供给者的可能性和可行性，并指出在东亚经济一体化进程中，如果出现了优势国（如美国）提供区域性公共物品（霸权供给），这将是比制度供给更有执行力的供给手段，东亚经济格局势必会随之改变。目前，美国已经出现战略中心东移的趋势，不可排除对亚太地区实施再平衡战略的可能。

本书研究对象是东亚多边贸易制度成员国的制度内选择行为，特别是成员国作出选择行为时所体现出的近似参与模式：成员国对制度表现出的选择行为大致分为支持和反对两类，在这两类极端行为之间，存在漠视、背离两类较为缓和的选择行为。制度内选择行为，涉及成员国对制度的参与程度的高低。根据参与程度，选择行为可以分为积极支持和消极对待两种。其中，积极支持行为包括作为倡议者、主导者、追随者参与制度；消极对待行为包括漠视、背离甚至反对该制度。

"制度内选择行为"这一概念涉及对成员国参与的制度的范围进行界定。通过对制度这一概念的辨析，本书所指的"制度"是指东亚多边自由贸易制度，包括区域安排、原则、规范和程序。①具体包括东亚国家间签订的 FTA 协定、APEC 等领导人定期峰会、博鳌论坛形式的制度，以及 TPP、RCEP 等正在进行的自由贸易谈判等。

本书的核心假设是：在东亚经济一体化建设中，国家偏好是固定的，国家偏好选择可以有效提供区域性公共物品的制度，在东亚经济一体化建设中，制度是区域性公共物品的提供者，自由贸易作为区域性公共物品，参与国支持有效地提供自由贸易的多边经济合作制度。制度能否有效促进东亚区域自由贸易，决定了制度成员国支持或背离该制度。具体可以分为以下三种假设：

假设 1：当多边经济制度促进自由贸易规范传播时，成员国将积极推动制

① Vinod K. Aggarwal, "Building International Institutions in Asia-Pacific", *Asian Survey*, Vol. 18, No. 22, 1993, p. 1030.

度深化扩展，成为制度积极的建设者。

假设2：当多边经济制度不能积极推动东亚经济自由化时，国家开始弱化参与该制度，甚至另辟蹊径，另起炉灶。

假设3：在东亚多边贸易制度建设进程中，存在主导性的成员国。主导国家对制度参与模式表现在支持、漠视和背离某些制度，从而影响到多边贸易体系演化路径和发展方向。

在选择案例时，为了避免选择偏见，采用了极端案例。为保证来源的多样性，本书选择了属于三类成员国身份的四个案例，澳大利亚代表了东亚经济一体化进程中重要的域外因素，日本、中国作为东亚地区重要的大国，美国除了是东亚经济一体化重要的域外因素外，还作为东亚安全框架的提供者，在体系中超级大国的地位相当于东亚国家的霸权国。这四个国家在东亚经济一体化制度建设进程中，都曾以制度建设主导国的身份发挥重要作用。本章对这四个案例进行了单案例研究（Within-case Study），同时，加入了时间因素，对四个案例在同样的历史时间段所采取的行为模式进行了讨论。

第二章　自由贸易作为东亚区域性公共物品

自由贸易（Trade Liberalization）是指削减直至消除关税、非关税壁垒的过程，通过消除边境壁垒，实现商品、服务、人员和资本的自由流通，是实现自由贸易的步骤。[①]

自由贸易观念可以追溯到古典贸易理论。[②] 罗比特·吉尔平（Robert Gilpin）认为国际自由贸易理论从以亚当·斯密（Adam Smith）为代表的古典贸易理论演化而来，经大卫·李嘉图（David Ricardo）、新古典贸易学派赫克歇尔（Heckscher）、俄林（Ohlin）和保罗·萨缪尔森（Paul A. Samuelson）的发展，逐渐走向成熟。[③] 古典经济学派强调国家财富的增加与实行自由贸易密切相关，视自由贸易为一种公共物品。

自由贸易作为区域性公共物品，其实现的方式主要表现在两个方面：自由贸易观念的传播与自由贸易规则的制定。在东亚区域经济一体化实践进程中，澳大利亚和美国都具备作为地区公共物品的供给者的能力，澳大利亚是东亚区域重要的域外国家，曾与日本一起作为倡导者，倡议建立了亚太经济合作组织（APEC）。这与澳大利亚作为东亚自由贸易规范倡导者的角色分不开。澳大利亚作为域外国家在参与东亚经济合作进程中，其领导人作为自由贸易规范的倡导者，通过一系列成功的制度倡议（APEC、博鳌论坛等），在亚太区域成功推广了自由贸易的观念。

对美国来说，美国向东亚经济合作提供的区域性公共物品除了安全保障

---

① Ole Kirkelund, "Free Trade, Public Goods, and Regime Theory: A Theoretical Discussion of the Links between Trade and IR-Theory", *Working Paper*, NR. 23, 2000, p. 15

② 在这里需要区分一下自由贸易（Free Trade）与贸易自由化（Trade Liberalization）之间的区别。自由贸易是贸易跨境交流的一种条件，包含一定的关税和非关税壁垒。贸易自由化是削减直至消除关税、非关税壁垒的过程，是实现自由贸易的步骤，贸易自由化的最终目的是实现自由贸易。因此，本书所指的区域性公共物品，如无特别说明，既是自由贸易这一结果，也是贸易自由化这一过程。

③ Robert Gilpin, *The Political Economy of International Relations*, Princeton: Princeton University Press, 1987, p. 172.

外，还以区域霸权国的身份，重塑了东亚自由贸易的新规则，可以视为提供了另外一种不同性质的公共物品。然而，在1997年东亚金融危机后，美国弱化参与东亚区域经济一体化建设，直到2007—2009年的全球金融危机，美国奥巴马政府才开始着手积极推动新的自由贸易谈判议程。能力和意愿问题限制了东亚区域大国对区域性公共物品的供给，下一章将对这一问题进行具体分析。

第一节　自由贸易作为一种公共物品

王玉主认为，东亚区域迫切需要而且可以由区域内提供公共物品的主要存在于经济领域和推动经济合作的机制与制度，具体来说就是区域金融体系、区域消费市场和推动区域合作的制度安排。[①] 国际贸易之所以被当作一种公共物品，是因为它能促进国际劳动力的专业化分工，通过增加生产和经济增长，实现潜在的经济效益。经济学家普遍认为自由贸易是有益的。[②]

传统的自由贸易理论起源于亚当·斯密的绝对成本学说。亚当·斯密认为社会财富的增加在于生产率的提高，而专业化分工可以提高劳动生产率。如果国与国之间能够进行国际分工并进行交换，就可以增加社会财富。双方可以自由地交易他们的产品是获得社会财富的前提条件。如果没有自由贸易，没有商品的自由流通，就不可能获得地域分工带来的益处。基于此他提倡要实行自由贸易。由于亚当·斯密的绝对成本学说不能解释，当一个国家所有商品的成本均高于其他国家时，也能从国际贸易中获得利益，而不是像国际贸易中更普遍的现象一样被排挤在外的原因。因此，绝对成本学说被李嘉图的比较成本学说取代。

1817年，李嘉图出版了《政治经济学及赋税原理》，建立起了以“劳动价值论”为基础、以分配为中心的理论体系，并提出了“比较成本”的贸易

---

① 王玉主:《区域公共产品供给与东亚合作主导权问题的超越》,《当代亚太》2011年第6期，第87页。

② Richard M. Alston, J. R. Kearl and Michael B. Vaughan, “Is There a Consensus Among Economists in the 1990's?”, *American Economic Review*, Vol. 82, Issue 2, 1992, pp. 203 – 209. Robert E. Baldwin, “The Political Economy of Trade Policy”, *Journal of Economic Perspectives*, Vol. 3, No. 4, 1989, pp. 119 – 135.

分工思想。李嘉图的比较成本学说成功地解决了亚当·斯密的难题。比较成本学说继承了亚当·斯密关于各国的国际分工可以提高生产率这一命题，但是他认为各国进行国际分工的依据是比较成本。两国生产商品的相对成本是不同的，成本具有比较优势。陈寿琦认为比较成本理论的合理内核在相对优劣思想，也就是“两利相权取其重，两弊相衡取其轻”。两优中有最优和次优之分，最优为优，次优为劣；两劣中有最劣和次劣之分，最劣为劣，次劣为优。运用到国际贸易上，就是各国出口在生产上处于相对优势、成本相对低的产品，进口在生产上处于相对劣势、成本相对高的产品。这就是按“比较利益—比较成本”原则进行贸易分工。①

比较成本原则发生作用，表现为商品流通从生产优势国家流向生产劣势国家，由成本低的国家流向成本高的国家。李嘉图用他著名的毛呢与葡萄酒的实例，说明了英国与葡萄牙两个国家是如何在英国处于绝对劣势和葡萄牙处在绝对优势的基础上进行国际贸易并都获得利益的。李嘉图证明了自由贸易可以使双方均获利。发挥本国优势，利用他国优势，通过比较利益原则实现国际分工和国际贸易，解决了处于不同生产力水平的国家，特别是落后国家能否从国际分工和国际贸易中获得利益的问题。比较成本学说不仅成为发展中国家参与国际分工和国际贸易的理论依据，而且更广泛地成为国际分工和国际贸易理论的传统机制。②

李嘉图用各国劳动成本的相对差异解释了国际贸易产生的原因和利益所在，但比较优势的形成原因没说清楚。新古典贸易学派赫克歇尔、俄林通过双要素模型（Heckscher - Ohlin Model），提出了国际分工和国际贸易产生的原因。这一理论将影响因素由单纯的劳动成本扩展到了资本和劳动两种生产要素，用各国劳动和资本丰裕程度的差异解释比较成本的差异。他们还认为国际分工和国际贸易产生的原因是各国生产要素禀赋的差异，提出了要素禀赋论。

俄林认为国际贸易存在的必要条件是商品价格在不同区域或国家间存在差异。商品价格的差异是由生产要素价格的差异造成的，生产要素价格的差异是由各国要素禀赋的差异引起的，这时各国生产密集使用本国较丰富的生

① 陈寿琦：《关于利用比较成本理论的论争》，《国际贸易》1982 年第 9 期，第 8 页。

② 王佃凯：《公平和效率的平衡——论自由贸易理论与保护贸易理论的统一性》，《对外经济贸易大学学报》2001 年第 5 期，第 1 页。

产要素的商品较为有利。也就是说，资本丰富的国家应生产资本密集型产品，劳动力丰富的国家应生产劳动密集型产品较为有利。要素禀赋论认为国际贸易和国际分工是实现资源合理配置的有效手段。

自由贸易是实现国际分工，克服国际生产要素分布不均匀、提高劳动生产率的有效手段。要素禀赋论解释了比较成本学说形成的原因，与比较成本学说相比，要素禀赋论能更好地解释发达国家与不发达国家间贸易产生的原理。按照要素禀赋论的观点，发展中国家应充分利用国内丰富的自然资源生产初级加工产品，与发达国家的工业制成品进行交换，才可以获得最大的利益。

而实际情况是，由于初级产品特殊的属性，使发展中国家在交换过程中遭受了双重价值损失，而且由于初级产品价格的下降、初级产品价格弹性低以及国际贸易大国效应，使得发展中国家利用出口调节国际收支平衡的愿望落空，在国际贸易的利益分配格局中处于不利地位。而发达国家实行自由贸易也不是对每个人都有利。

美国经济学家斯托尔珀和萨缪尔森利用要素禀赋论分析了国际贸易、要素报酬与所得分配之间的关系。他们在1941年发表的一篇文章中，第一次在两种要素、两种商品的一般均衡模型的明确表述中对“赫克歇尔—俄林模型”作了具体的发展，得出了“斯托尔珀—萨缪尔森定理”（The Stolper - Samuelson Theorem）。该定理认为一国从闭关锁国到自由贸易的过程中，由于产品价格均等化，一种出口产品的价格上升，另一种进口替代产品的相对价格会下降，导致密集使用于出口产品的要素报酬提高，密集使用于进口替代品的要素报酬下降，并且两种产品价格的变动会导致两种生产要素价格的更大变动。生产要素的报酬改变必然会导致利益的重新分配，国际贸易在使一部分人得利的同时，也会使一部分人的利益受损。

根据李嘉图的古典贸易理论，自由贸易在全球和国家层面产生有益于所有贸易国家的经济利益。这是自由贸易成为一种区域性公共物品的基本前提。从纯经济的角度分析，自由贸易建立在专业化分工的基础上，通过各国的自由竞争、优胜劣汰实现资源在全球范围内的优化配置，这可以提高生产效率，从而增加各参与国的福利。丹麦企业社会责任研究学者奥利·科克伦德（Ole Kirkelund）认为国际贸易通过经济的专业化功效（benefit of specialization）和

贸易的规制功效（benefits of regulation）体现作为公共物品的特性。[①] 经济的专业化功效是指，贸易引发劳动力的国际分工以及专业化，从而更有利于优化配置资源。贸易通过增加生产和经济增长的形式，增加潜在的经济利益。贸易的规制功效是指通过降低关税和非关税壁垒，将贸易带来的潜在收益最大化。这是亚太各类多边贸易机制关于自由贸易规定中要求贸易壁垒逐渐消除的依据。从这种意义上说，亚太多边经济制度通过要求成员国履约，保证了制度内贸易成员在削减关税和非关税壁垒基础上的合作，本身就是一种公共物品。

需要指出的是，李嘉图的比较成本学说提出距今200年左右，当时的国际贸易基本上是在生产力有绝对差异的条件下进行的。两个世纪过去了，当前世界生产力差距扩大，发展中国家与发达国家间的生产力水平有着很大差距，只有根据相对优劣的原则进行分工，才有扩大贸易的基础。[②] 需要指出的是，相对成本优势下的自由贸易，有助于促进国际分工，但是并不保证贸易利益分配的公平。工业品生产国家与初级产品生产国家间商品的交换中，工业品生产国的获益更大。因此，自由贸易在整体上能增加财富，但是针对个体国家所获得的绝对收益是有差别的。某些特性条件下，关税和非关税壁垒的削减甚至消除，贸易量的增加，一样会产生国家经济利益受损者。

20世纪70年代，全球化开始迅速扩展，大约三分之二的世界人口进入全球经济体系中，贸易壁垒的削减极大地促进了国际贸易。普林斯顿经济学教授丹尼·罗德里克（Dani Rodrik）发现，在20世纪80年代中期以来，发展中国家集中地开始经济改革，不再强调进口替代政策，狂热地奔向自由贸易。[③] 海伦·米尔纳（Helen V. Milner）和久保田惠子（Keiko Kubota）考察了1970—1999年间发展中国家的经济改革与民主自由化之间的关系，认为全球民主扩展的运动先于或者伴随着发展中国家选择的自由贸易政策。他们认为这两种潮流是相互联系的，政治体系的民主化降低了政府利用贸易壁垒作为

① Ole Kirkelund, "Free Trade, Public Goods, and Regime Theory: A Theoretical Discussion of the Links between Trade and IR - Theory", *Working Paper*, NR. 23, 2000, pp. 19 - 20.

② 陈寿琦：《关于利用比较成本理论的论争》，《国际贸易》1982年第9期，第10页。

③ Dani Rodrik, "The Rush to Free Trade in the Developing World: Why So Late? Why Now? Will It Last?", *NBER Working Paper Series*, No. 3947, 1992, available online at: http://www.nber.org/papers/w3947.pdf.

政治支持战略的能力,[①] 从而使自由贸易成为当时世界的一股潮流。鲍德温(Richard Baldwin)等学者开始怀疑 FTA 是否具有传染性，认为 FTA 具有多米诺效应。[②] 以色列经济学家丹·本—戴维（Dan Ben-David）和迈克·路易(Michael B. Loewy）就自由贸易对一国是否具有永久性影响，是否对稳态增长率（steady - state growth rates）有影响进行了考察。他们设计的模型结果显示，一国单边自由贸易引发该国水平效应（也就是增长率），缩小了该国与其他更富裕国家的收入差距。一些案例表明，自由化的国家甚至具有超越最初那个更为富裕的国家的增长率。就经济长期增长面来看，单边或者多边自由贸易对所有贸易国家的稳态增长具有积极效应。[③]

一系列研究结果证实了自由贸易与国家经济增长存在正相关关系。2005年，世界银行（World Bank，WB）发布一份报告，在这份《20 世纪 90 年代的经济增长：改革十年经验学习》的报告中，世界银行得出经济体可以通过开放贸易，降低贸易壁垒获得可持续增长的结论。[④] 发展经济学家罗曼·瓦奇亚克（Romain Wacziarg）等人发现，在 1950—1998 年间，实施贸易制度自由化的经济体，平均增长率比没有实施自由化政策之前快 1. 5%。[⑤] 德国帕德博恩大学经济学教授托马斯·格里斯（Thomas Gries）和玛格丽特·瑞玲（Margarete Redlin）利用模型分析单位 GDP 增长与实施开放政策间的关系，他们选取 1970—2009 年的 158 个经济体的数据，认为有证据显示贸易开放与经济增长之间存在长期正相关关系。[⑥] 亚太区域贸易数据显示，APEC 建立以来，贸易的增长和收入（以及 GDP）之间有强烈的正相关关系。1989—2013 年，APEC 内部贸易量每增加 1%，GDP 相应地增加 0. 56%，高于世界其他地区的

---

① Helen V. Milner and Keiko Kubota, "Why the Move to Free Trade? Democracy and Trade Policy in the Developing Countries", *International Organization*, Vol. 59, No. 1, 2005, pp. 107 - 143.

② Richard Baldwin and Dany Jaimovich, "Are Free Trade Agreements Contagious?", *NBER Working Paper*, No. 16084, 2010, available online at: http://www.nber.org/papers/w16084.pdf.

③ Dan Ben - David and Michael B. Loewy, "Free Trade, Growth, and Convergence", *NBER Working Paper*, No. 6095, 1997, available online at: http://www.nber.org/papers/w6095.

④ World Bank, *Economic Growth in the 1990s: Learning from a Decade of Reform*, April, 2005, pp. 133 - 155, available online at: http://www1.worldbank.org/prem/lessons1990s/.

⑤ Romain Wacziarg and Karen Horn Welsh, "Trade Liberalization and Growth: New Evidence", *The World Bank Economic Review*, Vol. 22, No. 2, 2008, pp. 187 - 231.

⑥ T. Gries and M. Redlin, "Trade Openness and Economic Growth: A Panel Causality Analysis", *Working Paper*, CIE 52, University of Paderborn, available online at: http://faculty.washington.edu/karyiu/confer/sea12/papers/SG12 - 112%20Redlin.pdf.

GDP 增长率（0.39%）。也就是说，APEC 内部贸易每增加 1%，GDP 会增加 1 230 亿美元。①

以上理论论证了自由贸易有助于国家财富的增长，如果两国实现自由贸易，减少壁垒，有利于双方财富的增长。然而，阿克塞尔·罗德（Robert Axelrod）研究发现，自由贸易带来收益本身并不能促使两国削减本国关税，难以克服集体行动的困境，实际上，最优选择是不管对方是否削减壁垒，本国都不削减。② 为了克服集体行动的困境，有必要借助制度（如 WTO 和各类双边、多边 FTA）保证自由贸易的实现。世界银行的报告也表明，需要认识到国内利益集团在贸易问题上的影响力，如果不能影响到国内利益集团对贸易的开放态度，如扩大而非限制经济部门，贸易就只是实现经济增长的一种可能，而不是保证。制度框架下对贸易改革的保证，也是保证贸易实现经济可持续增长的条件。③

在国际关系理论中，与国际自由贸易理论相对应的是新自由制度主义理论，后者强调集体利益，相互依存以及国际自由贸易合作中的绝对收益。④ 在自由主义理念下，战后世界经济秩序的建设遵循了自由贸易原则，建立了一系列多边经济合作制度，维护了自由贸易，APEC 正是在 WTO 制度的影响下诞生的。APEC 框架内成员国之间确立最惠国待遇（MFN），不排斥他国的关税原则，维纳德·亚格沃尔认为东亚自由贸易程度甚至比 GATT 或者 WTO 规定的开放程度更高。⑤ 从这个意义上来说，APEC 的建立是东亚区域自由贸易的新阶段。APEC 建立以来，东亚自由贸易内容涉及货物和服务的自由流通、投资便利化、监管措施、劳工标准及环境标准。APEC 框架下的自由贸易经历了两个阶段的深化：第一个阶段是成员国相互取消关税获得市场准入阶段；第二阶段是确定新的贸易和监管规则阶段。

---

① Carlos Kuriyama and Emmanuel San Andres, “Trade and Economic Growth: 25 Years of a Stronger Relationship within APEC”, *Policy Brief*, No. 11, October 20, 2014, available online at: http://publications.apec.org/publication-detail.php?pub_id=1569.

② Robert Axelrod, *The Evolution of Cooperation*, New York: Basic Books, 1984, p. 7.

③ World Bank, *Economic Growth in the 1990s: Learning from a Decade of Reform*, April, 2005, p. 133, available online at: http://www1.worldbank.org/prem/lessons1990s/.

④ Robert Gilpin, *The Political Economy of International Relations*, Princeton: Princeton University Press, 1987, p. 172.

⑤ Vinod K. Aggarwal, “Building International Institutions in Asia - Pacific”, *Asian Survey*, Vol. 18, No. 22, 1993, p. 1033.

第二次世界大战结束以来，东亚经济经历了几十年的史无前例的发展速度。先是日本成为全球第二大经济体，最大的国际债权人，汽车行业、电子产品、工业机器人产业、半导体行业，以及银行业的领导者。接着是韩国和台湾地区从依赖美国援助的不发达经济体，到现在成为中等收入国家和地区。中国实施改革开放以后，从一个动乱国家转变为世界重要的劳动密集型产品的出口国。这种发展一方面得益于国内有效的经济改革和人口福利，另一方面是在比较优势的贸易理论指导下，采取了外向政策，倾向于采用外部技术，进行了国内经济结构调整。此外，相对自由的贸易体系是这些经济体能够成功实施出口导向战略的根本基础。

第二节　自由贸易观念在东亚的传播

上一节主要解释了为什么可以将自由贸易视作一种公共物品。这一部分主要通过考察东亚主要的多边贸易制度分析自由贸易观念在东亚的传播。东亚多边贸易制度中关于削减关税的条款，可视为自由贸易在东亚传播的重要体现。本书将通过分析多边贸易制度成员国间签订的关于自由贸易的协定，以及考察协定中对自由贸易的界定及其保证措施，来理解自由贸易观念在东亚的传播情况。这属于对自由贸易观念纵向传播的考察，突出文本分析方法。

李嘉图的比较利益学说认为通过贸易，国家得以出口本国有相对优势的产品，进口相对弱势的产品。贸易有助于经济增长，这样一来，国民可以消费更多。通过贸易，产品可以更有效、成本更低地被生产出来，从而一国的国民收入获得提高。这一观念通过东亚多边贸易合作的建设得以推广和巩固。

20世纪90年代以来，世界贸易体系发生了极大的变化，FTA的迅速扩展重塑了自由贸易的制度基础，国际贸易开始从多边转向双边或者少边，从全球范围谈判转入地区范围谈判。[①] 世界经济被类型多样的单边、双边、多边FTA规制，形成所谓的“意大利面条碗效应”，理查德·鲍德温（Richard E. Baldwin）将这些“意大利面条碗效应”视为通向全球自由贸易的基石，通

① “少边主义”一词是苏长和教授在《小数目和大数目中的多边主义》一文中的译法，参见米尔斯·卡勒：《小数目和大数目中的多边主义》，［美］约翰·鲁杰主编，苏长和等译：《多边主义》，杭州：浙江人民出版社，2003年，第337－373页。

过地区主义间建立多边联系，实现全球自由贸易，并强调了 WTO 这一全球贸易制度的作用。① 20 世纪 90 年代以来也是东亚地区多边经济合作制度迅速发展的时期。根据亚洲开发银行亚洲地区一体化中心 FTA 数据库（ARIC FTA database）的数据，2000 年，东亚地区正在谈判及生效的 FTA 为 55 个，到 2014 年 7 月，数量飙升到 278 个。② 这种现象一方面与东亚经济的快速发展及地区内相互依赖的进一步增强有关，也与受到东亚内部金融危机和外部区域合作的双重压力有关。③ 亚洲经济的繁荣受益于自由贸易所带来的边界消融。④ 另一方面也得益于自由贸易观念在东亚的扩展。

具体来说，本书将东亚多边贸易制度作为参考对象，将两场金融危机（1997—1998 年的东亚金融危机和 2007—2009 年的全球金融危机）作为东亚多边贸易体系的分割点，借助 APEC 官网、ARIC FTA database 的相关文件资料和数据，东盟、美国关于 RCEP 和 TPP 的相关政策文件，通过分析关于自由贸易的官方协定，梳理东亚地区大国对自由贸易的态度。

---

① Richard E. Baldwin, “Multilateralising Regionalism: Spaghetti Bowls as Building Blocs on the Path to Global Free Trade”, *NBER Working Paper*, No. 12545, 2006, available online at: http: //www. nber. org/papers/w12545.

② Asia Regional Integration Center, “FTA Status by Country/Economy”, 2014, Table 6, available online at: http: //www. aric. adb. org/fta - trends - by - country.

③ 刘昌明：《双边同盟体系制约下的东亚地区主义：困境与趋向》，《当代世界社会主义问题》2011 年第 1 期，第 112 页。

④ Charles F. Doran, “Security and Political Economy in US - Asian Relations”, *The Journal of East Asian Affairs*, Vol. 8, No. 2, 1994, pp. 239 - 255.

表 2-1　自由贸易观念在东亚地区的传播

多边贸易框架	有关自由贸易的官方协定	提出或签订的时间	自由贸易涉及的内容	实施现状
APEC	茂物目标	1994 年提出	发达国家不迟于 2010 年，发展中国家不迟于 2020 年实现贸易与投资自由化	①平均关税率从 1989 年的 16.9% 降低到 2011 年的 5.7%；2007—2010 年，成员经济体之间交易成本降低了 5%。②服务、海关程序（通关时间）、政府采购、竞争政策、规制改革、知识产权保护、商务流通等方面展示出积极结果，而关税和非关税措施、一致性标准与海关程序（通关成本）进展缓慢甚至出现倒退
	APEC 贸易便利化Ⅰ（TFAP Ⅰ）	2002—2006 年	包括《贸易便利化行动计划》和《贸易便利化行动和措施清单》，涉及海关程序、标准、一致化、商务流通，以及电子商务	2002—2010 年，由于 APEC 成员执行了 APEC《贸易便利化行动计划》，APEC 区域内贸易交易成本降低了 10%
	APEC 贸易便利化行动计划Ⅱ（TFAP Ⅱ）	2007—2010 年	在 2007—2010 年使地区贸易交易成本再降低 5%	
	FTAAP	2006 年正式提出	将约束性的条款引入 APEC 贸易机制	分歧很大，不具备可实施性
		2014 年重启	可能包括加大自由贸易程度，进一步削减关税和其他壁垒的内容；投资准则，包括国民待遇、负面清单、分歧解决的原则等；实现时间表，以及与区域、次区域、双边 FTA 的兼容问题	通过《APEC 推动实现亚太自贸区路线图》；存在“货物自由贸易”“货物自由贸易+贸易便利化”“取消关税+贸易便利化+服务自由贸易”三种情况下，FTAAP 将使 APEC 经济体的国内生产总值（GDP）分别增加 0.55%、2.26% 和 2.33%

（续上表）

多边贸易框架	有关自由贸易的官方协定	提出或签订的时间	自由贸易涉及的内容	实施现状
ASEAN + N	AJCEP	2008年12月，在日本与老挝、缅甸、新加坡及越南之间；2009年1月，在日本与文莱之间；2月在日本与柬埔寨之间分别生效	《东盟与日本全面经济伙伴关系协议》在开发领域及通商领域都以具有重要意义的GMS为对象地区，这是一个覆盖商品贸易、服务贸易、投资和经济合作的全面协议。自由贸易是双方经济合作协定中最关键的问题。此外，还包括原产地原则（ROO）、卫生和植物检疫（SPS）、技术性贸易壁垒（TBT）、争端解决机制（DSM）。旨在最大限度减少贸易壁垒，降低商业成本，促进地区内贸易与投资，提高经济效益，创造市场，增加就业机会	①日本与东盟六国决定于2015年取消除敏感产品外的所有产品关税，马来西亚削减93.57%的敏感产品关税。②根据ASEAN—日本紧密经济伙伴关系专家组关于《ASEAN—日本CEP联合研究报告》，AJCEP给东盟和日本带来双赢：到2020年，东盟对日本的出口将增加44.2%，日本对东盟的出口将增持27.5%，ASEAN实际GDP将增长1.99%，日本则增长0.07%。根据日本经济产业省（MITI）的推算，此项FTA签署，将使日本的GDP增加约1.1兆~2.0兆日元，为日本国内创造每月15万~26万个就业机会
	ACFTA	2002年11月4日，签署《中国与东盟全面经济合作框架协议》；2004年11月，签署了《中国—东盟货物贸易协定》；	①促进货物和服务贸易，逐步实现货物和服务自由贸易，并创造透明、自由和便利的投资机制；②决定在2010年建成中国—东盟自由贸易区，对东盟新成员（越南、柬埔寨、缅甸、老挝）计划在2015年建成自由贸易区。具体措施包括：①在实质上的所有货物贸易中逐步取消关税与非关税壁垒；	①就货物贸易领域而言，2010年，中国与东盟六个老成员国之间的正常商品关税已经降为零，中国对东盟平均关税降至0.1%，东盟六个老成员国对中国的平均关税降至0.6%。到2015年，中国与东盟四个新成员国90%商品的关税将降为零。同时，双方还将不断加强在非关税壁垒等方面的合作，不断推进贸易便利化。②建成后

（续上表）

多边贸易框架	有关自由贸易的官方协定	提出或签订的时间	自由贸易涉及的内容	实施现状
ASEAN + N	ACFTA	2007 年 1 月，签署《服务贸易协议》；2009 年 8 月，签署《投资协议》	②逐步实现涵盖众多部门的自由贸易服务；③建立开放和竞争的投资机制，便利和促进中国—东盟自贸区内的投资	的中国—东盟自由贸易区将是一个拥有 19 亿人口、近 6 万亿美元经济总规模和 4 万多亿美元贸易总额的世界人口最多、发展中国家之间最大的自由贸易区。自贸区建成后，将极大促进成员国之间的贸易和投资，增加就业人口，带动各成员国的经济发展，增强本地区的经济实力和国际地位
	AKFTA	2007 年 6 月，韩国东盟双边自贸协定框架下的货物贸易协定、服务业协定生效。2008 年 6 月，完成投资协定谈判	韩国与东盟商品自由贸易协定规定在 2010 年前，东盟国家对韩国出口商品的 97% 将免征或仅征收低于 5% 的关税。全面落实双边自贸协定及其他辅助的贸易协定后，预计韩国与东盟间的贸易规模最迟在 2015 年将扩大至 1 500 亿美元。以 2013 年为例，韩国与东盟间的贸易额为 1 353 亿美元	一个涵盖超过 6 亿人口和 GDP 总量超过 2 万亿美元的自贸区形成，韩国是“ASEAN + 3”对话伙伴中，首个完成双边自贸协定框架下的货物贸易协定、服务业协定、投资协定及争端解决协定的国家
CJKFTA		2012 年 11 月 20 日；中日韩三个国家经贸部长正式宣布启动中日韩自贸区谈判	截至 2014 年 11 月，中日韩自贸区谈判已经进行了六轮，三方主要就货物贸易的降税模式、服务贸易和投资的开放方式等议题展开磋商，并就协定的范围和领域交换意见	2012 年 5 月 13 日，中日韩投资协定正式签署，该协定共包括 27 条和 1 份附加议定书，囊括了国际投资协定通常包含的所有重要内容，包括投资定义、适用范围、最惠国待遇、国民待遇、征收、转移、代位、税收、一般例外、争议解决等条款

（续上表）

多边贸易框架	有关自由贸易的官方协定	提出或签订的时间	自由贸易涉及的内容	实施现状
RCEP	《RCEP谈判的指导原则与目标》	2012年8月	确定了RCEP谈判的目标、范围和领域。以传统议题为谈判重点，主要包含货物贸易、服务贸易、投资、经济与技术合作，也涵盖了电子商务、知识产权、竞争政策、争端解决等	其目标是在东盟成员国与东盟自贸伙伴之间达成一个现代、全面、高质量、互惠的区域自由贸易协定
	《启动RCEP谈判的联合声明》	2012年11月	提出在2015年底达成协议的目标	
TPP	《跨太平洋战略经济伙伴关系协定》（P4）	2006年生效	文莱、智利、新加坡、新西兰四个国家从2002年开始酝酿的一组多边关系的自由贸易协定，旨在促进亚太地区的自由贸易	截至2014年11月30日，TPP已经完成了23轮谈判，除了应对市场准入问题外，在其他悬而未决的问题上也取得了进展，包括知识产权、保护环境，以及在对待国有企业方面确保一个公平的竞争环境；2017年1月23日，美国特朗普总统签署行政命令正式退出TPP
	《跨太平洋伙伴关系协定》（TPP）	2009年，美国高调加入	TPP主张彻底消除关税，偏重于新议题的规则及制度问题，TPP旨在构建以全球价值链为基础的新一代贸易与投资规则，在知识产权、劳工标准、环境标准、政府采购、透明度等议题上的高标准协定。谈判议题除包括货品市场进入、跨境服务贸易、技术性贸易障碍、知识产权、投资等传统FTA贸易议题外，还包括合作与能力构建、电子商务、环境、金融服务、竞争政策、电信与劳工等20余项议题（根据目前谈判消息显示该协议将分为29章）。而且各项议题均有相当深化的整合构想	

根据表格可以看出，就范围来看，随着亚太地区多边贸易合作制度的建立和完善，制度关于自由贸易原则的适用范围，以及自由贸易观念，正逐步得到扩展和深化。就自贸协定的规定来看，货物贸易、服务贸易和投资与技术合作是各类 FTA 的主要内容，总体趋势体现出在削减关税、开放市场议题上的逐步深化，其中 TPP 关于消除关税的谈判基调，体现了地区经济一体化的高标准。就目标来看，各类 FTA 旨在建成一个现代、全面、高质量、互惠的自由贸易区，通过自由贸易促进经济增长。就实现亚太自贸区的路径来看，各类自贸协定并存且“互不兼容”所带来的制度、规则不统一，无益于便利区内的商品、资本、服务、信息和人员的自由流动。确立亚太自贸区的远景目标及相关政策和规则，实现不同形式 FTA 间的相互协调与融合，特别是处理好 TPP 和 RCEP 之间的关系，将是决定未来亚太自贸区是否具有足够包容度、吸引力乃至最终能否成功的关键所在。①

在区域多边自由贸易体系建设进程中，成员国对地区身份的认同感，是各国考虑采取何种贸易政策，实施贸易谈判的促进力量。日本学者针对日本履行东盟全面经济伙伴关系协定的现状，认为各国在考虑通商、贸易政策时，与其说针对日本，不如说东盟或作为东盟一员的认同感起到了很大的作用。②认同感和政治决心将会是影响东亚地区经济整合的重要因素。在成员国众多且各国在经济发展水平、社会制度和利益诉求上存在显著差异的情况下，依靠政治决断来消除自由贸易谈判议题的分歧阻碍，在关键时期可能成为解决问题的关键。

小　结

这一章主要通过分析多边贸易制度成员国间签订的关于自由贸易的协定，以及考察协定中对自由贸易的界定及其保证措施，来理解自由贸易观念在东亚的传播情况。属于对自由贸易观念纵向传播的考察，突出对签订条约所涉及的自由贸易内容进行文本分析的方法。

---

① 罗建波：《亚太自贸区建设与中国的大国责任》，《学习时报》，2014 年 11 月 24 日第 A2 版。

② ［日］武井泉、国松麻季著，邵鸣译：《日本东盟全面经济伙伴关系协定履行的现状与课题》，《南洋资料译丛》2011 年第 3 期，第 17 页。

在具体操作时，将东亚多边贸易制度作为参考对象，将两场金融危机（1997—1998年的东亚金融危机和2007—2009年的全球金融危机）作为东亚多边贸易体系的关键节点，借助APEC官网、ARIC FTA database的相关文件资料和数据，以及东盟、美国关于RCEP和TPP的相关政策文件，梳理了东亚地区有代表性的多边贸易协定，通过分析APEC，ACFTA、AJCEP、AKFTA等"ASEAN+N"FTA框架，以及CJKFTA、RCEP、TPP等关于自由贸易的内容和谈判进展，展示东亚地区大国，以及美国、澳大利亚等重要域外国家对东亚自由贸易的态度。

第三章　制度作为东亚区域性公共物品的载体

有学者指出东亚制度化存在三种路径，分别是霸权国家或集团提供模式，国家间合作提供模式，还有在制度化进程中形成了以霸权国家或集团供应制度为主、东亚国家通过合作供应为辅、其他主体供应为补充的模式。制度供给模式决定了东亚区域制度化进程中存在着诸多问题。例如，霸权国家或集团供应模式使东亚区域制度处于供应不足和严重“私物化”状态；受制于霸权国干预或反对、东亚区域各国历史和现实矛盾等诸多因素，东亚国家间的合作供应模式仍处于磨合阶段，东亚区域制度供应依然匮乏；供应者和供应领域过于集中。①

国际制度（机制）的一个重要作用是，可以促进提供公共物品。② 在地区经济一体化进程中，制度可以促进合作和协调，这是一些东亚问题研究学者认为制度是一种区域性公共物品的理论依据。贺平认为有关国家之间制度性的安排、协议、机制或相互之间的默契，以及由此建立起来的区域性国际组织，是区域性公共物品的供给主体，供给区域性公共物品是开展区域功能性合作的重要方式。③ 史伟成认为东亚外汇储备库是促进区域金融合作的有效制度供给。④ 有些地区区域合作的水平较低，是因为遇到了公共物品供给不足的问题。还有一些地区难以形成区域内国家之间的合作，是因为有关国家在

---

① 黄永光：《东亚区域制度化进程中的问题与中国的选择》，《国际经济评论》2009 年第 11 - 12 期，第 51 - 56 页。

② Ole Kirkelund, “Free Trade, Public Goods, and Regime Theory: A Theoretical Discussion of the Links between Trade and IR - Theory”, *Woking Paper*, NR. 23, 2000, p. 4, available online at: http://diggy. ruc. dk/bitstream/1800/820/1/Free_trade_public. pdf.

③ 贺平：《区域性公共产品与东亚的功能性合作——日本的实践及其启示》，《世界经济与政治》2012 年第 1 期，第 34 - 48 页；贺平：《日本的东亚合作战略评析：区域性公共产品的视角》，《当代亚太》2009 年第 5 期，第 102 - 122 页。

④ 史伟成：《区域性公共产品与东亚外汇储备库建设》，复旦大学博士学位论文，2011 年。

政治安全结构和资源结构上存在冲突而导致公共物品的供给严重不足。①

这一章主要分析制度作为东亚区域性公共物品载体的可行性问题，东亚地区的主导国家是否具备有效供给自由贸易的意愿和能力，决定了制度能否成为东亚区域性公共物品供给者的角色。当主导国家对区域性公共物品供给不足时，支持自由贸易的多边贸易制度就成为东亚自由贸易的载体。成员国对制度的态度，取决于制度是否可以有效促进东亚自由贸易。

第一节　主导国对区域性公共物品的有效供给不足

能力和意愿决定了东亚区域主导国家能否有效供给东亚区域性公共物品。谈及制度与公共物品的关系时，霸权稳定论认为，制度保证的秩序是一种公共物品，“从这个角度看，国际公共物品可以被定义为霸权国家谋求主导权以维护自身利益的功利行为的福利外溢”，“全球性公共物品的提供是与主导权联系在一起的，这就是全球霸权”。②

霸权稳定论认为主导国家由霸权国充当，霸权国是有力的区域性公共物品的提供者，然而直到2008年，在亚太区域主推新型自由贸易规范之前，美国都拒绝成为东亚公共物品的最终提供者。这主要体现在两个方面：在经济上，美国拒绝做最后贷款人角色。美国只是半个东亚经济秩序的稳定者，“冷战”后美国一直存在的贸易赤字，可视为一种公共物品，但是根据“特里芬悖论”（Triffin Dilemma），这种赤字对金融稳定存在很大风险。“特里芬悖论”，又称特里芬难题，由美国经济学家罗伯特·特里芬（Robert Triffin）在其《黄金与美元危机——自由兑换的未来》一书中提出，他认为布雷顿森林体系存在着其自身无法克服的内在矛盾：由于美元与黄金挂钩，而其他国家的货币与美元挂钩，美元虽然因此而取得了国际核心货币的地位，但是各国为了发展国际贸易，必须用美元作为结算与储备货币，这将导致流出美国的货币在海外不断沉淀，对美国来说，就会发生长期贸易逆差；而美元作为国

① 黄河：《区域性公共产品：东亚区域合作的新动力》，《南京师范大学学报（社会科学版）》2010年第3期，第64页。

② 王玉主：《区域公共产品供给与东亚合作主导权问题的超越》，《当代亚太》2011年第6期，第81页。

际货币核心的前提是必须保持美元币值稳定与坚挺，这又要求美国必须是一个长期贸易顺差国。这两个要求互相矛盾，因此是一个悖论。这一内在矛盾决定了布雷顿森林体系的不稳定性和垮台的必然性。美元是东亚地区主要的流通货币和储备与结算货币，导致东亚金融体系同样遭受着类似的不稳定。另外，美国作为东亚最终商品市场的地位也一直备受挑战，先是受日本挑战，再是受中国挑战。

尽管东亚缺少霸权国，但是东亚多边贸易制度建设仍然存在主导国家，其作用体现在促进或者阻碍制度有效供给东亚公共物品，具体体现在传播自由贸易观念或者主导制度建设方向。东盟一直处在东亚经济一体化的领导地位，但“能愿问题”制约着东盟，使得东盟难以为区域提供必要的公共物品。从供给能力角度看，东盟以其自身作为核心构建的多重“ASEAN + N”的东亚合作结构，会导致东盟领导力的分散；更重要的是，东盟整体经济实力与东亚区域大国（中国或日本）存在显著差距，因此很难为东亚合作提供足够的区域性公共物品。再从东盟的公共物品供给意愿角度考虑，东盟推动东亚合作的首要目标是有利于东盟共同体自身的建设，东亚合作进程必须能够加强东盟，而不是弱化东盟。从这个角度来说，辐射状的“10 + 1”结构最符合东盟的利益，任何统合的大区域 FTA（region – wide FTA）都会对东盟的地位形成挑战。因为只有这一结构最能保证东盟的“轮轴”地位，同时可以自由选择域外国家参与东亚合作并实现“大国平衡”，而无论是“10 + 3”还是“10 + 6”都会造成东盟领导地位事实上的弱化，因此东盟为深化东亚合作提供公共物品的意愿并不足。[①] 东盟内部的国家也面临着各种困难。1979 年，越南开始实施经济自由化，然而越南经济因为西方发达国家在贸易和援助方面的禁运政策发展迟缓。越南从柬埔寨撤军意味着为印支重新融入全球经济扫清了道路，越南与东盟一些国家关系的缓和也有助于地区经济一体化。然而，目前愈演愈烈的南中国海岛屿的主权之争，为地区经济一体化带来了不确定因素。[②]

日本和中国作为东亚地区大国，同样存在提供区域性公共物品的能力和

① 沈铭辉：《影响东亚合作的域外因素——从区域性公共产品的视角》，《新视野》2010 年第 6 期，第 95 页。

② Dean Forbes, “The ‘Pacific Century’: Progress towards the Integration of the Pacific Basin”, *The Far East and Australasia* 1990, 21st Edition, Europa Publications Limited, 1989, p. 34.

意愿的限制。日本是亚洲乃至世界领先的工业国，杰出的金融能力和组织能力使其成为仅次于美国的投资者。日本国际经济权力持续增加，因而被期待发挥更大的作用。日本对东亚地区一体化的领导，无论从政治上还是经济上，对于实现地区的长期稳定极为重要。日本提供区域性公共物品时所受的限制来自国内政治因素。1989 年以来，日本首相因为丑闻或者美国不支持，经常出现急剧性的更迭，导致政局不稳定，这为日本是否能在亚太地区乃至世界扮演积极角色，打上了问号。另外，由于日本与亚洲邻国关系欠佳，加之在中国崛起背景下日本经济实力的相对下降，东京已无力执东亚一体化之牛耳。①

在 20 世纪 80 年代，中国实施的经济改革开放政策，抓住了自由贸易趋势，使中国成为东亚自由贸易的最大受益者，其经济增长对东亚地区经济贸易增长有着重要的意义。考虑到中国领导层对经济改革和政治改革的矛盾态度，世界各国短时期内会怀疑中国是否对“太平洋世纪”有所贡献。② 另外，香港、台湾与中国大陆的政治合作问题，以及南中国海岛屿的主权之争，也是中国能否有效供给地区公共物品的不确定因素。③

制度作为东亚主导国家的一种联合供给公共物品的方式具有优越性，制度本身就包容了不同国家的国民收入差异、经济结构和发展水平差异，以及市场化差异等多样性。实际上，东亚经济一体化过程，可以看作是制度竞争完善的过程。如果政府间能够在保障措施、海关以及标准等议题上实现协调合作，保证产业间贸易的效率，假以时日，东亚经济集团将变成现实，通过 APEC 框架下的多边合作，执行 WTO 规则下的多边贸易合作，则可能避免贸易集团间的竞争。

制度作为一种区域性公共物品的载体，其效用体现在两个方面：第一，加深双边互信与协作。在国际公共物品的形成过程中，各个国家通过常规性的讨价还价，形成有效的合作方式，以此增加各自政策的互动性与透明度，减少信息不对称带来的风险。第二，提高解决区域内外问题的能力。对于区

① 吴心伯：《美国与东亚一体化》，《国际问题研究》2007 年第 5 期，第 48 页。

② Dean Forbes, “The ‘Pacific Century’: Progress towards the Integration of the Pacific Basin”, *The Far East and Australasia* 1990, 21st Edition, Europa Publications Limited, 1989, pp. 33 – 34.

③ Dean Forbes, “The ‘Pacific Century’: Progress towards the Integration of the Pacific Basin”, *The Far East and Australasia* 1990, 21st Edition, Europa Publications Limited, 1989, p. 34.

域内而言，国际公共物品能帮助各参与方以集体行动的方式来应对区域内的“市场缺失”和区域合作中的“囚徒困境”等问题。对于区域外而言，通过国际公共物品能增强区域凝聚力，逐步形成区域一致的声音，并在与区外行为体的交往中以一个集体身份来获取利益。

第二节　制度作为东亚区域性公共物品提供者的可行性分析

东亚区域在“冷战”结束之前没有为区域提供公共物品的机制作区域安排，最直接的原因在于当时的东亚在地缘政治上不是一个可以讨论合作的完整区域。[①] 随着冷战的结束，东亚区域经济一体化逐渐深化，这一方面顺应了经济区域一体化的趋势，东亚区域的制度化程度得到了快速发展，部分国家的政府已经看到了建立支撑制度的必要性，并进行了一系列的组织安排，东亚建成了一系列丰富的多边经济合作机制。“东亚经济一体化实际上已经是大家认可程度最高的领域。”[②] 各种合作组织、条约、协定等迅速建立，为东亚区域的合作发展提供了制度上的保证。另一方面，制度在保证东亚经济一体化深化扩展中，承担着提供东亚区域性公共物品的职能。

制度对于保障东亚经济一体化具有极其重要的意义，在论及东亚经济制度化安排时，秦亚青教授认为制度化是合作程序中重要的一环：一体化进程，如果没有制度化作为体制保证，很可能只能停留在功能合作的水平上面。从某种意义上讲，制度化建设可以提高一个组织或群体的有效性，使其能够在关键的时刻不失去时机，在危机时刻具有迅速的反应和对应能力。如果当年东亚有欧洲的货币协调和管理制度，可能不会发生 1997 年的金融危机。[③] 在经济上平等的格局下，国与国之间更容易产生复杂交错的双边关系，因此对

① 王玉主：《区域公共产品供给与东亚合作主导权问题的超越》，《当代亚太》2011 年第 6 期，第 86 页。

② U. Thein Aung，“East Asian Economic Cooperation：Challenges and Prospects”，转引自秦亚青、王燕：《建构共同体的东亚模式》，《外交学院学报》2004 年总第 78 期，第 11 页。

③ 秦亚青、王燕：《建构共同体的东亚模式》，《外交学院学报》2004 年总第 78 期，第 11 页。

于多边协调机制的需求较强。[①] 东亚多边贸易协调机制的存在，为保证自由贸易的深化扩展提供了物质条件。

东亚区域制度化的最终目标是建立一种新的区域秩序，这种秩序是建立在所有区域成员拥有共同或者共同享有利益基础之上的。[②] 东亚经济共同体或者东亚命运共同体对这种身份的认同，将是推动多边经济制度协调的内源动力。APEC 成立之初有三个基本目标：一是加强和推动区域多边贸易体系发展，实现自由、开放的贸易和投资；二是增强成员国间的相互联系，促进成员国经济的繁荣；三是促进成员国经济的可持续发展。这三个目标实际上是 APEC 提供的东亚区域性公共物品。之后东亚签署的一系列双边、多边或者地区贸易协定，都遵循了实现商品自由贸易、服务自由贸易和维护开放的投资环境这些基本原则。

在东亚，制度可以作为区域性公共物品的提供者，一方面与区域性公共物品的特性有关，另一方面与东亚大国因为主导权之争，难以有效提供公共物品有关。主导性大国在提供区域性公共物品时，具体受到两个方面的限制：其一，区域性公共物品的涵盖范围较小，各国从中得到的收益和必须付出的成本比较清晰，因而能够避免全球性公共物品中普遍存在的“搭便车”现象。其二，区域性公共物品被某个大国“私物化”的可能性较小。而且，即使在一些大国占据主导地位的区域合作中，由于地缘政治和地缘经济的存在，主导性大国往往无法获得为所欲为的特权。[③] 这为制度提供区域性公共物品提供了条件。

在东亚经济一体化进程中，制度作为公共物品的提供者经历了两个历史阶段，前一个阶段从 20 世纪 60 年代东亚出现经济一体化势头开始到“冷战”结束，这一阶段制度并不能有效供给。原因主要归结于两个：东亚区域结构性因素，以及一体化规范尚未成为大国共识。第二个阶段从“冷战”结束到东亚金融危机之前，制度有效供给不足的原因在于中日两个国家不愿意被制度束缚。后一个历史阶段在“冷战”结束后，特别是两次金融危机后，促成

① 高程：《区域公共产品供求关系与地区秩序及其变迁——以东亚秩序的演化路径为案例》，《世界经济与政治》2012 年第 11 期，第 13 页。

② Zhang Yunling, *East Asian Regionalism and China*, Beijing: World Affairs Press, 2005, p. 12.

③ 王玉主：《区域公共产品供给与东亚合作主导权问题的超越》，《当代亚太》2011 年第 6 期，第 85 页。

了东亚国家重视多边贸易制度在消除贸易壁垒、塑造并扩大消费市场方面的重要作用。

制度并不能有效提供区域经济一体化所需的公共物品，缺少单一霸权国对区域其他国家施加影响，导致制度需要经历艰难的讨价还价过程。[①] 维纳德·亚格沃尔（Vinod K. Aggarwal）教授认为当霸权国决定是否提供制度时，霸权国特别关注保持所提供的制度与所处体系中已有的安全与经济体系相适应，而不是单独地提供经济霸权。[②]

在东亚，危机成为促进制度建设的原因在于区域性公共物品的缺失。1997 年的金融危机说明自由贸易的重要性，而 2007 年的金融危机则反映出建设区域内消费市场的重要性。伴随着 2007 年的全球金融危机，东亚地区出现若干个竞争性的自由贸易区建设路径，其最终目的在于塑造消费市场。

研究区域性公共物品的逻辑起点是发现和界定区域内、区域间的不同公共问题，并通过不同的供给模式提供解决具体区域公共问题的合适的区域性公共物品。[③]

区域性公共物品可以解决集体行动的困境，减少非关税壁垒的措施，协调劳工、环境等标准与产品安全规则，更好地进行跨境基础设施建设，减少贸易摩擦和竞争措施，而这靠单纯的政治手段难以实现。区域协定有助于促使成员国履行协定承诺，从而锁定在区域经济一体化进程中，增加履约的可信度。同时，区域协定也有助于克服邻国出现“扯后腿”这类消极影响。[④]

---

① Vinod K. Aggarwal，“Building International Institutions in Asia - Pacific”，*Asian Survey*，Vol. 18，No. 22，1993，p. 1042.

② Vinod K. Aggarwal，“Building International Institutions in Asia - Pacific”，*Asian Survey*，Vol. 18，No. 22，1993，p. 1031.

③ 张士威：《论基于区域公共产品分类的供给模式选择》，《辽宁行政学院学报》2011 年第 9 期，第 14 页。

④ Marco Ferroni，“Regional Public Goods in Official Development Assistance”，in Marco Ferroni and Ashoka Mody，eds.，*International Public Goods：Incentives，Measurement，and Financing*，Boston：Kluwer Academic Publisher，2002，p. 174.

小　结

本章主要研究关于东亚区域性公共物品的载体问题。本书通过具体分析美国、日本、中国以及东盟在供给区域性公共物品上存在的问题，指出当东亚主导性国家对东亚区域性公共物品供给不足时，东亚国家通过以制度为形势的合作供应公共物品存在的可行性。

本章认为，美国作为地区某种形势上的霸权国，特别关注保持所提供的制度与所处体系中已有的安全与经济体系相适应，而不是单独地提供经济霸权。因此，美国对东亚自由贸易的支持更多地考虑到东亚多边贸易制度建设是否会损害美国在东亚地区的经济、安全利益，是否会威胁到美国在东亚地区的主导地位。当东亚多边制度建设不能满足美国对东亚多边贸易建设的期待时，美国势必降低对该制度的支持程度；一旦东亚多边贸易制度满足东亚地区国家对自由贸易的期待，而得到迅速发展时，美国又会迅速从置身事外，转变为积极支持或者推动该制度发展。

东亚多边贸易制度作为区域性公共物品的载体经历了两个发展阶段，但是仍存在有效供给不足的问题。

第四章 亚太多边贸易制度建设过程

亚太多边贸易制度最开始是以亚太经济合作组织（APEC）为主导的，试图将 WTO 多边主义规则复制到东亚，建成地区性的多边贸易体系。然而，随着东亚经济发展，东亚自由贸易进程出现了多个制度齐头并进的趋势。本书将东亚经济一体化视为亚太多边贸易制度建设的一项成果，重视在这一进程中原有多边经济合作制度的分化、新的 FTA 的出现及其演变的关键节点，正是这些关键节点集中反映了成员国在制度内选择行为的改变，从而影响东亚经济一体化路径的选择。

东亚经济主导国家在多边经济合作制度建立和运作的过程中，参与角色发生了变化。如果把 APEC 作为东亚多边经济合作制度的起点，日本和澳大利亚则是这一制度的倡议者，美国是这一制度的参与者，中国是见证者。APEC 发展到今天已经历时 28 年（1989—2017），回首过往，这四个主要国家基本都背离了当初的参与角色，各自设计出新的经济合作倡议或计划，东亚经济合作机制也经历了从 APEC 这种区域多边经济合作制度，到“ASEAN + N”FTA，再到建立亚太自贸区（FTAAP）、设计 TPP 与 RCEP 相竞争的自由贸易路径。一系列的制度设计将贸易政策嵌入特定的机制中，这些机制在东亚自由贸易的浪潮中，以能否促进自由贸易而获得不同的生命力。

截至 2006 年底，APEC 经济体之间共签订了 20 个 FTA，超过 50 个 FTA 已完成或正在谈判中。[①] 到 2013 年中期，APEC 成员国签署的 FTA 达到 140 个，其中 51 个 FTA 至少是各国与 APEC 中的一个成员国签署的，134 个已经生效。[②] 除此之外，为应对亚洲金融危机而发展起来的东亚货币金融合作机制

---

① Junichi Sugawara, “The FTAAP and Economic Integration in East Asia: Japan's Approach to Regionalism and U. S. Engagement in East Asia”, *Mizuho Research Paper*, 2007, p. 3.

② “Free Trade Agreements (FTAs) in APEC (Cumulative Number)”, *APEC in Charts 2013*, Policy Support Unit.

取得了一系列进展。[①] 截至 2010 年，根据亚洲开发银行的数据统计，政府间货币合作制度有 40 多个，[②] 其中 10 个为综合性组织，由政府或国家首脑或部长等出席讨论综合性事务，为区域经济一体化合作或者倡议提供规范框架；28 个为专业性功能组织，2 个支持性组织（facilitating institutions）。

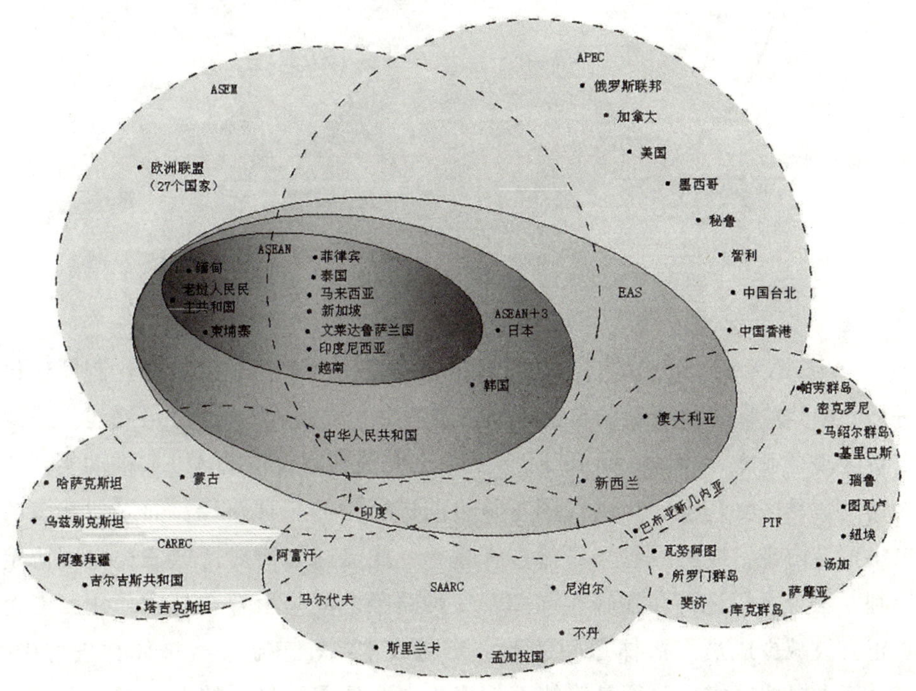

图 4－1　亚太多边经济合作机制

面对如此多的各种类型的 FTA 协定，所涉及的范围、规则、内容不尽相同，很多又有重叠，无形中增加了企业的商业成本，而该享受的优惠待遇又可能享受不到，如各类 FTA 关于原产地原则的规定，这种现象被形象地称为“面条碗现象”。

---

① 沈红芳、陈凌岚：《东亚货币金融合作机制及其特点研究》，《南洋问题研究》2011 年第 4 期，第 27－34 页。

② Asian Development Bank, *Institutions for Regional Integration*: *Toward an Asian Economic Community*, Philippines: Asian Development Bank, 2010, pp. 4－7.

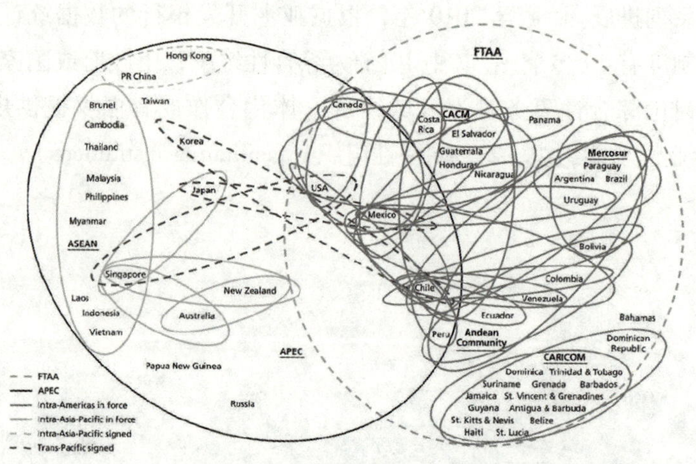

图 4－2　亚太地区 FTA“面条碗效应”直观图①

“ASEAN＋N”形式的自贸协定网络只能是一个东亚经济一体化制度建设进程的中间阶段，将由新的自由贸易协定解决“面条碗效应”，最终建立东亚自贸区甚至亚太自贸区。而 RCEP 谈判、TPP 谈判以及借助 APEC 推动实现亚太自由贸易区（FTAAP）路线图正是目前进行中的三种路径。面对如此多的自由贸易协定，成员国参与身份多有重叠，成员国如何对待这三类自贸协定谈判？三者之间是否存在轻重缓急？三种路径之间是否存在替代作用？能否真正有效减少成员经济体之间的商业贸易成本？在东亚经济一体化进程中，三种亚太自贸区实现路径最终能否汇聚成一个涵盖面最广的多边经济合作制度？通过历史制度主义视角，本书认为，东亚经济一体化最终将以某种多边经济合作制度建立，实现路径取决于成员国的制度内参与行为。

第一节　为什么用历史制度主义分析方法

历史制度主义（Historical Institutionalism）与理性选择制度主义（Rational Choice Institutionalism）、社会学制度主义（Sociological Institutionalism）一样，

① 图表来源：何振生的“Taiwan’s Role in Regional Cooperation”一文，出自《亚太地区自由贸易协定之展望》，第 19 届太平洋经济共同体研讨会论文集，第 24 页。

在根本上都是在分析制度与国家行为之间的关系，以及解释制度产生与变化的进程。历史制度主义者将制度宽泛地界定为：正式或者非正式程序（procedures）、惯例（routines）、规范（norms）以及公约协定（conventions），内嵌于政治或政治经济组织化结构中。制度的范畴可以包括宪法条例的规定或官僚组织的标准执行程序，也可以是规定贸易联盟行为或银行与企业间关系的公约协定。总之，历史制度主义者将制度与组织以及正式组织颁布的规则或协定联系在一起。[①]

历史制度主义有四个特点：第一，历史制度主义者倾向于将制度与个体行为之间的关系界定得更为宽泛；第二，强调与制度运作发展相关的不对称权力；第三，强调制度发展的路径依赖于意外后果（unintended consequence）；第四，特别关注将制度分析与观念等因素结合起来影响的政治后果。[②]

制度主义强调历史进程中关键节点（critical junctures）的重要性，正是因为这种关键节点，历史发展进程才呈现出意外后果。这些被称为关键节点的历史事件，即引发制度出现变革的时机，也就是历史开始走向新的发展路径的节点，[③] 如军事冲突、金融危机等。布莱恩·阿瑟（W. Brian Arthur）从技术竞争和选择的角度分析技术发展锁止（lock-in），认为这些可大可小的历史事件，决定了某项技术选择所占市场份额的结果。[④] 历史制度主义学者将制度界定为持续的政治斗争遗产。认为对于关键节点文献的研究意义在于学者将关于后果和时间的两种议题结合在一起进行分析，重点关注正在进行中的政

---

① Peter Hall and Rosemary Taylor，“Political Science and Three Institutionalism”，*Political Studies*，Vol. 44，No. 5，1996，pp. 936 – 957.

② Peter Hall and Rosemary Taylor，“Political Science and Three Institutionalism”，*Political Studies*，Vol. 44，No. 5，1996，p. 938.

③ 关于节点的研究可参考：Ruth Berins Collier and David Collier，*Shaping the Political Arena*：*Critical Junctures*，*the Labor Movement*，*and Regime Dynamics in Latin America*，Princeton：Princeton University Press，1991. Stephen D. Krasner，“Approaches to the State：Alternative Conceptions and Historical Dynamics”，*Comparative Politics*，Vol. 16，Issue 2，1984，pp. 223 – 246.

④ W. Brian Arthur，“Competing Technologies，Increasing Returns，and Lock-in by Historical Events”，*The Economic Journal*，Vol. 99，No. 394，1989，pp. 116 – 131.

治进程互动的不同模式，以及这些互动对制度和其他政治后果产生的效果。①

东亚经济一体化进程的关键节点是两场危机。1997—1998 年的东亚金融危机导致 APEC 框架下东亚自由贸易路径发生变化，从泛亚太多边经济合作制度转变为以东亚为中心的多边自由贸易制度，自由贸易重点开始从 APEC 框架内推动，转变为形成“ASEAN + N”类型的 FTA 网络。2007—2009 年，始发于美国次贷债危机的全球金融危机席卷美国、欧盟等西方发达经济体，东亚经济发展也受到波及，美国为了振兴经济、增加就业，开始更多地关注东亚市场，并主导了以 TPP 为代表的新一轮多边自由贸易谈判。这一轮新的自由贸易谈判强调公平贸易，加入劳工标准和环境标准，谈判内容涉及取消关税、知识产权保护和国有企业改革等问题。TPP 的最大目的是在亚太地区形成高水准的贸易规则。在美国的积极主张下，TPP 成为 APEC 内实现FTAAP 的一个重要路径。另一条实现路径是由 ASEAN 主推的 RCEP，此外，2014 年 11 月 11 日，在北京召开的 APEC 非正式领导人会议上，APEC 领导人决定启动亚太自由贸易区进程，批准亚太经合组织推动实现亚太自由贸易区路线图。目前，这三条实现亚太自贸区的路径存在竞争和互补，客观上对东亚地区国家展开争夺。2007—2009 年的全球金融危机使东亚经济一体化制度建设出现两个特点：第一，美国重拾东亚自由贸易主导权；第二，东亚自由贸易制度建设开始从以东亚为中心的双边 FTA 协议网络，转变为以美国和中国为主导的跨地区多边贸易制度建设。

新加坡学者吴翠玲（Evelyn Goh）认为地区经济和安全领域的合作框架将地区限于一系列重叠的制度之中。② 东亚多边经济合作制度建设的过程可以理解为东亚地区经济一体化的扩展和深化的进程。这一部分通过分析东亚多边贸易制度体系的建立，理解东亚经济一体化进程。在分析东亚多边贸易制度化关键节点之前，有必要简单回顾 APEC 建立之前东亚经济一体化制度建设

---

① 具体内容可参考 B. Moore, *Social Origins of Dictatorship and Democracy*, Boston: Beacon Books, 1966. A. Gerschenkron, *Economic Backwardness in Historical Perspective*, Cambridge: Harvard Universty Press, 1962. S. M. Lipset and S. Rokkan, “Cleavage Structures, Party Systems, and Voter Alignments: An Introduction”, in S. M. Lipset and S. Rokkan, eds., *Party Systems and Voter Alignments*, New York: Free, 1967, pp. 1 – 64. M. Shefter, “Party and Patronage: Germany, England, and Italy”, *Politics & Society*, Vol. 7, Issue 4, 1977, pp. 403 – 451.

② Evelyn Goh, “Great Powers and Hierarchical Order in Southeast Asia”, *International Security*, Vol. 32, No. 3, 2007/2008, pp. 113 – 157.

的历程，以便对东亚经济一体化有一个更为全面的了解。

第二节　APEC 建立前东亚经济一体化制度建设回顾

关于东亚区域合作进程问题，张蕴岭研究员认为，在东亚，区域合作进程始于 20 世纪 60 年代，先由东南亚国家发起，成立了东南亚联盟（东盟）。起初，东盟以政治为核心，后来才将重点转向经济，通过推动内部市场开放，改善了本区经济发展的环境。1992 年，东盟启动自贸区建设（AFTA），在行进中逐步深化。本书对东亚区域合作进程的界定与之不同，本书认为，东亚区域合作的进程要早于东盟的建立。

早在 20 世纪 60 年代，欧洲经济共同体成立后，亚太区域就存在关于建立经济共同体的概念，自上而下的政府官方推动和自下而上的民间力量促进，是推动亚太经济合作的主要动力。关于建立太平洋盆地经济合作的倡议和会议，为正式建立区域经济合作制度奠定了组织基础。澳大利亚和日本学者是主要的民间推动力量，他们关于亚太区域合作的可能性的探讨，以及关于亚太区域经济合作的构想，为官方推动经济一体化提供了前期论证材料。

20 世纪 60 年代，日本官方倡导了一系列区域经济一体化合作机制，然而大多数无疾而终，如 1966 年，日本政府召集了东南亚经济发展部长会议（MCEDSEA），试图借助这一组织形式分配日本援助，用以交换东南亚国家对日本政治的支持，然而东南亚国家不愿意通过 MCEDSEA 与日本直接处理关系，因此这一机制于 1975 年结束。[①] 尽管官方的推动进展缓慢，但到了 70 年代，非政府组织形式的区域合作发展得如火如荼，这一系列机制建立了广泛的人员关系网，实现了信息的互通。1965 年 10 月，日本一桥大学小岛清教授（Kiyoshi Kojima）和粟本弘（Hiroshi Kurimoto）首次提出成立一个太平洋自由贸易区的构想，将太平洋区域内 5 个发达的工业化国家——美国、日本、加拿大、澳大利亚和新西兰联合起来。这一建议得到日本政府的支持。1967 年，日本外相三木武夫（Takeo Miki）倡导建立太平洋自贸区，次年召开的日本经

---

① Susumu Yamakage, "Will Japan Seek Regionalism?", Michael S. Steinberg, ed., *The Technical Chalknges and Opportunities of a United Europe*, London: Pinter Publishers, 1990, pp. 152 - 153.

济研究中心会议否决了这一倡议，但是这一倡议促使日本和澳大利亚的私人部门成立了太平洋盆地经济委员会（PEBC），这一组织诞生后逐渐壮大起来。1968年，在三木武夫的倡导下，太平洋贸易与发展会议（PAFTAD）在东京召开，之后这一机制被太平洋贸易与发展组织（OPTAD）替代。20世纪70年代后期，日本、美国、加拿大、澳大利亚和新西兰，以及ASEAN国家都成为其成员国。

日本政府发现了将澳大利亚视为推动亚太经济合作战略伙伴的可能。当时已经升任首相的三木武夫发现澳大利亚在向英国寻求加入欧洲经济共同体时，开始严肃对待亚洲，这给三木武夫寻求建立亚太区域经济合作框架提供了机遇。为了试探澳大利亚对亚太区域经济合作的态度，1967年1月16—17日，他派遣由北原秀雄（Hideo Kitahara）率领的日本外务省代表团出访堪培拉，这场会议宣示着日本和澳大利亚开始从纯粹的贸易政策转向理解两国作为亚洲区域经济大国的双重责任，也是日本首个在政府层面促进澳大利亚参与亚洲区域合作的举动。但由于区域国家对“二战”时“大日本经济共荣圈”的担忧尚未消除，澳大利亚和新西兰作为小型的工业化国家，担心不能在这种安排中获得公平的利益份额而反对，因此，日本政府主推的区域合作框架没能搭建起来。政府的兴趣下降后，经济学家成立了太平洋贸易与发展会议（Pacific Trade and Development Conference），成为20世纪60年代常规性合作机制。同时，一部分商人、银行家和企业界人士建立了太平洋盆地经济理事会（Pacific Basin Economic Council），讨论贸易与投资问题。①

20世纪70年代，政府对建立太平洋贸易与发展组织（OPTAD）的兴趣又提起来了，日本、美国和澳大利亚政府希望借助这一组织，为经济相互依存度较高的工业化国家提供一个安全阀，促进区域贸易投资，为建立进一步的经济联盟提供支持。

20世纪80年代，在日本的推动下，日本发展主义政策扩展到东亚区域，通过迅速增加的对外直接投资（FDI）和援助，以及技术转移，使东亚区域国家对日本的资金和技术产生依赖，形成所谓的劳动分工的“雁行模式”，最重要的是，在日本资金和日资企业的推动下，东南亚国家开始迈向经济一体化，

① Takashi Terada, “The Origins of Japan's APEC Policy: Foreign Minister Takeo Miki's Asia - Pacific Policy and Current Implications”, *The Pacific Review*, Vol. 11, No. 3, 1998, pp. 337 - 363.

逐渐形成建立统一市场的意识。

1980年，在日本首相大平正芳（Masayoshi Ohira）和澳大利亚总理马尔科姆·弗雷泽（Malcolm Fraser）的共同倡议下，成立了太平洋经济合作会议（PECC）。太平洋经济合作会议先是在堪培拉召开，之后在亚太区域遍地开花，会议推进了建立包括矿产、能源和渔业等区域协调机制可行性的讨论。这是一个松散的区域组织，等比例从区域商界、政府和学界选举代表，如今这一组织的成员涵盖中国、俄罗斯、墨西哥、智利和秘鲁等，欧盟成为该组织的观察国。[①] 随之，严格的制度化架构建立起来，包括建立工作小组和一个秘书处。

随着“冷战”结束，欧洲、北美自贸区和亚太区域共同赶上了世界经济大潮，伴随着苏联解体，东欧开始并入欧洲一体化进程，亚太区域国家担心政治经济资源将重新偏向欧洲，希望借助进一步的区域经济制度整合发展经济。随着美国、加拿大和墨西哥建成NAFTA，世界分裂为几个重要的贸易集团，对于不属于贸易集团内部的国家，可能实施歧视性的经济政策，致使亚太区域面临着巨大的地缘经济压力。此外，东亚区域经济一体化也可以满足亚洲经济体不同的利益诉求。日本和亚洲新兴经济体希望继续巩固并保持经济上游地位；增长缓慢但是经济发达的国家，如美国、澳大利亚、新西兰等国家，希望借区域经济整合进行国内经济调整，聚集财富；区域贫穷的发展中国家则期待从邻国的繁荣中获利。

1988年，澳大利亚总理约翰·霍华德（John Winston Howard）开启了为期一年的外交倡议，1989年1月，澳大利亚总理鲍勃·霍克（Bob Hawke）在韩国汉城（今首尔）提出建立APEC（秉承了之前太平洋经济共同体的概念），形成一个经济集团，包括亚太区域经济最发达的国家。他强调就区域经济议题，建立一个正式的政府对话和协商机构；与欧洲模式不同，亚太区域只需要建立一个弱制度支持的国家间组织，无须建立一个区域的官僚机构。

1989年7月，在东盟年度会议中，参与国对APEC的概念进行了深入的讨论。欧共体对此表示关注，担心一旦形成全球规模最大的贸易集团，将会阻碍全球自由贸易。1989年11月，APEC第一届部长级会议在堪培拉召开，12个国家（东盟6国以及美国、加拿大、新西兰、日本、澳大利亚、韩国）

① Donald Crone, “Does Hegemony Matter? The Reorganization of the Pacific Political Economy”, *World Politics*, Vol. 45, No. 4, 1993, pp. 514 – 515.

的外交部长和经济部长出席。此时，中国大陆、香港和台湾的成员问题尚未决定，大多数参加的国家反对将 APEC 作为 ASEAN 的附属。1991 年，中国大陆、香港和台湾加入 APEC；1993 年，墨西哥和巴布亚新几内亚加入；1994 年，智利加入；1998 年，秘鲁、俄罗斯和越南加入，成员达到 21 个。1989 年到 1992 年期间，APEC 仅停留在非正式高官和部长级对话级别。1993 年，在美国总统克林顿倡议下召开了首次年度经济首脑会议，直到这时，APEC 仍是贸易与投资自由化论坛，而不是经济一体化组织，“作为一种过渡性组织，它体现了区域国家对经济持续增长的共同愿望”。[①] APEC 主要促进了信息交流、研究和咨询，类似于经济合作与发展组织（OECD）。[②]

第三节　东亚自由贸易的多重路径之争

有学者认为地区主义的发展是由特殊事件（idiosyncratic events）引起的。哈维（Charles Harvie）等学者认为，东亚地区经济一体化是由 1997 年的东亚金融危机引起的。[③] 本书认同危机对历史发展路径的影响，将东亚经济一体化制度建设过程中的关键节点，界定为对东亚自由贸易路径产生重要影响的事件。1997—1998 年的东亚金融危机和 2007—2009 年的全球金融危机可视为影响东亚多边经济制度建设的关键节点。这两场危机将东亚多边贸易体制划分为三个重要发展阶段，分别是 APEC 建立和深化阶段，“ASEAN + N”自由贸易网络构建阶段，以及 RCEP、TPP 与 APEC 框架下的 FTAAP 在东亚竞争性推广阶段。以 APEC 制度建立到 1997 年东亚金融危机爆发为第一阶段，以“ASEAN + N”双边 FTA 建设到 2007 年全球金融危机为第二阶段，2008 年以来以 RCEP 与 TPP 为代表的新的跨地区自由贸易谈判是第三阶段。分别对应制度建设重心从跨区域的 APEC 制度转到东亚以“10 + 3”为代表，以东亚共同体为目标的“ASEAN + N”FTA/PTA 自由贸易协定网络，以及转向以

① Donald C. Hellmann, “APEC and the Political Economy of the Asia - Pacific: New Myths, Old Realities”, *Analysis*, Vol. 6, 1995.

② Dan Biers and Craig Forman, “Asia - Pacific Forum Finds Focus: Trade”, *Wall Street Journal*, 1994.

③ Charles Harvie, Fukunari Kimura and Hyun-Hoon Lee, eds., *New East Asian Regionalism: Causes, Progress and Country Perspectives*, Edward Elgar Publishing, 2006.

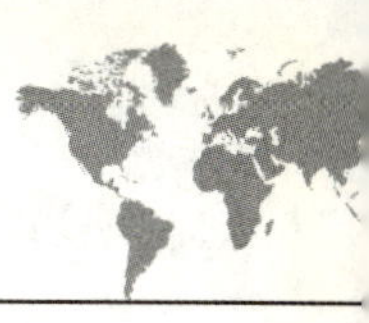

RCEP、TPP 为代表的巨型自贸区谈判。

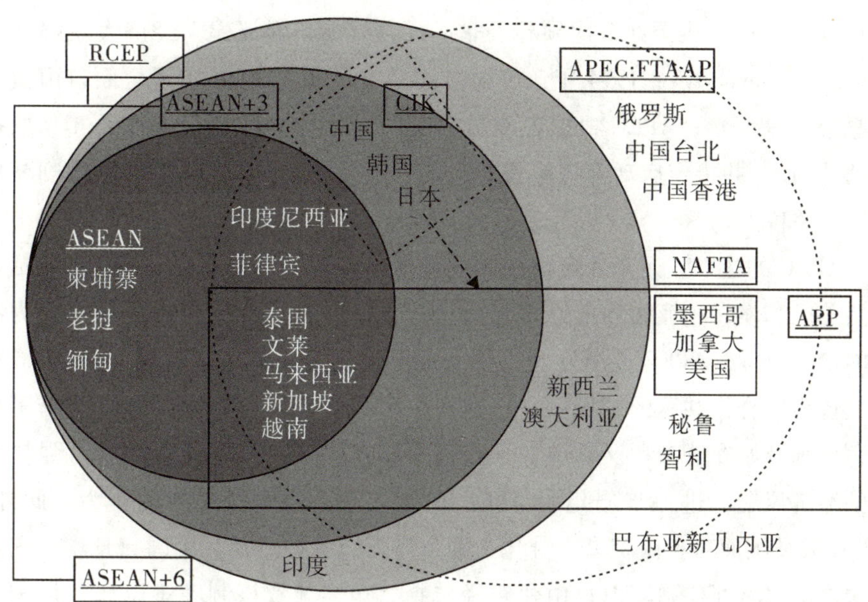

图 4－3 亚太地区一体化架构①

通过 ASEAN 和 APEC，特别是通过 ASEAN + N、FTAAP、TPP、RCEP 等形式，亚太地区经济一体化不断获得新的生机。

这一部分将以两次金融危机作为划分关键节点的依据，分别通过 APEC 框架、“ASEAN + N” 自由贸易协定网络，以及正在进行的以 RCEP 和 TPP 为代表的新一轮贸易规则标准竞争，分析东亚多边贸易合作体系的演变。

一、APEC 框架下的东亚自由贸易

APEC 成立后迅速成为亚太地区核心的国际经济组织，在自由贸易和技术合作领域取得一系列成果。APEC 是“冷战”后到 1997—1998 年东亚金融危机之前推动亚太自由贸易的重要制度框架，也是推动 WTO 多边贸易框架的主

① 图片来源：Takashi Terada，“Entanglement of Regional Economic Integration and ASEAN”，*Japan Center For Economic Research “Asia Research” Report*，2012，available online at：https：//www. jcer. or. jp/eng/pdf/2012asia_chapter3. pdf.

要动力。已有的包括 WTO 在内的贸易规范对 APEC 的演化有深刻的影响。[①]

1991 年，APEC 汉城会议确立了开放的、公平的、渐进的合作原则；1993 年，美国西雅图在首次领导人非正式会议上，提议建立经济大家庭（Economic Community）；1994 年，茂物会议提出了到 2020 年实现全面自由贸易的愿景；1996 年，APEC 根据各成员提交的单边行动计划，通过了《马尼拉行动计划》，并决定启动部门自愿提前自由化方案，在 2000 年消除或削减信息产品关税。

APEC 的建立，是东亚经济一体化制度建设的重要成果，这一制度囊括了包括美国和澳大利亚在内的众多域外国家，并将建成亚太自由贸易区作为制度的最终目标。APEC 逐渐发展出特有的制度优势，即自主自愿、协商一致、开放包容、合作共赢的区域主义。然而，2001 年，美国在遭受恐怖袭击事件后，大国开始在 APEC 议题中加入政治军事议题，冲淡了原本并没有强执行力的经济议题，进一步弱化了 APEC 在推动东亚自由贸易中的作为。此外，APEC 成员国面对自由贸易，分化为两个阵营、两种路径。美国与日本、东盟国家之间对 APEC 制度内自由化路径选择之争，导致该制度难以有效促进东亚自由贸易，因此逐渐被边缘化。

自成立伊始到现在，APEC 已经走过 28 年，大体可以分为三个发展阶段，分别是：1989—1997 年的建立发展阶段，2001—2008 年的调整阶段，以及 2009 年以来重新发展再调整阶段。

（一）APEC 论坛建立阶段

1989 年，APEC 澳大利亚会议确定了 APEC 的性质，即不谋求成立一种内部自由化、对外实行保护的区域经济集团。[②] 1990 年 7 月，在新加坡举行的第二次 APEC 部长级会议，主要集中于自由贸易和 GATT 议题。会议公布的联合意向书表达了成员国同意削减成员国间商品和服务的贸易关税。在 APEC 迈入自由贸易的过程中，领导国日本（部分是美国的原因）拒绝开放自己的市场进口更多的商品。除了亚洲国家本身的经济外向型发展战略外，韩国拒

① Vinod K. Aggarwal, "Building International Institutions in Asia - Pacific", *Asian Survey*, Vol. 18, No. 22, 1993, pp. 1036 - 1040.

② 宫占奎、古昕：《APEC 茂物目标：憧憬、行动、评估与展望》，《亚太经济》2013 年第 4 期，第 8 页。

绝接受 GATT 进一步开放国内市场。

1991 年 11 月，在韩国汉城（今首尔）举办的第三次部长级会议，中国大陆、香港和台湾正式参加，APEC 成员国和地区达到 15 个。主要讨论议题反映在《汉城宣言》(*Seoul Declaration*) 中，成员国支持 GATT 框架下乌拉圭回合谈判、集团内自由贸易，集中关注日本和韩国农业进口限制措施，以及建设一个永久性的 APEC 秘书处成员国，成员国认为建立亚太自贸区属于乌托邦式的空想，但是承认“建立拥有 20 亿人口的一体化市场”具有重要意义。澳大利亚总理保罗·基廷（Paul Keating）认为建立如汽车、通讯、制药等关键商品的协同标准（compatible standards）具有重要意义。

1992 年，新加坡 APEC 部长级会议上，APEC 永久性秘书处成立，APEC 发展起了一套包括秘书处、各委员会和工作组等在内的较为完整的功能性机构。自此，APEC 由一个非正式论坛成为正式的组织，在组织内就广泛的经济议题进行讨论。

（二）APEC 积极推动东亚自由贸易阶段

1993 年，在美国召开的 APEC 会议已经由部长级会议提高到领导人非正式会议。此次会议各成员经济领导人承诺加速 APEC 发展进程，强调“开放的贸易与投资自由化、开放的多边贸易体系是 APEC 存在和发展的基石”，初步形成了以 APEC 为一松散大家庭式的协商机制。领导人们在宣言中表示，将促进全球和地区自由贸易作为亚太地区进入 21 世纪的共同目标之一。[①]

1994 年，APEC 茂物会议设定的茂物目标体现了 APEC 作为东亚地区，特别是亚太地区自由贸易规范倡导者的角色。1994 年 11 月，在印度尼西亚召开的 APEC 部长级会议提交了自由贸易报告，供随后召开的 APEC 领导人非正式会议讨论。会议发表了《APEC 经济领导人共同决心宣言》，又称《茂物宣言》，以及茂物目标。宣言指出，APEC 将“致力于单方面实施贸易和投资自由化的进程”，“贸易和投资自由化、便利化以及经济技术合作”是实现

① Quoted from “Focus on Asia – Pacific Economic Cooperaion: APEC Economic Cooperation: APEC Economic Leader’s Meetomg Initiatives”, Bureau of Public Affairs, U. S. Department of State, 1994. Cited from Inkyo Cheong, “The Economic Effects of Asia – Pacific Economic Cooperation (APEC) and Asia – Based Free Trade Area (AF – 11): A Computerational General Equiliberium Approach”, a dissertaion summited to Michigan State University in particular fulfillment of the requirements for the degree of Doctor of Philosoghy, Department of Economics, 1995, p. 2.

APEC 成员富裕的方法。它再次确定了这个亚太经济共同体的发展前景，《茂物宣言》称开放的多边贸易体系是“由市场推动的经济增长的基石”。茂物目标主要是指 APEC 贸易投资自由化与便利化的 15 个领域。鉴于 APEC 成员经济发展水平的差异性，发达成员不迟于 2010 年，发展中成员不迟于 2020 年实现亚太地区贸易和投资自由化。

1995 年 11 月，APEC 日本大阪会议发表了《APEC 经济领导人行动宣言》和《执行茂物宣言的大阪行动议程》（简称《大阪行动议程》）。《大阪行动议程》制定出实施亚太地区自由贸易目标的 8 项原则，其中包括与 WTO 相一致原则、可比性原则、非歧视原则、透明度原则、维持现状原则以及承诺采取共同行动推动自由化进程的原则等。此外，《大阪行动议程》确立了自由贸易的内容框架，并制定了具体可行的实施方案，包括贸易投资自由化、便利化，以及经济技术合作三个支柱。《大阪行动议程》共分两部分，第一部分共包括 15 个领域，其中 4 个领域为贸易投资自由化的内容，11 个领域为贸易投资便利化；第二部分包括 13 个具体领域的经济技术合作。APEC 自 1989 年成立到 1995 年完成了从憧憬到行动的规划。[①] 由于《大阪行动议程》包括两大部分，因此我国习惯称之为“两个轮子”。

1996 年的马尼拉会议，通过了《马尼拉行动计划》，各成员提交了集中在贸易和投资自由化领域的单边行动计划（IAP），并于 1997 年 1 月 1 日开始实施。1997 年之后，各成员开始根据 IAP 有计划地努力减少非关税壁垒措施。此后，APEC 自由贸易由憧憬进入行动，各成员在关税和非关税措施方面都有了实质性的进展。

APEC 框架下的贸易投资自由化主要涉及四个领域，即关税、非关税、服务和投资。APEC 成员的关税自由化进程的开始阶段进展较快，尤其是在 2006 年之前各成员削减进口商品关税进展较快。宫占奎等学者研究后指出从 1996 年到 2006 年，中国的平均关税从 23% 降到 9.9%，降幅达到 57%，但从 2006 年到 2009 年基本没有变化。这主要是因为 APEC 平均关税税率简单地参考了 WTO 的水平，避免因 APEC 实施过低税率而导致非成员国“搭便车”。[②]

---

① 宫占奎、古昕：《APEC 茂物目标：憧憬、行动、评估与展望》，《亚太经济》2013 年第 4 期，第 9 页。

② 宫占奎、古昕：《APEC 茂物目标：憧憬、行动、评估与展望》，《亚太经济》2013 年第 4 期，第 9 页。

对非关税措施的削减是 APEC 自由贸易的重要内容。与关税调整相比，对非关税措施的削减目标不太明确，而且相对难以进行。《茂物宣言》或单边行动计划中都没有对非关税壁垒（NTB）进行正式定义，但根据 APEC 单边行动计划的标准格式，各成员经济体需要就 13 个部门中的 10 种非关税壁垒措施作出削减承诺。过去几年中，APEC 非关税壁垒的数量已经逐步减少。作为整体，APEC 受非关税壁垒约束的进口额占总进口的比重由 1988 年的 9% 下降到 1996 年的 5%（PECC，1996）。从 1997 年之后，各成员开始根据 IAP 有计划地对非关税壁垒进行调整，前文第二章的表 2 - 1 显示了它们对非关税壁垒的减让情况。可见，APEC 成员经济体非关税壁垒的项目种类大多减少。在部分没有发生非关税壁垒数量变化的成员中，多有非关税壁垒的实施范围缩小或透明度提高的现象。如韩国虽然保持了出口补贴这一项非关税措施，但从 1997 年开始陆续取消了优惠投资贷款、国产微型计算机贷款、出口损失储备、海外扩展储备等补贴项目；又如菲律宾在 2000 年，将最低进口限价措施中的海关计价方法由原来的国内消费价格改变为交易价格；新加坡则于 2004 年在出口数量限制或禁止中取消了其原来对安哥拉和利比亚实施的管制等。①

贸易便利化是指统一各成员的规定和标准，采取措施减少企业在本地区内从事商品和服务进出口贸易的障碍。贸易投资便利化领域的进展主要体现在海关程序、标准和一致化、商务人员流动以及电子商务等领域。

（三）APEC 自由贸易趋于停滞阶段

1998 年是 APEC 框架下的自由贸易趋于停滞的转折点，主要体现在三个方面：首先，1998 年的 APEC 吉隆坡（Kuala Lumpur）部长级会议上，成员未能就有效实施部门提前自愿自由化（EVSL）达成协议。其次，美国总统克林顿最后时刻缺席领导人非正式会谈，并派遣了对马来西亚持批评态度的副总统戈尔出席会议，恶化了 APEC 成员的团结。加之在东亚金融危机时，美国对处于危机中的泰国、印度尼西亚未施加援手，而是将他们推脱给给出苛刻援助条件的 IMF，但美国对韩国实施积极援助并帮助其渡过金融危机，这种作为和不作为的对比，进一步加深了 APEC 对美国是否有意愿做最后贷款人的疑虑。东盟国家开始强调自救原则。

① 柴瑜、岳云霞：《APEC 自由贸易的发展与评价》，《当代亚太》2006 年第 11 期，第 5 页。

2001年，APEC中国上海峰会提出关于“贸易便利化”的目标与方案，之后近10年来，APEC在实现“茂物目标”的区域性努力方面几乎处在停滞状态。APEC在2007年席卷全球的金融危机中无所作为，导致这一地区经济合作框架进一步被边缘化。有学者认为此时的APEC已经在亚太地区持续的地区合作中变得不相干了。过去20年，APEC没有能够成功地实现推动东亚自由贸易和建设太平洋共同体两个野心勃勃的目标，对APEC来说，能否保持继续作为未来亚太地区的合作框架，仍是一个很大的挑战。①

APEC之所以一直是一个比较松散的经济合作框架，一方面是因为东亚地区国家相对于经济一体化，更侧重主权完整，因此，ASEAN方式的制度化与舒适化相结合的开放的地区主义，更容易获得地区国家的认同。另一方面在于，APEC实际上是将亚洲太平洋地区的三个次地区FTA连接在一起的一个弱制度，这三个次地区FTA分别是NAFTA、东盟自贸区（AFTA）和澳新更紧密经济关系贸易协定。② 不同的次区域由于经济发展水平的不同，面临不同的自由贸易重点，APEC弱制度难以约束并有效倡导自由贸易日程。综上所述，亚洲金融危机检验了APEC能否有效提供自由贸易这一地区公共物品，正是因为APEC表现乏力，才逐渐被边缘化。

美国和中国对亚太地区自由贸易实施路径的偏好不同，以美国为代表的发达经济体希望变APEC为自由贸易区，而以中国为代表的发展中国家希望保持APEC作为一个松散的对话机制，通过非强制性的共识的方式，促进东亚地区自由贸易，也就是APEC的“C”和“c”之争③。1997—1998年的东亚金融危机期间，美国对东亚救援不作为，可视为美国认为APEC未能实现美国对地区自由贸易偏好，因此对该制度采取了消极对待的方式。此外，尽管APEC方式反映了中国等发展中国家和地区对地区自由贸易路径偏好，但是因为APEC未能有效弥合框架内“鸿沟”。因此，APEC经过茂物会议和大阪会议之后逐渐被边缘化，并逐渐被新的“ASEAN + N”形式的双边自贸区

① Hu Weixing, “Building Asia - Pacific Regional Institution: The Role of APEC”, *Papers of Beijing Forum*, 2009, pp. 65 - 73.

② James D. Sidaway, “Pacific Dreaming, APEC, ASEAN and Their Geographies: Reflections on Poon”, *Area*, Vol. 34, Issue 2, 2002, pp. 204 - 209.

③ 大小“C”之争是指美国主张建立共同体（Community），强调APEC是一个强制履约的多边制度。而多数亚洲成员主张将APEC建立为一个大家庭（community），以协商方式推动亚太地区自由贸易和技术合作。

网络替代。

（四）APEC 关于自由贸易的重启阶段

2007—2009 年，席卷全球的金融危机为 APEC 重新焕发活力提供新的契机。2010 年，APEC 领导人宣言强调要在 2020 年实现亚太区贸易和投资自由化的茂物目标，会议开始重提 FTAAP，视其为实现亚太经济一体化的关键步骤。2014 年 11 月 11 日，APEC 领导人非正式会议上决心重启亚太自贸区议程，FTAAP 将是地区覆盖面最广的、最全面的自由贸易安排，正在进行的“10 +3”“10 +6”、RCEP 以及 TPP，都是实现 FTAAP 的路径。最终 APEC 能否建成亚太自贸区，存在诸多不确定因素，APEC 制度需要解决四个问题。

首先，需要解决成员身份重叠带来的对 FTAAP 实现路径选择偏好问题。三种实现亚太自贸区路径都处在谈判之中，TPP 有 11 个成员，RCEP 有 16 个成员，APEC 有 21 个成员，存在严重的成员身份重叠的问题，成员对三种制度的选择模式极大影响着制度本身的生命力以及 FTAAP 最后的实现路径。因此，APEC 在谈判前途上存在不确定性。

其次，APEC 需要建立有竞争力的自贸区谈判规则。目前所知的 TPP 贸易谈判规格很高，涉及很多敏感领域，美国希望将 TPP 打造成自由贸易规范的样板。RECP 则从促进地区自由贸易角度推进 FTAAP。APEC 将如何着手打造 FTAAP？是否能对成员形成吸引力？一旦 APEC 取消关税，并在非关税领域采取积极作为，信息技术领域的贸易摩擦将直指政府投资、程序、标准、补贴贷款、行政指导等政策工具。国内经济发展保障与履约 APEC 规定之间的冲突，需要必要的调和。

再次，需要重新审视一直以来延续的 APEC 方式。APEC 方式是中国提出的，主要有四条内容：一是承认多样性，APEC 成员的经济发展水平甚至发展阶段都不一样，历史、文化、宗教信仰也很不一样；二是要允许有灵活性和便利性；三是民主的伙伴关系，自主自愿协调一致；四是共同制定战略目标。有学者认为如果要避免无所作为，使其重新焕发活力，需要改革开放的地区主义原则，通过推行开放的、互惠的地区主义（Open Reciprocal Regionalism）

而非自愿基础上的单边主义，以此避免“搭便车”问题。①

最后，需要解决如何在 APEC 贸易和投资议题上增加新议题方式。增加新的议题会消解茂物目标实现自由贸易的路线图。APEC 如何在保证《亚太经合组织推动实现亚太自由贸易区路线图》上兼顾内容和效率，也存在不确定因素。

二、东亚金融危机与“ASEAN + N”建设：重叠的自贸区谈判

1997—1998 年，东亚爆发金融危机。这场金融危机促使东亚新区域主义出现，此时的经济秩序在强调开放性的基础上，更注重东亚地区的主导地位，围绕东亚合作，而不是泛亚太地区合作，形成以大国均势作为根基，以各种经济制度、倡议和安排为骨肉，以大国合作博弈为动力的新的一体化合作态势。

随着亚太权力格局的升降起伏，亚太区域大国，包括美国、中国、日本、澳大利亚等，作为东亚区域多边经济制度的参与者，都不约而同地放弃了以 APEC 为代表的多边自由贸易途径，开始寻求签署双边自由贸易协定，东亚金融危机后，双边自由贸易协定（FTA）在东亚大行其道。东亚多边经济合作制度进入了具有歧视性色彩的以“ASEAN + N” FTA 为代表的双边贸易协定新阶段。这种转变一方面与东亚所处的经济安全形势有关，另一方面与 APEC 制度难以提供区域经济发展所需公共物品有关。

1997 年底，文莱、柬埔寨、印度尼西亚、老挝、缅甸、菲律宾、新加坡、泰国、越南（东盟 9 国）首脑与中日韩领导人举行了首次会晤，东盟希望通过更有效的地区合作，促进东亚的经济增长。此后，每年年末，在东盟非正式首脑会晤期间都举行“10 + 3”的非正式首脑会议。1999 年 11 月，“10 + 3”领导人在马尼拉举行了非正式会晤，并发表了《东亚合作联合声明》。声明指出，东亚加强合作、密切相互之间的联系有着光明的前景，为了推动本地区的和平、稳定与繁荣，各成员应加强彼此间的政策对话和区域合作，加速贸易、投资和技术转让，鼓励积极参与东亚增长区——包括湄公河盆地的

---

① Edward J. Lincoln and Kenneth Flamm, “Time to Reinvent APEC”, *Brookings Policy Brief Series*, Vol. 186, No. 26, 1997, available online at: http://www.brookings.edu/research/papers/1997/11/japan-flamm.

发展；促进民营部门参与；继续进行结构改革，并加强他们之间的合作。建立资本流通的地区监控，通过“10+3”框架，包括正在进行的“10+3”财政和央行领导人与官员的对话及合作机制，增强区域抵御金融危机的能力，加强自救与自助机制。这份宣言可以视为东亚经济区域联合的发端，具有划时代的意义。“10+3”合作框架凸显了“东亚意识”，将有力地推动整个东亚地区的经济合作，使合作走向机制化。①

“10+3”机制给中国积极表现提供了契机，同时中国与东盟贸易关系的接近又刺激日本、美国与东盟经贸关系的发展。2002年11月，中国与东盟签订《中国与东盟全面经济合作框架协议》，拟在2010年建成中国—东盟自由贸易区（CAFTA），将简化关税、商品、服务、投资等一系列贸易规则。在这一协议的刺激下，日本与美国也迅速行动。在中国向东盟提出“10+1”方案后，日本也积极与东盟开展自由贸易协定的谈判。2002年10月，日本政府发表了《日本的FTA战略》报告，明确了日本推进自贸区战略的两个重点区域是东亚和拉美。2003年，日本与东盟签署《日本与东盟全面经济合作伙伴框架协议》，构建了日本与东盟全面合作的经济伙伴关系。日本与新加坡在2002年签署了《日本新加坡新时代伙伴协定》，并与墨西哥、韩国、智利、加拿大探讨建立自贸区的可能性问题。2002年10月，美国总统布什提出《东盟企业倡议》（Enterprise for ASEAN Initiative），希望在美国与承诺进行改革和开放的东盟国家之间，促进双边与地区的自由贸易进程。在与东盟主要国家如新加坡谈判签署双边FTA时，2006年美国同东盟签署了《贸易和投资框架安排》（TIFA），建立了定期的对话机制和联合工作计划，以增强双方的贸易和投资往来。

截至目前，东盟在积极推动自身政治与经济一体化的同时，努力构建了一系列以东盟为核心的地区多边经济合作与对话机制，其中包括3个“10+1”FTA（东盟—中国、东盟—日本、东盟—韩国）、“10+3进程”（东盟与中日韩非正式首脑会议）、“10+6”（“东亚峰会”）和一系列的双边或多边自由贸易区，以及经济伙伴协定（EPA）等。东盟在中国、日本提议建立东亚自贸区（EAFTA）和日本倡导的东亚全面经济伙伴关系协定（CEPEA）的基础上，提

① 张海琦、李光辉：《TPP背景下中国参与东亚区域经济合作的建议》，《国际经济合作》2013年第3期，第24页。

出建立区域全面经济合作伙伴关系协议（RCEP），逐渐形成以东盟为中心的“ASEAN + N”自贸区网络。这一系列的地区贸易制度的建设不同于APEC框架，更强调亚洲导向，服务于东亚地区经济治理。东盟和东亚是世界经济中主要的生产基地和中间产品市场，加上人口众多，几十年来经济增长增加了人们的收入水平，逐渐成为主要的最终消费品市场。因此，东盟和东亚更加需要密切区域间与区域外的经济合作，建构FTA，进一步加快东盟和东亚贸易自由与畅通的步伐。

中美日澳分别与东亚国家或国家集团签署FTA或PTA，淡化了APEC制度的参与力度。中美日澳都逐渐放弃了在APEC制度中扮演的角色，积极寻求双边自由贸易谈判，以中国和日本为圆心，分别形成两组“轴心—轮辐”结构的FTA。有学者认为，APEC模式下实现自由贸易的方式相对于“ASEAN + N”贸易协定来说，属于野心勃勃的目标，超出了东亚国家的能力和意愿。[①] 东亚金融危机后的自由贸易以东盟为中心，一方面说明东亚地区国家保持了实施自由贸易的原则，抛弃了依靠美国力量借助跨太平洋框架实现自由贸易的幻想，另一方面也说明东亚国家对地区自由贸易仍遵循维护主权优于实现亚太区域经济一体化的原则。

三、全球金融危机下超大型自贸协定（Mega - FTA）之争

“超大型自贸协定”（Mega - FTA）是指目前正在针对亚太自贸区推进的三个自贸协定谈判，分别是跨太平洋伙伴关系（TPP）、区域全面经济伙伴关系（RCEP）和亚太自贸区（FTAAP）。

2007—2009年的金融危机反而为亚太自贸区建设提供了良好的契机。这场肇始于美国等西方强国的金融危机迅速扩展至全球，面对全球性的危机余波，经济全球化趋势日益增强，不论是发达经济体还是欠发达经济体都逐渐加快了区域贸易协定谈判的步伐，希望抱团过冬。美国高调加入并极力在亚太地区推进TPP谈判，以及中国支持、东盟主导的RCEP谈判，都是应对这场全球性金融危机的手段。然而，仔细考察东亚多边贸易合作制度建设的历

① David Dewitt, Deanne Leifso and James Manicom, “Re-engaging Asia: Global Pathways to Regional Diplomacy”, Paper prepared for Plenary Session 5: Middle Powers and Regional Governance and Order, The 26th Asia - Pacific Roundtable, May, 2012, Kuala Lumpur, Malaysia, p. 4.

史，可以发现这两条实现 FTAAP 的路径代表了 APEC 建立之初西雅图会议上大小“C”之争的延续。2014 年，APEC 北京非正式领导人会议上通过了《亚太经合组织推动实现亚太自由贸易区路线图》，在 APEC 框架内实现亚太自贸区建设，促使亚太地区出现了三个超大型自贸区谈判，东亚经济一体化面临的制度化建设环境日趋复杂。

（一）TPP 与东亚自由贸易规则谈判

TPP 肇始于 2002 年智利、新加坡和新西兰开始太平洋三国更紧密的经济伙伴关系谈判（P3 - CEP），2005 年文莱加入，同年谈判结束，签订《跨太平洋战略经济伙伴关系协定》（Trans - Pacific Strategic Economic Partnership Agreement），于是 P3 成为 P4。2006 年，该地区性的 FTA 生效。2008 年，美国宣布将加入，并邀请澳大利亚、秘鲁等国家加入。2009 年，美国高调加入 TPP，并以此为平台，大力推进美国的贸易规则和美国的自贸区战略。2010 年，越南和马来西亚加入谈判；2012 年，墨西哥、加拿大加入谈判；2013 年，日本加入谈判，TPP 扩大到 12 个成员国。目前有兴趣进一步加入谈判的东亚地区和国家，有台湾地区，以及菲律宾、泰国和韩国等。中国政府官员表示，中国对此持开放心态。TPP 的 12 个成员国的 GDP 加起来高达274 770 亿美元，贸易额占全球的 1/3，进口总额占全球的 27%，出口总额占全球的 24%，经济总量占全球的 40%，同时拥有 7.9 亿人口。①

TPP 是迄今为止最具雄心的贸易谈判之一，其目标是在亚太地区实现高水平的自由贸易，并就构建 FTAAP 的途径展开谈判。2009 年 11 月 14 日，美国总统奥巴马高调宣布加入并推动 TPP 谈判，表示要将 TPP 塑造成一个拥有广泛成员基础的、高标准的 21 世纪地区贸易协定。② 2011 年，火奴鲁鲁 APEC 会议期间，TPP 谈判代表表示他们的共同目标是建立一个全面的新一代的地区贸易和投资自由化协议，以应对 21 世纪出现的各种挑战。③ 谈判内容不仅包括商品市场准入（取消、减让商品关税）和服务贸易等 FTA 的基本构成要素，还包括非关税领域（投资、竞争、知识产权、政府采购等）的规则

① 《中国有兴趣加入 TPP 自贸协议谈判》，《南方日报》，2014 年 4 月 10 日第 A04 版。

② Remarks of President Obama at Suntory Hall, Tokyo, Japan, November 14, 2009.

③ Ian F. Fergusson, William H. Cooper, Remy Jurenas and Brock R. Williams, “The Trans - Pacific Partnership Negotiations and Issues for Congress”, *CRS Report for Congress*, Vol. 12, 2013, pp. 10 - 34.

制定，以及新领域（环境、劳工、“跨领域事务”等）的规则制定。TPP 寻求立即自由化 90% 的贸易，剩下 10% 则在 10 年内实现自由化，这将对亚太地区贸易产生影响，有助于提升区域竞争力，为该地区的供应链整合创造新机遇。

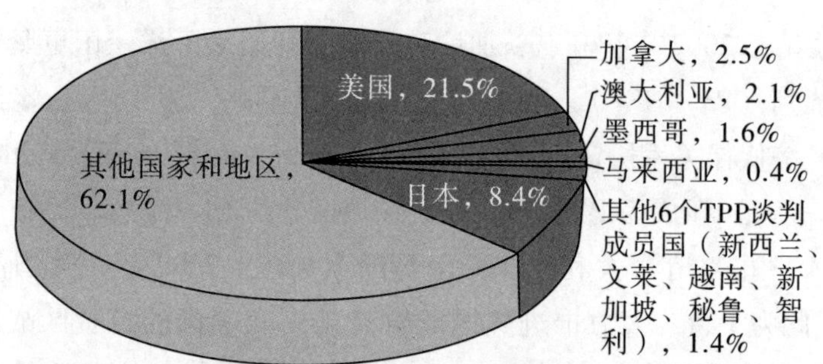

图 4-4　TPP 谈判成员国占全世界整体 GDP 的比例（2011 年）①

奥巴马政府希望借此平台大力推进美国的贸易规则和美国的自贸区战略。TPP 谈判内容中关于知识产权保护、环境保护、农业政策和服务贸易等都是按照美国的标准开展，最终有可能形成一个包括太平洋地区和亚洲区域的全球区域经济合作治理的新平台。美国推动 TPP 是想打造一个高标准的 FTA 范本，然后通过 TPP 打造未来全球治理的格局，也就是从全球治理走向“美国治理”。所谓高标准包括进一步提高投资、增幅采购和知识产权保护等标准，以及规制协调电子商务等新型商业活动，在新的全球贸易问题领域形成新的约束标准。作为全面的下一代自由贸易协议，TPP 在关税减让、服务业和投资开放、劳工和环境标准、约束国有企业等方面的高标准对中国改革具有牵引作用。

① “IMF World Economy Outlook Database”, April, 2013.

表 4－1　TPP 谈判历程（截至 2017 年 1 月 30 日）

时间	会议名称	地点	达成共识、取得成果
2010 年 11 月	TPP 协定谈判成员国首脑会议	日本横滨 APEC 首脑会议	就“致力于在 2011 年 11 月的夏威夷 APEC 首脑会议上达成协议”取得共识
2011 年 5 月	TPP 部长级会议	美国蒙大拿 APEC 贸易部长会议	
2011 年 11 月	TPP 首脑会议	美国夏威夷檀香山	就 TPP 协定的“大致轮廓”达成共识
2012 年 6 月	TPP 部长级会议	俄罗斯喀山 APEC 贸易部长会议	
2012 年 9 月	TPP 协定谈判成员国部长向首脑提交报告	俄罗斯符拉迪沃斯托克 APEC 首脑会议	决定在年内完成尽可能多的章节的谈判
2012 年 12 月	第 15 轮谈判	新西兰	目标是为 2013 年内完成谈判打下基础，取得相应进展
2013 年 3 月	第 16 轮谈判	新加坡	为实现 TPP 谈判成员国首脑的希望，即在 2013 年内完成谈判，进行了磋商
2013 年 4 月		印度尼西亚	继续努力在敏感的悬案问题上找出解决方案，以便达成 TPP 首脑会议提出的在本年度内完成全面性协定的目标；谈判决定完成谈判成员国国内的认可手续后，日本立即正式加入谈判
2013 年 8 月	TPP 部长级会议	文莱	TPP 部长会议向谈判官员发出指令，推动谈判进程，以实现各国首脑达成共识的 2013 年内完成谈判的目标

（续上表）

时间	会议名称	地点	达成共识、取得成果
2013 年 10 月	TPP 首脑声明	印度尼西亚巴厘岛 APEC 首脑会议	会议达成共识，今后谈判官员应努力解决遗留的困难问题，力求在年内达成全面性的均衡性地区协定
2013 年 12 月	TPP 谈判成员国部长和代表团团长声明	新加坡	在完成 TPP 协定方面取得了实质性进展；大部分的遗留问题已经找到了潜在的“着陆点”
2014 年 2 月	TPP 谈判成员国部长和代表团团长声明	新加坡	规划好了解决遗留问题的路线，保证结果遵循全面和均衡的原则；就市场准入问题获得进展，继续就完成所有市场准入议题，讨论并达成一揽子协定
2014 年 5 月	TPP 部长级会议联合宣言	新加坡	决定在未来几周内着重解决有关市场进入及其原则等双边议题；强调创造更多就业机会，促进经济成长，并为 TPP 成员提供更多商机
2014 年 7 月	首席谈判代表会议	加拿大渥太华	各国在被视为难关的劳动领域达成协议，在与食品安全相关的“卫生植物检疫”方面也取得了较大进展；TPP 谈判成员国重新启动了国有企业议题的磋商；将继续进行事务磋商，部长会议尚未列上日程
2014 年 10 月	TPP 谈判成员国部长和代表团团长声明	澳大利亚悉尼	在 TPP 协定内容上取得两项重要成效：市场准入谈判，以及贸易和投资规则谈判，为 TPP 最终结束谈判奠定了基础

（续上表）

时间	会议名称	地点	达成共识、取得成果
2014 年 11 月	TPP 贸易部长会议报告以及领导人宣言	中国北京	就环保、强制执行劳工权利等，接近达成协议；重视监管标准一致性和各种监管问题，提高透明度；深化生产和供应链，增加就业机会；充分利用协议确保中小企业竞争力；促进成员国能力建设，增加妇女和低收入者获得经济收入的机会，激励公私伙伴关系；TPP 成员国致力于寻找妥协协调方式，尽快达成高标准的协议
2015 年 7 月	TPP 贸易部长联合声明	美国夏威夷拉海纳	继续谈判，且对完成 TPP 谈判充满信心
2015 年 10 月		美国亚特兰大	12 个成员国部长完成 TPP 谈判，达成《跨太平洋伙伴贸易协定》，协定开始提交各国立法部门审核（达成协定，结束谈判）
2017 年 1 月 30 日	美国贸易代表办公室发文退出 TPP 谈判		

（根据美国贸易代表办公室官网的资料整理）

（二）RCEP 与东亚自由贸易规则谈判

2012 年 8 月，东盟及其 6 个主要伙伴国达成建设区域全面经济伙伴关系（RCEP）的协议。RCEP 是东盟国家与东盟 FTA 伙伴国之间签署的自由贸易协定，是应对全球性金融危机、适应自由化浪潮和应对 TPP 挑战的新产物。它是东盟国家近年来首次提出，并以东盟为主导的区域自由贸易谈判。[①] RCEP 的目标是建设一个现代、全面、高质量、互惠的经济伙伴协定，进一步

① 许宁宁：《RECP：东盟主导的区域全面经济伙伴关系》，《东南亚纵横》2012 年第 10 期，第 35 页。

深化扩大“东盟+1”FTA实现的成就。① 这一目标将通过两个阶段得以实现：其一，2013年启动谈判，2015年结束谈判，完成16国基础上的自由贸易协定；其二，建成后，通过扩员机制，考虑将未与东盟签署自由贸易协定的其他国家纳入其中。如果东盟的这一愿景得以实现，东亚一体化乃至亚太一体化的格局可能都会为之改变。②

实施区域经济一体化的组织包括16个成员国，涵盖30亿人口和占27%的全球贸易总量，GDP总量约21万亿美元，占全球GDP总量的三分之一(2013年数据)。RCEP是自由贸易水平高达95%的自由贸易协定，涵盖的区域也将成为世界最大的自贸区。2011年2月26日，在内比都举行的第十八次东盟经济部长会议上产生了组建RCEP的草案，在2011年东盟峰会上，东盟的10个国家领导人正式批准。2012年8月底召开的东盟10国、中国、日本、韩国、印度、澳大利亚和新西兰的经济部长会议通过《RCEP谈判指导原则和目标》，原则上同意组建。RCEP首轮谈判于2013年5月9日在文莱首都斯里巴加湾市举行。目前为止，RCEP已经进行了五轮谈判（见下表)。

表4-2　RCEP谈判历程（截至2017年8月）

时间	次数	地点	达成共识、取得成果
2013年5月9—13日	第1轮谈判	文莱斯里巴加湾市	关于商品自由贸易的谈判目标：2015年底结束谈判时实现预定目标；建立了商品工作组、服务工作组和投资工作组三个工作组
2013年8月19日	第1次RCEP部长会议	文莱斯里巴加湾市	高级官员出席贸易谈判委员会，商品贸易工作组、服务贸易工作组和投资与服务工作组做了报告，对今后谈判方式等议题进行了探讨

① “Joint Declaration on the Launch of Negotiations for the Regional Comprehensive Economic Partnership”, available online at: http: //www. mfat. govt. nz/Trade - and - Economic - Relations/2 - Trade - Relationships - and - Agreements/RCEP/jointdec. php.

② “Guiding Principles and Objectives for Negotiating the Regional Comprehensive Economic Partnership”, available online at: http: //www. meti. go. jp/press/2012/11/20121120003/20121120003 - 4. pdf.

（续上表）

时间	次数	地点	达成共识、取得成果
2013 年 9 月 23—27 日	第 2 轮谈判	澳大利亚布里斯班	集中讨论商品海关程序、原产地原则以及就市场准入的关税与非关税谈判模式；就海关程序以及原产地原则建立次级工作组；就竞争政策、知识产权、经济与技术合作以及争端解决进行了讨论，并举办了关于竞争政策的国际研讨会
2014 年 1 月 20—24 日	第 3 轮谈判	马来西亚吉隆坡	继续推展关于商品、服务和投资的技术性工作；分别就知识产权、竞争政策、经济和技术合作以及争端解决，新建立 4 个工作组；举办了关于知识产权和经济与技术合作内容的两场国际研讨会
2014 年 3 月 31 日 至 4 月 4 日	第 4 轮谈判	中国南宁	进一步的谈判内容涉及关税谈判、非关税手段、各种标准、技术规制与合格评定程序（STRACAP）、卫生与植物卫生措施（SPS）、海关手续和贸易便利化（CPTF），以及原产地原则（ROO）；服务贸易领域的谈判涉及文本、范围、市场准入承诺进度表等议题；投资贸易就文本和投资模式构成进行了谈判，新成立的工作组汇报工作；专家就争端解决和广义上法律与机构议题进行了谈判
2014 年 6 月 21—27 日	第 5 轮谈判	新加坡	就商品、服务和投资等核心领域建立承诺大纲
2014 年 8 月 27 日	第 2 次 RCEP 部长会议	缅甸内比都	各国未能就作为推进撤销关税磋商前提的谈判方式达成共识
2014 年 12 月 1—5 日	第 6 轮谈判	印度新德里	重点关注商品和服务自由贸易以及刺激投资等议题；每一个谈判国将对其他 15 个谈判对象提供关于特惠关税削减的初始回应清单；印度强调对于国内脆弱部门，比如农业、汽车、渔业、纺织品以及石油产品，将继续提供足够的关税保护

（续上表）

时间	次数	地点	达成共识、取得成果
2015 年 2 月 9—13 日	第 7 轮谈判	泰国	除了例行的工作组谈判，电子商务专家会议也将举行；讨论日本、澳大利亚和新西兰等国开放 80% 的国内市场进口产品线，中国和韩国严守 40% 的产品线；印度要求推进服务贸易谈判，但是在商品贸易上，印度要求将奶制品、纺织品、汽车产品、橡胶、辣椒和钢铁等系列产品排除出初始回应清单
2015 年 8 月 24 日	第 3 次经贸部长会议	马来西亚吉隆坡	贸易谈判委员会应进一步加紧工作，在充分考虑各成员经济发展水平差异、环境差异的前提下，力争达成一个精心设计、利益平衡的协定
2015 年 10 月 12—16 日	第 10 轮谈判	韩国 釜山	货物贸易市场准入谈判取得突破，各成员就初始出价模式达成一致意见，并承诺在 2015 年底前实质性结束谈判
2016 年 2 月 14—19 日	第 11 轮谈判	文莱	重点推进货物、服务、投资三大核心领域市场准入谈判，并推进文本磋商。同时，为落实领导人关于力争 2016 年结束谈判的指示，各方初步确定了 2016 年谈判计划
2016 年 4 月 17—29 日	第 12 轮谈判	澳大利亚珀斯	各方就货物、服务、投资、知识产权、经济技术合作、电子商务、法律条款等领域进行了深入磋商，谈判取得积极进展
2016 年 6 月 10—18 日	第 13 轮谈判	新西兰 奥克兰	各方就货物、服务、投资、知识产权、经济技术合作、竞争、电子商务、法律条款等领域继续进行深入磋商
2016 年 8 月 5 日	RCEP 第 4 次部长会议	老挝 万象	与会部长就货物、服务、投资等谈判核心领域的具体问题展开讨论，为下一步 RCEP 谈判的顺利推进提出指导性建议，从而落实各国领导人指示以尽早结束谈判，达成一个现代、全面、高质、互利的区域自由贸易协议

（续上表）

时间	次数	地点	达成共识、取得成果
2016 年 8 月 10—19 日	第 14 轮谈判	越南胡志明市	各方就货物、服务、投资三大核心领域市场准入问题展开深入讨论，并继续推进知识产权、经济技术合作、竞争、电子商务、法律条款等领域的案文磋商
2016 年 10 月 11—22 日	第 15 轮谈判	中国天津	各方就货物、服务、投资三大核心领域市场准入问题展开深入讨论，并继续推进知识产权、经济技术合作、竞争、电子商务、法律条款等领域的案文磋商
2016 年 11 月 3—4 日	RCEP 部长会议	菲律宾宿务	全面评估了谈判进展情况，重点就货物贸易、服务贸易和投资三大核心领域的关键问题展开深入磋商，并为下一步谈判提供战略指导
2016 年 12 月 2—10 日	第 16 轮谈判	印度尼西亚唐格朗	与会各方在本轮成功结束中小企业章节的谈判，这是继结束经济技术合作章节谈判之后的又一积极进展，有利于促进 RCEP 成员间中小企业的信息共享与合作，推动中小企业更好受益于 RCEP 谈判成果
2017 年 2 月 27 日至 3 月 3 日	第 17 轮谈判	日本神户	未达成新领域的自由贸易协议，中印与日澳分歧明显
2017 年 5 月 2—12 日	第 18 轮谈判	菲律宾马尼拉	继续就深入推动货物、服务和投资市场准入谈判，加速案文磋商
2017 年 7 月 17—28 日	第 19 轮谈判	印度海德拉巴	继续就货物、服务、投资和规制进行谈判，成员国同意了一系列希望在 2017 年底达成成果的主要议题

（根据中国商务部中国自由贸易区服务网、东盟官网、马来西亚国际贸易和工业部网、日本外务省官网提供的资料整理）

RCEP 的目标是消除内部贸易壁垒，创造和完善自由的投资环境，扩大服务贸易和技术合作。此外，谈判内容还包括知识产权保护、竞争政策、争端解决等诸多领域。谈判成果将在全面的同时寻求平衡。自 2011 年 RCEP 的概念被首次提出以来，经过较短时间的发展，其已经取得了瞩目的成绩，集中表现在为组建 RCEP“铺路”的货物贸易工作组以及服务工作组、投资工作组已经先后正式运转，确定了《RCEP 谈判指导原则和目标》。RCEP 截至 2017

年8月共进行了19轮谈判，并进行两轮正式谈判，预计2017年底完成全部谈判，之后进入扩员和实施阶段。

RCEP内含三重发展动力：第一重动力在于东盟成员国关于建成自贸区的实践；第二重在于东盟与其双边FTA伙伴国之间关于建成自贸区的实践；第三重动力来自6个FTA伙伴国之间关于建设自贸区的实践。这三重动力是RCEP框架建设能否成功的关键所在。

以美国主导的TPP和以东盟主导的RCEP在成员国组成、谈判议题和范围、自由化目标、谈判进程与谈判模式和时间路线图上或者多有重叠，或者存在明显差异，客观上存在竞争和合作的关系。就谈判议题涉及的范围、一体化深度和实施难度来说，TPP明显高于RCEP，TPP设置了很高的准入门槛。相对于TPP对制定新贸易规则的重视，由东盟国家发起的RCEP则更多地关注于如何建立统一市场，以减少各成员经济体间的贸易成本。相比之下，RCEP更容易被经济发展程度和自身市场情况各有不同的经济体接受。另外，五个“10+1”FTA的实施为RCEP奠定了有利的基础条件。现在与东盟已经建立FTA关系的6个国家均表示支持东盟在RCEP发挥主导作用，且这6个国家皆是围绕东盟建立起的双边自由贸易关系，这是RCEP较之TPP更易建成的原因之一。①

通往亚太区域经济一体化之路依然有很多不确定因素，TPP是最明显的因素之一。有研究人员认为TPP、RCEP不应该成为对立面，应当作为一个互补关系。② 贺平、沈陈认为，TPP多边贸易谈判力图重建以美国等发达国家为主导的国际经贸体系和“游戏规则”，变传统的“对等交换市场准入”为“非对等交换国内改革”，对RCEP形成了现实的“规则竞争”乃至“规制冲击”。③

实际上，APEC区域内的两个主要一体化安排（TPP和RCEP）将会极大地影响APEC讨论的走向。但这两者都无法得到整个APEC地区的支持。④ APEC新增成员的步骤与WTO增加新成员的过程类似，有些国家即将完成这

① 贺平、沈陈：《RCEP与中国的亚太FTA战略》，《国际问题研究》2013年第3期。

② 见亚洲开发银行副行长斯蒂芬·格罗夫（Stephen Groff）在2014年的博鳌论坛上的讲话。

③ 贺平、沈陈：《RCEP与中国的亚太FTA战略》，《国际问题研究》2013年第3期，第44-57页。

④ 美国彼得森国际经济研究所高级研究员杰弗里·斯科特在2013年4月12—13日的CF40-PIIE“中美经济学家学术交流会”上的主题演讲。

些步骤成为其新成员国，而一些 TPP 的缔造国希望在 TPP 协定的大背景之下，与这些 APEC 国家建立最终的亚太自由贸易协定。WTO 明确的入会条款是其最具吸引力的地方。申请 WTO 时，候选国可以就入世协议谈判，从而使他们接受已有的 WTO 职责，并据此确定其国家计划中自由贸易的深度和广度。这意味着 TPP 不能作为亚太自由贸易协定的模板。有鉴于此，2014 年的北京 APEC 峰会提出《APEC 推动实现亚太自由贸易区路线图》，重启包括 21 个成员的亚太自贸区进程，有其独特价值所在。这一协定将会桥接亚洲内部协定与 TPP 协定之间的规则。①

（三）FTAAP 与东亚多边贸易制度：从愿景到行动

1994 年 11 月，APEC 首脑非正式会议通过《茂物宣言》后，亚太自由化经过两年发展后陷入停滞阶段。在 APEC 框架内实现 FTAAP 最早是由 APEC 工商咨询委员会（ABAC）在《亚太自由贸易区方案的初步评估：为 ABAC 准备的一份文件》中提出。ABAC 建议从 2007 年开始，建立由 APEC 现有 21 个成员组成的 FTAAP，促进亚太地区国际贸易的发展。但因其目标的难度以及需要的迫切程度不高，领导人并不积极。直到 2006 年，该建议得到美国总统乔治·沃克·布什（George Walker Bush）的支持，才出现转机。在 2006 年 11 月召开的第 14 届 APEC 领导人非正式会议上，美国总统布什一反美国之前消极、反对的态度，建议需要认真对待 FTAAP 观念，明确表示支持并呼吁成立亚太自由贸易区，因而该议题迅速成为 APEC 新的工作议程，不少大国或随声附和，或抛出相似的提法。

2007—2008 年，席卷欧美的金融危机促进了亚太地区经济一体化制度建设。2008 年 11 月 22—23 日，在秘鲁利马的 APEC 峰会上，FTAAP 成为加强 APEC 区域经济一体化中的排行第二的目标。2009 年，APEC 新加坡峰会上，领导人都表示继续就未来 FTAAP 的可能性、风险及挑战进行研究。2010 年，日本横滨峰会上通过《横滨宣言》，附带的三项文件中有《关于达成 FTAAP 之途径》：与会各方决定，FTAAP 作为推进区域经济一体化构想的主要手段，将为实现 FTAAP 而采取具体措施。会议还确认了实现 FTAAP 的三大框架，即

---

① 美国彼得森国际经济研究所高级研究员杰弗里·斯科特在 2013 年 4 月 12—13 日的 CF40 - PIIE “中美经济学家学术交流会”上的主题演讲。

TPP 机制、东盟和中日韩三个国家的“10 + 3”合作机制，以及在“10 + 3”合作的基础之上又加入了印度、澳大利亚和新西兰三个国家的“10 + 6”合作体制，强调 FTAAP 是下一代 FTA。2011 年，在美国火奴鲁鲁召开的 APEC 峰会上，进一步确认 FTAAP 是实现亚太经济一体化的重要工具。2012 年于俄罗斯符拉迪沃斯托克举行的亚太经合组织首脑峰会强调了“茂物目标”的重要性，认识到 FTAAP 是 APEC 未来地区经济一体化议程中的主要环节，并承诺发挥 APEC 作为亚太自由贸易区“孵化器”的作用。2014 年 11 月，在中国北京召开的亚太经合组织非正式领导人会议上，各成员达成了启动亚太自由贸易区进程的共识，同意制定《APEC 推动实现亚太自由贸易区路线图》。此后，亚太自由贸易区进入筹备和启动阶段。

APEC 制度面临的挑战来自内外两方面。对内，亚太区域双边、多边、区域以及次区域合作机制迅猛发展，从 APEC 成立之初的 3 个合作论坛和 3 个自贸协定，发展到目前的 25 个合作机制和 56 个自贸协定。APEC 成员在合作方向和重点上面临选择困惑，一体化和碎片化的趋势同步上升。APEC 发表倡议支持 TPP 和 RCEP，认为这两条实现 FTAAP 的路径是可以相互支持的。2011 年，亚太经合组织政策支援小组报告（APEC Policy Support Unit Paper）概述了 APEC 和 TPP 可以相互补充，认为 TPP 有助于亚太地区经济一体化，是实现 FTAAP 的基石。① 对外，APEC 作为一个地区治理组织，面临来自 G20 等新兴经济治理组织的挑战。澳大利亚前贸易部长克雷格·埃莫森（Craig Emerson）在 2012 年 6 月召开的 APEC 贸易部长会议上表示，TPP 和 RECP 都是实现 FTAAP 的途径，重点不在于路径，而是最终达到建成亚太自贸区这个目的。西门·法本布鲁姆（Simon Farbenbloom）认为可以通过三种途径实现亚太地区经济一体化：第一种是通过扩展 TPP 和 RCEP 建成亚太自贸区，第二种是通过实现 APEC 设定在 2020 年实现贸易和投资自由化的茂物目标与通过 FTAAP 建成亚太自贸区，第三种是东盟通过《东盟 2030 年——迈向无国界经济共同体》实现亚太地区经济一体化。②《东盟 2030 年——迈向无国界经济共同体》是亚洲开发银行研究所（ADBI）、新加坡“东南亚研究院”（ISEAS）、

① APEC Policy Support Unit, “The Mutual Usefulness between APEC and TPP”, available online at: http: //publications. apec. org/publication - detail. php? pub_id = 1194.

② Simon Farbenbloom, “TPP: The Road to FTAAP ?”, available online at: http: //www. insaps. org/portaladmin/uploads/Download/01 - simon%20 [Compatibility%20Mode]. pdf.

亚洲开发银行（ADB）和东盟秘书处共同合作撰写的报告，该报告建议东盟于2015年建成东盟经济共同体（AEC），以此为出发点于2030年实现经济可持续发展，包括加强总体经济稳定性、和谐且竞争力强等目标。①

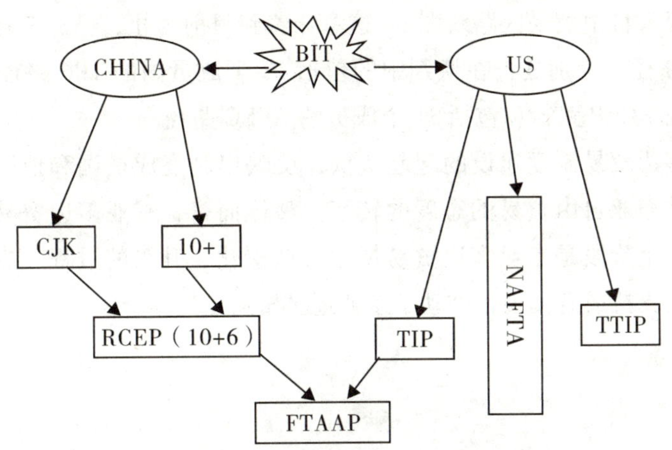

图4-5　东亚多边贸易制度的未来发展趋势②

小　结

历史制度主义给予了分析东亚经济一体化制度建设的新视角，这种分析方式认为可以将东亚经济一体化视为某种多边经济制度不断完善的过程，这一进程中存在一系列制度化关键节点。

不同于某些学者关于当前各大经济体的FTA呈碎片化发展趋势的论断，本书认为目前东亚经济一体化存在的多种路径，实际上是实现最终整合的必经阶段。实际上，通过FTA联合一些国家形成共同市场，则显示出由碎片化逐步走向整合，集团化趋势明显的贸易发展趋势。

① 《东盟2030年——迈向无国界经济共同体》，http：//www. adbi. org/book/2014/07/18/6357. asean. 2030. borderless. economic. community/.

② 此图参考自对外经贸大学赵忠秀教授在2014年12月第十三届WTO与中国学术年会上的演讲内容。

东亚经济一体化经历了APEC框架下自由贸易议程的推广及衰落，见证了交织的“ASEAN + N”自由贸易体系的建立，以及RCEP、TPP等新的巨型区域化自由贸易谈判的扩展。2014年11月11日，在北京召开的APEC非正式领导人会议上，APEC领导人决定启动亚太自由贸易区进程，批准《APEC推动实现亚太自由贸易区路线图》，这意味着到目前为止，已经存在三种实现FTAAP的路径，分别是正在谈判中的包括12个成员国的TPP路径、包括16个成员国的RCEP路径和包括21个成员的APEC路径。

东亚多边贸易制度建设的起起伏伏，反映出制度成员国和地区对制度是否有效推动东亚自由贸易的态度的转变。整体而言，东亚多边贸易制度发展所经历的三个阶段是东亚多边贸易规则日渐深化、升级的过程。成员国和地区对制度的支持或者漠视，推动了东亚地区贸易走向整合。

第五章　从倡议者到适应者：日本参与东亚经济一体化的选择行为

纵观“二战”后日本经济史可以发现，日本是除中国以外国际自由贸易体系最大的受益者，这一方面得益于战后日本与美国的特殊关系，另一方面与日本在亚太地区积极推动，意图主导地区多边经济合作制度有关。日本积极倡导自由贸易规范，从20世纪50年代末开始，曾一度试图建立排除美国在外的排外性地区合作机制。[①] 根据日本学者滨中慎太郎（Shintaro Hamanaka）的统计，从1963年到2006年，日本民间或政府部门倡议了约20个排除美国参与的地区外交、金融和贸易合作制度，[②] 但这些倡议或建议多因美国反对而失败或不了了之。日本政府关心地区主义是以亚洲为核心还是以亚太为核心，从根本上反映了实力增强的日本试图利用地区合作制度巩固其潜在霸权国地位。

分析日本参与东亚经济一体化制度构建的进程，除了要考察日本倡导的地区主义的重点在东亚还是在“亚洲—太平洋地区”之外，也需要分析日本从奉行贸易多边主义到地区排他性的FTA的转变。日本政府在实施贸易政策

---

① 日本政府对亚洲或亚太的认识，是一个历史变化的过程，因此，依据日本政府对亚洲的界定尤为重要。1951年建立的日本亚洲事务局包括四个司：东北亚司（包括韩国、台湾和萨哈林），中国司（包括中国和蒙古），东南亚司（包括印度、新加坡、斯里兰卡、泰国、尼泊尔、巴基斯坦、缅甸、马来西亚和马尔代夫），日本关于阿富汗和伊朗以西的国家的事务被划分到欧洲和大洋洲事务局的中近东司。2001年，亚洲事务局改组为亚洲和大洋洲事务局，合并了大洋洲司。参考 Shintaro Hamanaka, *Asian Regionalism and Japan: The Politics of Membership in Regional Diplomatic, Financial and Trade Groups*, Routledge, 2009. 日本认为亚太地区国家包括：澳大利亚、新西兰、日本，东北亚国家，东盟成员国，中国大陆，北美以及太平洋岛国。参考 Ross Garnaut, *Open Regionalism and Trade Liberalization: An Asia – Pacific Contribution to the World Trade System*, Sydney: Allen & Unwin, 1997. 需要指出的是，本书谈论东亚时，仍然是遵循本书第一章对东亚区域的界定，东亚区域一般指10个东南亚国家联盟（ASEAN）成员国、日本、韩国以及包括台湾、香港和澳门地区在内的中国的总称。

② Shintaro Hamanaka, *Asian Regionalism and Japan: The Politics of Membership in Regional Diplomatic, Financial and Trade Groups*, Routledge, 2009, pp. 160 – 180.

时，也游离于是以 GATT/WTO 为代表的非歧视性的多边主义为重点，还是以日本与其他国家和地区签署双边排他性 FTA 形成的地区主义为重点。

学界普遍认为在小泉纯一郎任首相时期，日本是从贸易的多边主义转向地区 FTA/EPA 制度。① 实际上，“二战”后日本一直试图在东亚建立各类型的外交、金融和贸易制度。这类制度大体分为四类：第一类是就贸易议题进行的地区会议或论坛；第二类是非法律意义上的地区贸易合作，这类合作范围和内容相对比较宽泛；第三类是基于条约的地区贸易安排，目的在于削减或取消关税，有时这一目的是通过非互惠的特惠贸易安排来实现的；第四类被称为经济伙伴协定（EPA），是在第三类的基础上实现规则规范的统一。EPA 有利于主导国的贸易规则和标准扩散到整个地区。②

1955 年，日本加入关税与贸易总协定（GATT），这极大促进了日本的自由贸易，经过多轮关税减让谈判，日本赢得了广阔的输出市场，为日本扭转一直以来贸易逆差导致的国际收支不均衡提供了条件。从 20 世纪 50 年代中期开始，日本经济在各种因素的合力作用下迅猛发展。东亚经济一体化得益于日本主导的、帮助东亚产业升级的“雁行模式”。“雁行模式”使发达经济体如日本通过贸易和技术转让与发展中国家交往，一系列互补的相互依存的关系得以在东亚经济体中建立起来，借助资本、劳动力、技术、资源等的交流，推动东亚经济结构走向动态均衡发展。③

这一章主要考察日本参与东亚经济一体化的政策轨迹，以及具体参与行为的演化，本书认为日本曾积极参与东亚经济一体化制度建设，尽管这一角色多被美国干扰，以至于日本最终失去了东亚经济一体化主导者的地位。东亚金融危机促使日本调整地区参与政策，盼望通过双边 FTA/EPA 维持经济主导态势。随着经济崛起，中国以其庞大的经济体量迅速改变东亚乃至亚太地区经济政治格局，面对这一巨变，日本经过了十年的调适期，一方面需要适应中国、美国提出的地区多边合作倡议，另一方面积极调整制度内参与行为。

① 相关文章可参考刘昌黎：《日本经济集团化战略的变化》，《国际经济评论》2001 年第 4 期。李俊久、丁一兵：《以自由贸易的名义：从东盟—日本 CEP 看日本对外贸易政策的变化》，《国际经济评论》2003 年第 6 期。Tadahiro Yoshida，“East Asian Regionalism and Japan”，*Working Paper Series*，No. 9，2004，pp. 8 – 11.

② Shintaro Hamanaka，*Asian Regionalism and Japan*：*The Politics of Membership in Regional Diplomatic*，*Financial and Trade Groups*，Routledge，2009，pp. 124 – 126.

③ David S. Hong，“East Asian Community，Into Reality”，*Working Paper*，2005，pp. 77 – 78.

本书认为日本曾经是自由贸易最大的受益者，但这种相对获益逐渐减少，日本需要积极应对新形势下东亚自由贸易带来的冲击。

第一节　日本是东亚自由贸易积极的倡导者

从地理位置上看，日本是东亚国家，然而从明治维新开始，日本开始寻求“脱亚入欧”，开启了“去亚洲化”进程，摇摆于追寻成为西方俱乐部的一员还是亚洲地区大国。是否认同自身是亚洲国家的身份，极大影响了日本政府参与东亚地区多边合作制度的政策选择。

第二次世界大战期间，日本寻求用军事征服和殖民掠夺的方式建立所谓的“大东亚共荣圈”，这一侵略历史给亚洲国家造成极大的伤害，深刻影响了战后日本与亚洲国家间的关系。“日本战败以及大东亚共荣圈的失败，（让）日本战前卷入亚洲事务的努力失败了。在美国重建日本期间，日本外交政策一切以美国马首是瞻，直到美国将政权移交给日本政府后，日本开始试图重新回归亚洲。”[①] 有学者认为1952—1972年，日本经济外交的重点在于开拓新的市场，替代在“二战”以及战后民族独立运动丧失的市场。此时日本知识界以及政治界的重点不在东亚地区，除了一小部分专家学者，日本人似乎忘记了之前亚洲时代的经历。[②]

宫城大藏（Taizo Miyagi）认为“二战”后亚洲历史的发展存在四重逻辑：“冷战”、革命、去殖民化以及发展。如果亚洲处在革命和战争中，就没有给处在国际政治体系外的日本腾挪空间；如果日本在亚洲扮演积极的角色，就绝对需要保证亚洲国家往发展逻辑上靠。随着中日关系正常化，日本积极援助作为意识形态敌对国家的印度尼西亚和中国，从经济上保证这些以革命为主的国家顺利走上以“发展”为政策重心的道路。[③]

在亚洲经济一体化的制度建设进程中，日本一直努力扮演着重要的倡议

① Takashi Terada, “The Origins of Japan's APEC Policy: Foreign Minister Takeo Miki's Asia – Pacific Policy and Current Implications”, *The Pacific Review*, Vol. 11, No. 3, 1998, pp. 345 – 346.

② Chalmers Johnson, “The Patterns of Japanese Relations with China, 1952 – 1982”, *Pacific Affairs*, Vol. 59, No. 3, 1986, p. 426.

③ Taizo Miyagi, “Post – War Asia and Japan – Moving beyond the Cold War: An Historical Perspective”, *Asia – Pacific Review*, Vol. 18, Issue 1, 2011, pp. 27 – 34.

者、主导者的角色。对日本来说，亚洲主要分为三大块：南亚、东南亚和东北亚。[①]“二战”后相当长一段时间内，东南亚和东北亚因为“二战”被日本侵占的历史，不对日本开放，日本试图将南亚作为这两个地区的替代品。奉行不结盟运动的印度在日本有着崇高威望，两国地缘并不接近，于是日本和印度保持了良好的外交关系。东南亚对日本来说具有重要的经济意义，1951年，在美日合作基础上，日本通商产业省（METI）实施了倡导发展东南亚经济发展的地区合作安排。1958年，METI发布的第一本经济合作白皮书指出，考虑到日美之间经济合作领域的竞争日益激烈，日本需要严肃对待启动与东南亚国家的经济合作，以便保证日本出口市场和原材料来源的安全。[②]

日本是最早推动亚太经济一体化的国家。1959年，日本倡导建立了“亚洲和联合国远东地区经济委员会地区内贸易促进恳谈会”（IRTPT），这一会议根源于1947年日本建立的“亚洲及联合国远东地区经济委员会”（ECAFE）这一咨询机构。这是“二战”后日本倡导的第一个排他性的亚洲国家合作制度，目的是为亚洲国家的贸易专家们提供一个交流平台。之后很多重要的地区贸易制度是在这个平台上进行讨论并建立起来的，比如亚洲发展基金（ADF）的建立。[③]

日本地区合作政策得益于学者、政府官员和政治家共同的推动。日本一桥大学小岛清教授（Kiyoshi Kojima）在1960年首先提出亚太经济合作的构想，同年，大来佐武郎（Saburo Okita）及粟本弘（Hiroshi Kurimoto）也开始有关本地区合作的相关研究。[④] 而曾经作为日本外相，后来成为日本首相的三木武夫（Takeo Miki）被认为是第一个明确提出日本实施亚洲和太平洋合作政策的政治家。

小岛清教授认为实施自由贸易政策是日本最好的出路。1963年，他在论

---

① Taizo Miyagi, “Post - War Asia and Japan - Moving beyond the Cold War: An Historical Perspective”, *Asia - Pacific Review*, Vol. 18, Issue 1, 2011, pp. 36 - 42.

② James Morley, “Japan’s Position in Asia”, *Journal of International Affairs*, Vol. 17, Issue 2, 1963, pp. 142 - 154.

③ ECAFE, “Economic Commission for Asia and the Far East”, *Official Records*, 14th Session, March, 1958, United Nations Economic and Social Council.

④ 吴玲君：《比较亚太区域合作机制研究：亚太经合会研究取向与理论基础》，计划编号：NSC - 89 - 2414 - H - 004 - 0406，参考 http://nccur.lib.nccu.edu.tw/bitstream/140.119/5211/1/892414H004046.pdf.

文《亚洲地区经济一体化的结构》中将亚洲划分为印度次大陆、东南亚和东亚三个次区域，其中印度次大陆包括印度、巴基斯坦、斯里兰卡和缅甸；东南亚次区域包括泰国、马来西亚、新加坡、印度尼西亚以及印支三国；东亚次区域包括菲律宾、香港地区、台湾地区和韩国。他建议在每个次区域建立共同市场，从潜在的规模效应中获益。[①] 1965 年 10 月，小岛清及粟本弘首次提出成立一个太平洋自由贸易区的构想，将太平洋区域 5 个发达工业化国家即美国、日本、加拿大、澳大利亚、新西兰联合起来，以对抗欧洲经济一体化带来的歧视性贸易的压力。小岛清教授的 PAFTA 构想主要受三个因素影响：他个人对解决亚洲的南北问题的研究兴趣，欧洲经济共同体的经济发展，以及日本经济的国际化。[②] 他认为，PAFTA 是日本能在拥有关键利益的地区，建议成立一个日本可以发挥主导作用的地区合作制度，这能使美国重点关注亚太地区。[③] 并认为这有助于日本在国际社会塑造经济领导者的自尊，获得国际认同，增强日本在国际经济和政治领域的存在感。[④]

大来佐武郎是亚洲地区经济合作制度坚定的拥护者。作为日本政府高官，他曾是亚洲与远东经济委员会（ECAFE）秘书处成员，是日本经济计划署（EPA）经济合作科科长，是促进地区经济合作专家建议委员会的三个专家之一。他认为日本有责任领导亚洲地区进行经济合作，[⑤] 倾向于通过经济协调而非建立自贸区的方式实现地区经济一体化。

三木武夫关于亚太地区合作的思想受小岛清教授和大来佐武郎的观点的

---

① Takashi Terada, "The Japanese Origins of PAFTAD: The Beginning of an Asian Pacific Economic Community", *Pacific Economic Paper*, No. 292, 1999, p. 2, available online at: https://crawford.anu.edu.au/pdf/pep/pep-292.pdf.

② Takashi Terada, "The Japanese Origins of PAFTAD: The Beginning of an Asian Pacific Economic Community", *Pacific Economic Paper*, No. 292, 1999, p. 2, available online at: https://crawford.anu.edu.au/pdf/pep/pep-292.pdf.

③ Takashi Terada, "The Japanese Origins of PAFTAD: The Beginning of an Asian Pacific Economic Community", *Pacific Economic Paper*, No. 292, 1999, p. 3, available online at: https://crawford.anu.edu.au/pdf/pep/pep-292.pdf.

④ Takashi Terada, "The Japanese Origins of PAFTAD: The Beginning of an Asian Pacific Economic Community", *Pacific Economic Paper*, No. 292, 1999, p. 4, available online at: https://crawford.anu.edu.au/pdf/pep/pep-292.pdf.

⑤ Takashi Terada, "The Japanese Origins of PAFTAD: The Beginning of an Asian Pacific Economic Community", *Pacific Economic Paper*, No. 292, 1999, p. 4, available online at: https://crawford.anu.edu.au/pdf/pep/pep-292.pdf.

影响。1967 年，时任日本外相的三木武夫提出所谓的亚太政策（Asia Pacific Policy）。他强调亚洲存在经济发展不平衡的问题，且贫穷是亚洲不稳定的根源，日本作为亚洲唯一的先进工业化国家，有道德义务解决南北发展问题。以此为目的，日本决定对内改革，强化与亚洲发展中国家的经济合作。① 他采用了大来佐武郎开放的地区主义的观点，认为亚洲地区的制度建设可以从经济合作发展到经济协调，实现经济一体化。②

20 世纪 60 年代，日本兴起了地区合作倡议的新高潮。这得益于小岛清教授等专家学者以及三木武夫等有远见的政治家所做的准备。1968 年，日本采取了两项整合亚洲和太平洋地区的经济合作的措施，建立了太平洋贸易与发展会议（PAFTAD）和太平洋盆地经济委员会（PBEC），这两个论坛为 APEC 的建立提供了智力基础和政策协调的尝试，参与国家与地区在随后的政府政策演化地区合作安排中，扮演了重要角色。③ 三木武夫的亚太政策得到澳大利亚的积极响应。这两个倡议都将成员国限制在西方发达资本主义国家。邓勇（Deng Yong）认为这一系列倡议还有一个潜在的战略意图：强化应对共产主义的地区社会与经济基础。④ 为削弱来自中国和美国的制约因素，20 世纪 60—70 年代，日本官方在实施经济外交政策时形成三种默契：第一，政策目的不在于形成反共产主义联盟；第二，限制相关国家获得成员国资格；第三，不偏离日本传统的以亚洲为中心的政策立场。⑤

尽管日本相关专家学者，以及政治家很有兴趣建立地区多边贸易合作制度，但是日本对东亚其他地区国家倡议的多边贸易制度持消极态度。一方面，这与日本政府和国民对多边主义的偏好有关。从 20 世纪 50 年代开始，日本

---

① “Ajia Taiheiyou Ken Koso - to Miki Gaiko”, July, 1967, Tokyo. Cited from Takashi Terada, “The Japanese Origins of PAFTAD: The Beginning of an Asian Pacific Economic Community”, *Pacific Economic Paper*, No. 292, 1999, p. 6, available online at: https: //crawford. anu. edu. au/pdf/pep/pep - 292. pdf.

② Takashi Terada, “The Japanese Origins of PAFTAD: The Beginning of an Asian Pacific Economic Community”, *Pacific Economic Paper*, No. 292, 1999, p. 6, available online at: https: //crawford. anu. edu. au/pdf/pep/pep - 292. pdf.

③ Takashi Terada, “The Japanese Origins of PAFTAD: The Beginning of an Asian Pacific Economic Community”, *Pacific Economic Paper*, No. 292, 1999, p. 3, available online at: https: //crawford. anu. edu. au/pdf/pep/pep - 292. pdf.

④ Deng Yong, “Chinese Relations with Japan: Implications for Asia - Pacific Regionalism”, *Pacific Affairs*, Vol. 70, No. 3, 1997, pp. 373 - 374.

⑤ Shintaro Hamanaka, *Asian Regionalism and Japan: The Politics of Membership in Regional Diplomatic, Financial and Trade Groups*, Routledge, 2009, pp. 124 - 126.

进入积极谋求加入各类多边制度的时期。1952 年，日本加入国际货币基金组织（IMF）和世界银行（WB）。1955 年，日本加入关税与贸易总协定(GATT)。1955 年 12 月，日本加入 GATT，这极大地促进了日本的自由贸易，经过多轮关税减让谈判，日本赢得了广阔的输出市场，为日本扭转一直以来贸易逆差导致的国际收支不均衡提供了条件。1956 年，日本成为联合国会员国后，开始按照多边主义实施贸易立国战略。1964 年，随着日本成为经济合作组织（OECD）成员国，时任日本外相的椎名悦三郎（Etsusaburo Shiina）强调建立日本战后外交的一大目标得以实现，即日本的工业化国家地位被国际社会承认。[①] 另一方面，日本官方和民间在 60 年代倡导了一系列地区合作机制，但是普遍反应冷淡。尽管日本是筹建地区合作制度重要的推动力量，但不代表亚洲的主流意愿，不足以推动建立面向亚洲的地区性组织。地区开发组织的倡议和筹建需要其他更为强大的动力源。此后，日本官方和民间团体在倡导地区开发组织方面进入了蛰伏状态。[②] 再者，这与日本经济从宏观经济角度看仍然比较脆弱有关。日本在 1961 年发生平衡支付危机，之后贸易均衡问题一直是阻碍日本经济发展的瓶颈。而此时日本也并没有兴趣建立 FTA，担心一旦通过特惠贸易协定，日本的轻工业以及国内中小企业将受到冲击，歧视性的贸易将损害日本利益。因此，日本政府对地区经济合作方式普遍建议采用建立互惠型贸易安排的方式。[③]

石油危机后，日本政府克服了贸易不平衡问题。1977 年，日本贸易盈余达到历史最高水平，同时日元兑美元极大升值，各项指标证明日本经济实现腾飞。日本政府积极对东南亚国家提供援助，摆脱了约翰逊（Chalmers Johnson）教授关于日本集体忽视日本是一个亚洲国家的标签。[④] 1978 年，日本首相大平正芳在就职演说中强调政府将致力于建设太平洋共同体（Pacific Com-

---

① Watanabe Akio, *Ajia Taiheiyou – no Kokusai Kankei – to Nihon* (*Japan's Diplomacy and International Relations in the Asia – Pacific Region*), Tokyo: Tokyo University Press, 1992. Cited from Shintaro Hamanaka, *Asian Regionalism and Japan: The Politics of Membership in Regional Diplomatic, Financial and Trade Groups*, Routledge, 2009.

② 刘兴宏：《亚洲开发银行成立的核心动力因素分析》，《国际论坛》2010 年第 5 期，第 62 页。

③ Shintaro Hamanaka, *Asian Regionalism and Japan: The Politics of Membership in Regional Diplomatic, Financial and Trade Groups*, Routledge, 2009, p. 134.

④ Chalmers Johnson, "The Patterns of Japanese Relations with China, 1952 – 1982", *Pacific Affairs*, Vol. 59, No. 3, 1986, p. 426.

munity)，日本对地区经济合作的兴趣导致了太平洋经济合作会议（PECC）制度的建立。

20世纪80年代末，日本开始新一轮的区域经济合作实践。在日本的支持和澳大利亚的倡导下，APEC建立起来。APEC受WTO多边贸易规则影响很大，被认为是亚洲版的WTO，随着APEC逐渐演变成成员国的空谈俱乐部，难以提出和实施有效的自由贸易政策，日本逐渐抛弃APEC制度，特别是1997—1998年爆发东亚金融危机后，日本开始寻求谈判和建立双边基础上的FTA。吉田忠裕（Tadahiro Yoshida）认为日本参与东亚经济一体化的节点是1997—1998年的东亚金融危机，清迈倡议是日本政府积极参与东亚经济一体化的重要标志。①

20世纪90年代后，日本开始强化双边自由贸易协定（FTA）的签订。李俊久、丁一兵认为，在进入20世纪90年代以来，日本有意识地增加双边自由贸易协定，根源在于国际社会FTA潮流的促动。② 1998年和1999年日本先后接受韩国和新加坡关于自由贸易区的建议后，在21世纪初主动提出了建立“日本—东盟自由贸易区”的建议，还正式提出了建设共同行动、共同前进的东亚共同体的“小泉构想”。小泉政府借助开发援助等手段拉拢发展中国家，日本想通过推动东亚地区经济合作来主导该地区事务。但是，由于日本不肯开放农业，多次错失良机，始终落后于中国在该地区的经济合作进程。③ 1999年7月，日本通商产业省（METI）发布《通商白皮书》，首次提出了要在坚持多边主义立场的同时，建议通过与邻近国家之间签署地区或双边FTA，加强亚洲区域内的经济合作与一体化。日本通商产业省（METI）强调可以利用FTA保证日本经济利益，并建议日本通过签署多个双边FTA以及区域性FTA工具，维护国家经济利益。④ 日本鸠山内阁时期采取了倚重亚洲的外交战略，政策重心明显回归亚洲，力图打造东亚共同体，强调中日韩三边紧密结合，在通商、金融、能源、环境、救灾、传染病防治等领域确立亚太区域内的合

---

① Tadahiro Yoshida, “East Asian Regionalism and Japan”, *Working Paper Series*, No. 9, 2004, pp. 8 - 11.

② 李俊久、丁一兵：《以自由贸易的名义：从东盟—日本CEP看日本对外贸易政策的变化》，《国际经济评论》2003年第6期。

③ 周永生：《小泉内阁的外交政策浅析》，《日本学刊》2006年第5期，第34页。

④ Anna Jerzewska, “Japan's FTAs as Tools for Achieving Companies' Commercial Interests: Do Japanese Corporations Need a Region - Wide Trade Liberalization Treaty?”, *Asia Regional Integration Review*, Vol. 3, 2011, pp. 1 - 7.

作体制，同时积极推动建立以亚太各国为主，在世界各国之间缔结包含投资、劳务、知识产权等广泛领域在内的经济伙伴合作协定（EPA）和自由贸易协定（FTA）。值得一提的是，鸠山内阁已经提出建立区域共同货币——“亚元”的设想。①

截至2016年6月，日本正在实施中或已经签署的FTA/EPA有16个，②分别是新加坡、墨西哥、马来西亚、智利、泰国、印度尼西亚、菲律宾、文莱、东盟、瑞典、越南、印度、秘鲁、澳大利亚、蒙古和TPP；正在进行谈判的FTA/EPA有6个，包括东盟、柬埔寨、中日韩三个国家的FTA，以及欧盟、RCEP和土耳其；其他被推迟的FTA/EPA谈判有3个，对象分别是海湾阿拉伯国家合作委员会（GCC）、韩国以及加拿大。

图5-1　日本的FTA/EPA现状（截至2016年6月）③

① 周永生、丁安平：《日本鸠山内阁的外交政策》，《现代国际关系》2010年第1期，第20-24页。

② 关于FTA和EPA的关系：FTA主要指商品和服务贸易；EPA除了包括FTA外，还包括投资、人员流动、政府采购、竞争政策及双边合作等。

③ 图表请参见日本外务省网站：http：//www. mofa. go. jp/policy/economy/fta/index. html.

第二节　日本参与东亚经济一体化的制度选择：从 APEC 到 JAFTA 再到 TPP

APEC 制度无力支撑新的关税减让以及市场准入规划，导致日本开始思考新的地区参与方式。早在 1995 年日本主办的 APEC 会议上，在通过关于自由贸易具体实施的“大阪行动议程”时，APEC 无力支撑亚太自由贸易的弱点就已经暴露了。尽管日本在某种程度上成功地促成了《大阪行动议程》的出台，但是日本本身因为国内农业利益集团的反对，在开放国内农业市场，以及农产品部门自由化上，采取了消极的态度。农产品问题越来越成为日本自贸区谈判的绊脚石，从那时开始，便开始出现怀疑日本是否足以领导 APEC 自由贸易的声音。① 经济产业省与外务省关于自贸区实施步骤的不同意见，以及在分割式权力结构下各官僚部门的竞争与冲突，使得日本很难形成一以贯之的贸易政策偏好。②

1997—1998 年的东亚金融危机促进了东亚经济一体化合作。东亚地区大国如日本、中国开始积极深化东亚地区多边贸易制度的建设，这其中也存在中国与日本争夺主导权的竞争。

2000 年，中国率先提出建设“中国—东盟自由贸易区”，给日本造成了很大的冲击。中国积极加入东亚地区一体化的行动极大地刺激了日本。日本加快调整地区参与步伐。2002 年 1 月，日本首相小泉纯一郎和新加坡总理吴作栋签署《日本—新加坡经济伙伴关系协定》（JSEPA），这是东亚国家间签署的第一个双边自由贸易协定。刘昌黎教授认为这表明日本经济集团化战略已发生了重大的变化和调整。③

---

① Christopher Johnstone, “An Awkward Dance: The Osaka Summit, Japanese Leadership and the Future of APEC”, *Japan Economic Institute Report*, No. 39A, 1995. Cited from Tatsushi Ogita, “The APEC Policy - Making Process in Japan”, *Working Paper Series*, No. 7, 1996, available online at: http://www.ide.go.jp/English/Publish/Download/Apec/pdf/1995_06.pdf.

② 富景筠：《日本自贸区政策的演变：基于利益集团动态博弈的视角》，《国际经济评论》2011 年第 4 期。

③ 刘昌黎：《日本经济集团化战略的变化》，《国际经济评论》2001 年第 4 期。

2002 年 5 月，日本首相小泉纯一郎借助首相咨询机构“经济财经咨询会议”制定了《日本经济活性化六大战略》，提出将通过缔结区域经济伙伴关系，借助 FTA 适应全球化新发展趋势。2002 年 10 月，外务省制定《日本的 FTA 战略》，确定了日本 FTA 谈判与 WTO 多边贸易制度的关系，正式提出日本进行 FTA 谈判的基本立场、基本原则、谈判优先对象及标准和原则，明确了该战略实施的重点地区是东亚，而欧盟、北美是重要伙伴。战略决定以韩国和东盟为首要谈判中心，在东亚和全世界范围内开展双边自由贸易，并以此推动东亚自由贸易区以及 WTO 多边贸易体制的发展。[①] 为更好制定、执行 FTA/EPA 战略，同年 11 月，日本外务省设立自由贸易课（FTA/EPA Headquarters），专门负责 FTA 和 EPA 战略的实施，协调部门间合作，支持与特别国家就 FTA 事务进行部长级谈判。此外，在经济事务设立 FTA/EPA 室（FTA/EPA Divisions），研究具体协调与实施工作。[②]

2002 年，日本经济产业省（MITI）的政策白皮书提出“多层次的贸易政策”（Multi - layered Trade Policy），尝试通过包括 FTA 在内的双边和地区贸易协定，完善以 GATT/WTO 为基础的多边主义，重振全球自由贸易。[③] 同时，与墨西哥、韩国、智利、加拿大等探讨建立自贸区的可行性问题。之后，日本重点实施与东盟国家的 FTA 谈判。2008 年 4 月，日本与东盟签署《全面经济伙伴关系协定》，制定了双方关税削减和消除时间表。

按经济整合程度的不同，贸易协议可分为优惠贸易协议（PTA）、FTA、关税同盟（Customs Unions）、共同市场（Single Market Agreement）、区域贸易协议（Regional Trade Agreements，RTA）。其中，RTA 是构建全球供应链（Global Supply Chain）的第一步。截至 2009 年，日本是仅次于新加坡的，与 APEC 成员内成员签署 RTA/FTA 最多的国家，为 10 个。通过比较 2002 年日本与新加坡签订的 FTA，以及 2004 年日本与墨西哥、2005 年日本与马来西亚

---

① 关于日本 FTA 战略的内容，请参见“Japan's FTA Strategy（Summary）”，available online at：http：//www. mofa. go. jp/policy/economy/fta/strategy0210. html.

② 关于日本外务省建立关于 FTA 相关机构的情况，请参见“Launching of the Headquarters for the Promotion of Free Trade Agreements（FTAs）and Economic Partnership Agreements（EPAs）and Establishment of the Division for FTAs and EPAs”，available online at：http：//www. mofa. go. jp/policy/economy/fta/launch0211. html.

③ 关于日本经济产业省政策白皮书的内容，请参见 http：//www. meti. go. jp/english/report/data/g00Wconte. html.

签订的 FTA，日本倾向于更加开放的服务市场，特别是在交通服务、商业服务以及产品邮递服务等市场上。[①] 此外，日本积极推行贸易便利化措施，升级单一窗口职能，简化程序，范围包括报关手续、进港和离港手续、入境手续、食品卫生检查、动植物检验检疫，以及贸易管理手续等。[②] 为促进服务贸易，日本国内进行了一系列改革，以提升竞争力，如在能源、金融服务以及空运等领域进行改革。[③]

日本作为东亚地区最早的工业化国家，且拥有超过半个世纪推动国内和地区自由贸易的经验，除了拥有巨大的产能，在金融管理规则的制定方面，日本也拥有巨大的经验优势。日本的货物贸易、服务自由贸易程度远远领先于东亚地区多数国家。与中国相比，日本在市场准入、国民待遇规则上，也远远走在中国前面，中日之间经济产业结构仍存在较大差距。此外，多种类型且内容要求不统一的“ASEAN + N”FTA 条款，使企业增加太多的行政成本，例如，需要政府发放原产地证书，普遍导致自由贸易协定的利用率不高。整合东亚市场，建立东亚自贸区（EAFTA）是解决已有的双边 FTA 覆盖面不足，以及因多重 FTA 规则不一而导致的“面条碗效应”的有效途径，是使各方都获益的方法。

实际上，东亚经济一体化存在两种速度，导致自由贸易出现了两种形式。一种是以日本、新加坡等发达工业国家为代表的，强调更为全面和彻底的自由贸易，希望借助缔结高级别的地区 FTA，消除贸易和投资的各种关税和非关税壁垒，为本国的贸易和投资提供更多的机会。此外，就新兴贸易议题，如规制协调、产品供应链管理、国有企业竞争问题，以及关于中小企业获得更好的贸易机会等议题上，拥有更多的规则制定权。另一种以中国为代表，尽管在商品贸易和服务自由贸易方面已经有所进展，但是希望照顾到各成员国参与的“舒适度”，逐渐推动谈判议题、谈判标准和谈判模式的转变。于

---

① MITI, *The Report on APEC's* 2010 *Economies' Progress towards the Bogor Goals*, p. 49, available online at: http://www.miti.gov.my/cms/documentstorage/com.tms.cms.document.Document_5545aefe-c0a8156f-34c634c6-7a19c6de/bogor_Report_AMM20101110.pdf.

② MITI, *The Report on APEC's* 2010 *Economies' Progress towards the Bogor Goals*, p. 39, available online at: http://www.miti.gov.my/cms/documentstorage/com.tms.cms.document.Document_5545aefe-c0a8156f-34c634c6-7a19c6de/bogor_Report_AMM20101110.pdf.

③ “Japan APEC IAP Peer Review 2007”, available online at: http://apec.org/Press/News-Releases/2007/~/media/DB92A9054A7845D3BEBDD1542F53237B.ashx.

是，东亚地区 FTA 谈判面临一系列选择：加入美国主导的 TPP，加入中国支持、东盟主导的 RCEP，或者同时加入这两项谈判。

日本选择同时加入 TPP 和 RCEP 谈判。日本陷入经济相对衰退的泥潭已有 20 多年，相对于中国和韩国的经济快速发展来说，日本经济和政治的影响力越来越弱。日本的人口老龄化问题以及低人口增长率，使其迫切需要寻找新的经济发展动力来源。日本加入 TPP 主要出于五个目的：第一，借机摆脱日本经济增长乏力的局面。通过加入 TPP，日本可以强化自身在亚洲全球供应链中的重要地位，同时，地区经济整合也有助于强化日本在制造业网络以及出口网络中的地位。第二，尽管日本完成和签署了 15 项 FTA，但都是与新加坡、墨西哥等中小国家签署，日本需要借助 TPP 摆脱 FTA 谈判落后的不良情绪。第三，借助 TPP 高规格谈判标准，倒逼日本国内经济改革，重启日本经济活力。第四，强化日本在亚洲的战略地位，减轻中国崛起对日本影响力的冲击。[①] 第五，日本可以借助同时作为 TPP 和 RCEP 的谈判方，充当两类地区贸易协定的沟通者。河合正弘（Masahiro Kawai）、寺田贵（Terada Takashi）等教授认为美国不会与中国一起制定未来亚太地区的游戏规则，这是日本积极加入 TPP 的重要原因之一。[②] 这也有便于日本与美国结成更紧密的联盟来针对中国。而借助高门槛的自由贸易规则谈判，可以重塑东亚自由贸易发展的方向，避免“中国再次搭上西方主导的自由贸易的便车”。

2017 年，美国新任总统特朗普通过行政命令撤销 TPP 谈判后，日本势必将更多谈判精力放到 RCEP 谈判，以及中日韩三边 FTA 谈判中。日本加入 RCEP 主要看中这一地区协定所涉及的人口总数与商品贸易量。根据设想，RCEP 将建成一个以东盟为中心，包括中国、日本、韩国、澳大利亚、新西兰和印度在内的，涉及 30 亿人口、17 万亿美元经济总量、占全球贸易总额 40%，自由贸易水平高达 95% 的自由贸易协定。这是一个相当大的市场，日本将从中获得巨大的贸易创造效应，并强化日本的亚洲全球生产链上游地位。

对于中日韩三边自贸区（CJKFTA）谈判，日本态度也从长时期表示冷漠逐渐转变到积极进行谈判。中日学者得出相似结论：中日韩三边 FTA 将促进

---

① William H. Cooper and Mark E. Manyin, “Japan's Possible Entry into the Trans - Pacific Partnership and Its Implications”, *CRS Report for Congress*, 2012.

② 王玉主：《显性的双框架与隐性的双中心——冷和平时期的亚太区域合作》，《世界经济与政治》2014 年第 10 期，第 36 页。

三国贸易规模扩大，拉动各国经济增长。[①] 尽管相当长一段时间以来，中日关系从“政冷经热”逐渐下降到“政冷经冷”，但是三方仍保持并推动了这一高级别 FTA 谈判制度。谈判涉及多个领域，如市场准入、投资和服务，这些是基础领域，此外一些贸易领域新议题，如竞争、贸易规则和知识产权等也在谈判范围。除了在首尔运作的中日韩三国合作秘书处，三个国家的合作框架还包括 18 个部长级会谈、60 多个政府间磋商机制以及 100 多个合作项目，内容涵盖政治、经济、文化、教育、环保等诸多领域。截至 2017 年 1 月，中日韩三边自贸区谈判已经进行了 11 轮，外交部长级会谈深入谈判的内容包括商品贸易、服务贸易以及投资等各项议题。

小　结

目前，东亚地区正在进行四项跨地域的 FTA 谈判，它们分别是美国主推的 TPP（强调亚太地区经济整合），东盟主导的 RCEP（强调东亚地区经济整合），中国、日本、韩国的 FTA 谈判（强调东北亚地区经济整合），以及东盟内部经济整合。日本积极参与了这四项跨地区的自由贸易谈判，每一项谈判都包含不同的内容、贸易规则和谈判成员，日本交织在新一类地区多边自由贸易制度中。

如果考虑到 20 世纪 90 年代日本还是坚定的多边主义的拥趸，到目前日本积极构建双边 FTA/EPA 框架，并积极参与到超大型跨地区的 FTA 谈判，这种转变迅速而深刻。随着中国经济崛起，日本制造业领域存在被全面取代的危险，有学者认为，此时东亚经济秩序正经历从日本主导的“雁行模式”到中国主导的“竹节资本”（Bamboo Capital）的演变。[②] 如何借助日本仍是世界第三大经济体的地位，以及几十年来自由贸易积累的经验和优势，强化日本在东亚地区自由贸易谈判的主导权，切实权衡哪一类的自由贸易谈判更能激发国内经济活力，扭转失去的 20 多年，成为政府考虑参与多边贸易合作制度

① 徐梅：《中日韩 FTA 的进展、影响及前景探析》，《日本学刊》2012 年第 5 期，第 113 页。

② Li Xing, “East Asian Tegional Integration: From Japan - led ‘Flying - geese’ to China - centred ‘Bamboo Capitalism’”, *Working Paper*, No. 3, 2007, pp. 1 - 23, available online at: http://vbn.aau.dk/files/13003157/CCIS_wp_no._3.

的重要目标。日本强调将自由贸易作为国内经济体制改革的路径，并借此在中国和美国主导的地区自由贸易规则和标准的制定过程中寻找平衡，借势自重。

2014 年 11 月，根据皮尤研究中心的数据，日本公众对是否能通过贸易和对外投资获益持怀疑态度。超过 69% 的日本民众怀疑贸易是否对国家有益，超过 15% 的日本民众更是怀疑国际商业活动是否能促进就业。[①] 因此，日本政府除了在战略层面调整地区经济一体化参与模式，也需要对国内民众解释自由贸易的重要性。

① Bruce Stokes，“At APEC：Americans，Japanese are Most Skeptical That Trade Leads to More Jobs”，*Pew Research Center Survey*，available online at：http：//www. pewresearch. org/fact - tank/2014/11/07/at - apec - americans - japanese - are - most - skeptical - that - trade - leads - to - more - jobs/.

第六章　从见证者到驱动者：中国参与东亚经济一体化的选择行为

随着中国崛起，中国成为东亚地区结构性变革的重要因素。随着中国经济、军事实力增强，政治影响力加大，外交姿态日益自信，以及积极参与地区多边经济制度的政策，从根本上改变了东亚地缘政治格局。有学者认为从20世纪70年代早期开始，中国经济便以每年10%的增长率增长。除了大跃进和之后的自然灾害时期（1957—1962年），以及早期“文化大革命”（1966—1971年），中国经济经历了近50年的稳定增长。中国迅速的工业化以及城市化被视为20世纪后期到21世纪初期世界经济主要发展成就之一。①

中国对东亚多边合作制度的态度，从见证者逐渐过渡到积极的参与者，不仅参与了制度化程度低的APEC，且积极推动制度化程度更高的RCEP机制。1997年之前，中国加入APEC，打破了中国没有加入地区多边组织的局面。1997年，东亚金融危机之后，中国开始作为东亚经济合作积极的建设者，积极投身于制度的建设。在金融合作领域，中国在金融危机期间坚持人民币不贬值，极大减弱了金融危机对东盟国家经济的冲击，树立起一个负责任大国的国际形象。为共同抵御金融风险，中国、日本、韩国、东盟共同建立了一系列包括“清迈倡议”（CMI）在内的金融合作机制，设立共同基金抵御金融风险。东亚国家集体提供公共物品，在一定程度上标志着美国经济霸权在东亚区域的终结。

在自由贸易方面，2001年“中国—东盟自贸区框架协议谈判及规划”积极促成了日本，以及作为地区霸权国的美国对东亚多边自由贸易机制实行新的政策。从单方面对东盟小国实施贸易减税的“早期收获计划”（Early Har-

---

① Michel Oksenberg and Elizaberth Economy, “Introduction: China Joins the World”, in Oksenberg and Economy, eds., *China Joins the World: Progress and Prospects*, New York: Council on Foreign Relations, 1999, p. 2.

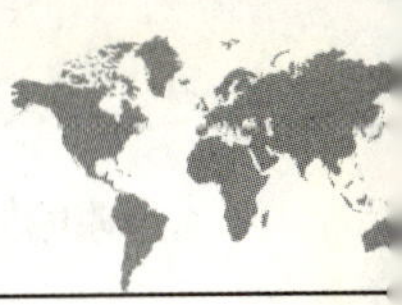

vest Program)，金融领域合作的“清迈倡议”，展现出中国成为东亚经济一体化不可或缺的动力源。中国以积极建设者的姿态，让美国开始重新审视对东亚的经济政策。2012 年，中国支持东盟推动 RCEP 谈判，与美国奥巴马政府主推的 TPP 形成竞争之势。2014 年 11 月，在 APEC 北京峰会上，经中国倡议通过了 FTAAP 实现的路线图，试图重启“茂物目标”，借助 APEC 框架实现 FTAAP。除了积极促进中日韩三边 FTA 谈判，中国政府还提出“三银一金”(金砖国家开发银行、亚洲基础设施投资银行、上海合作组织开发银行和丝绸之路基金）和“一带一路”的跨亚欧大陆的经济发展战略，这是中国政府首次明确提出区域经济整合方案，并逐渐成为东亚多边经济合作制度建设和整合的驱动性力量。

第一节　东亚金融危机与中国参与东亚经济一体化的路径选择

APEC 是中国最早参与的地区多边贸易合作制度。有学者认为，中国参与的地区治理制度落后于全球层次的多边制度合作。① 直到 1991 年 10 月，中国在明确“一个中国”原则和严格区分主权国家与地区经济的前提下，同意“中华人民共和国”“中国台北”“香港”（香港于 1997 年 7 月 1 日起改为“中国香港”）三方作为正式成员同时加入 APEC。这一举动打破了中国没有参加地区多边经济治理制度的局面。

加入 APEC 后，中国曾积极推动 APEC 发展。1991 年 11 月，在第三届部长级会议上，中国提出了亚太经济合作应坚持的三项原则，即多样性、互利性和开放性。在 1993 年的西雅图第一次领导人非正式会议上，中国领导人再次重申 APEC 应当是一个开放的、灵活的、生动活泼的、较为宽松的经济合作论坛和磋商机构，并提出了亚太地区经济合作要遵循相互尊重、平等互利、彼此开放、共同繁荣的原则。此后，在确立和落实茂物发展目标的茂物会议

① Li Mingjiang，“Chapter 11 China’s Participation in Asian Multilateralism：Pragmatism Prevails”，available online at：http：//press. anu. edu. au//sdsc/rc/mobile_devices/ch12. html.

和大阪会议上，中国进一步提出了亚太经济合作的五项原则建议和五项主张。在中国和其他 APEC 发展中经济体的共同努力下，形成了“亚太经合组织方式”，这是 APEC 当前及今后开展各种合作的基础。

1996 年，中国开始实施 1995 年 APEC 大阪会议宣布的中国对 APEC 贸易投资自由化的“首次投入”，大幅度降低进口关税，平均关税水平从 35.9% 降至目前的不到 10%，是平均关税降幅最大的成员之一。①

1997 年，金融危机打断了 APEC 框架内的自由贸易进程。APEC 制度建立在美国发挥霸权国领导地位的基础上，由于美国在东亚金融危机中的缺少作为，论坛对中国和其他东亚国家丧失了吸引力。在东亚金融危机中，中国扮演了积极救市的角色，中国坚持人民币不贬值，避免了东南亚国家处境进一步恶化，并通过国际机构和双边援助来支持东南亚国家的经济，不附带任何条件地向受危机影响最严重的泰国、印度尼西亚等提供 45 亿美元援助。1997 年 10 月，香港金融受到冲击，在香港抵御金融风暴的整个过程中，中央政府给予大力的支持，中央政府派出两名央行副行长到香港，要求香港的全部中资机构，全力以赴支持香港政府的护盘行动，成为香港战胜金融风暴袭击的坚强后盾。② 中国政府通过扩大基础设施建设、改革国有企业和整顿银行业，为经济增长注入持久的活力。③

需要指出的是，东亚金融危机为中国重新塑造地区形象提供了一个契机，这主要体现在两个方面：第一，随着危机爆发，东盟的经济立即陷入困境，出现外资流出、经济下降的严重局面。到 2000 年，东盟的经济虽然有好转，但是依然困难重重。而中国经济基本未受很大的影响，继续保持增长，这为中国在区域合作中发挥主导作用，提供了良好的物质基础。第二，受中国经济持续增长和加入 WTO 的双重影响，东盟国家担心中国巨大的“吸金能力”，希望在加强与中国合作的基础上，促使东盟从中国经济增长中受益。④ 在此情况下，朱镕基总理提议，双方可以考虑建立长期的经济合作关系和贸易安排，这样东盟可以从中国的经济增长中受益。双方随后在 2002 年签订了《中国—

① 卢国学：《中国：与亚太共荣》，《人民日报》，2005 年 11 月 18 日第 7 版。

②《1997 年成功抗击亚洲金融危机：中国展现大国风范》，http://news.sina.com.cn/c/sd/2009-09-08/164018606822.shtml.

③ Michel Oksenberg and Elizaberth Economy, “Introduction: China Joins the World”, in Oksenberg and Economy, eds., *China Joins the World: Progress and Prospects*, New York: Council on Foreign Relations, 1999, p. 1.

④ 张蕴岭：《东亚合作需要创新》，《国际经济评论》2010 年第 1 期，第 31 页。

东盟全面经济合作框架协议》。

在1997年的亚洲金融危机中，中国赢得了亚洲邻国对其负责任大国形象的认同。以此次金融危机为契机，东盟区域内经济合作进入了进一步深化合作的新阶段。[①] 而中国也开始态度积极地参与区域多边经济合作倡议和制度建设，[②] 特别是金融领域的合作。建立双边货币互换的“清迈倡议”（CMI）、中日韩三边金融合作，以及亚洲债券基金倡议，可以视为中国积极参与东亚金融合作的表现。2000年5月，亚洲开发银行年会上，东盟国家和中日韩三方就双边货币合作达成共识并签署“清迈倡议”，亚洲货币合作启动。2005年5月，“10+3”财长会就强化“清迈倡议”达成共识，“清迈倡议”承诺的资金额度扩大一倍，总规模为800亿美元，与国际货币基金组织的条件性贷款比例从90%下调为80%。2003年，在APEC领导人非正式会议上，温家宝总理建议“清迈倡议”多边化，在原有“清迈倡议”双边货币互换机制的基础上建立由“10+3”全体成员共同参与的多边货币互换机制，《清迈倡议多边化协议》（CMIM）于2010年3月24日生效，各国和地区据此建立了各自管理的区域外汇储备库，用于危机条件下对成员的短期流动性支持。此次修订的主要内容如下：一是将“清迈倡议”多边化资金规模从1 200亿美元翻倍至2 400亿美元；二是新建预防性贷款工具；三是将与国际货币基金组织贷款规划的脱钩比例从20%提高到30%。另一项应对东亚金融危机的举措是发展亚洲债券市场。目前针对这一任务的方案共有两项：一是2003年8月正式推出由东盟及中国、日本、韩国等13国财政部长和中央银行行长会议提出“亚洲债券市场倡议”（ABMI），该倡议内容涉及证券化、信用担保、评级机构、外汇与资本管制和证券结算各领域，目的在于完善债券市场的基础条件。二是由东亚及太平洋地区中央银行行长会议在2003年6月和2004年12月先后提出关于创建“亚洲债券基金”（ABF）的建议。该方案设计为由东亚及太平洋地区中央银行行长会议成员国的中央银行共同出资投资于亚洲债券基金，目的在于从创造债券投资角度推动债券市场的发展。[③]

---

① ［日］清水一史著，邵鸣译：《东盟的地区一体化——以东盟经济共同体的进展为中心》，《南洋资料译丛》2014年第2期，第20页。

② 关于中国参与多边经济与安全制度，参考：Margaret M. Pearson，“The Major Multilateral Economic Institutions Engage China” in Alastair Iain Johnston and Robert S. Ross，eds.，*Engaging China：The Management of an Emerging Power*，London：Routledge，1999，pp. 207－234。

③ 陈虹：《培育东亚债券市场：现状、障碍与前景》，《世界经济与政治》2007年第2期，第1页。

日本支持中国提出的关于区域架构的偏好。日本参与了中国政府支持的大部分机制，支持或提名中国参与重要的区域一体化组织，如支持中国参加APEC，私下支持中国政府参加七国集团（G－7），加入“10＋3”这种符合中国偏好的自由贸易协定。需要指出的是，中国对参与多边经济合作组织历来持谨慎的态度，而日本热衷于建立区域合作组织，为本国经济发展开辟市场，因此日本的这种支持行为更多是出于国内经济发展考虑。随着中国与ASEAN开辟了“10＋1”通道，日本受到刺激，也开辟了日本的“10＋1”通道，随之出现“东盟＋中日韩”通道。①

东亚金融危机后，随着APEC表现乏力，中国弱化了对APEC制度的参与。2001年，中国加入世贸后，面临削减关税，考虑本国的产业如何面对国际同行的冲击等议题，于是开始更多地通过建立双边FTA，推动自由贸易。

第二节　从ACFTA到CJKFTA：中国作为FTA积极的建设者

中国作为FTA积极的建设者，始于1997年的东亚金融危机之后，2007—2009年的全球金融危机也给了中国进行地区多边经济合作制度建设的动力。中国并未因为这场金融危机受到重创，经济总量超过日本，仅次于美国。中国经济的迅速崛起，促使中国通过参与地区多边制度打消邻国疑虑。②

1999年，中国开始积极参与包括“ASEAN＋3”论坛在内的一系列地区多边制度建设。③ 这一方面除了与1997—1998年的东亚金融危机后APEC表现不如人意有关外，还与中国加入世界贸易组织面临一系列自由贸易压力有关。此时开始，中国无论从民间轨道，还是从半官方的第二轨道，都开始积极倡导参与东亚地区多边合作，借此推动国内自由贸易改革。

① Björn Jerdén and Linus Hagström, “Rethinking Japan's China Policy: Japan as an Accommodator in the Rise of China, 1978－2011”, *Journal of East Asian Studies*, Vol. 12, No. 2, 2012, p. 238.

② Björn Jerdén and Linus Hagström, “Rethinking Japan's China Policy: Japan as an Accommodator in the Rise of China, 1978－2011”, *Journal of East Asian Studies*, Vol. 12, No. 2, 2012, p. 237.

③ Injoo Sohn, “Learning to Cooperate: China's Multilateral Approach to Asian Financial Cooperation”, *The China Quarterly*, Vol. 194, 2008, pp. 309－326.

中国政府倡议参与一系列地区、次区域的多边经济合作，其中包括：倡议推动建成“中国—东盟自贸区”（ACFTA），积极参与1992年亚洲开发银行倡议实施的“澜沧江—大湄公河合作”。此外，将1999年云南学术界关于“孟中印缅地区合作论坛”（BCIM）的“昆明倡议”，升级为国家层面的四方合作。[①] 2015年4月23日，中国政府正式公布“一带一路”规划——《推动共建丝绸之路经济带和21世纪海上丝绸之路的愿景与行动》。中国在亚欧大陆正在积极地推动以“互联互通”为特征的一体化战略，目前规划在建的有中蒙俄、新亚欧大陆桥、中国—中亚—西亚、中国—中南半岛、中巴、孟中印缅六大经济走廊，且在探寻与“一带一路”沿线65个国家发展战略的对接，并鼓励拉丁美洲、非洲、欧洲和南太平洋国家积极参与。2017年5月，中国政府在北京主办“一带一路”首届国际合作高峰论坛，这是中国以“一带一路”建设为主题举办的最高规格的国际论坛，也是中国继G20杭州峰会之后的另一场重要的主场外交。高峰论坛的举办，对于解决当前世界和区域经济面临的问题，推动更有活力、更加包容、更可持续的经济全球化进程，促进开放型世界经济的联动式发展具有重大的现实意义和深远的历史意义。

这一节将重点关注中国与东盟自贸区建设进程，以及中国与东盟自贸区对日本、美国等国家参与东亚FTA构建引发的“多米诺效应”，考察中国作为FTA积极建设者的具体表现。[②]

一、中国—东盟自贸区（ACFTA）谈判进展

“中国—东盟自贸区”（ACFTA）是中国同其他国家商谈的第一个自贸区，是世界最大的多边经济合作制度之一。[③] 其成员包括中国和东盟十国，涵盖18.5亿人口和1 400万平方公里，ACFTA通过逐渐消除贸易壁垒，实现贸易规则的统一，提升东亚地区经济合作。

① 关于昆明倡议的更多内容，可参考：C. V. Ranganathan，“The Kunming Initiative”，*South Asian Surney*，Vol. 8，No. 1，2001，pp. 117 – 124. Ramtanu Maitra，“Prospects Brighten for Kunming Initiative”，*Asia Times*，2003，available online at：http：//www. atimes. com/atimes/south_asia/EB12Df04. html.

② 鲍德温认为FTA为代表的制度供应会产生多米诺效应，可参考：Richard Baldwin，“A Domino Theory of Regionalism”，*NBER Working Paper Series*，No. 4465，1993.

③ C. M. Dent，“Bilateral Free Trade Agreements：Boon or Bane for Regionalism in East Asia and the Asia – Pacific?”，*European Journal of East Asian studies*，Vol. 4，No. 2，2005，pp. 287 – 314.

20世纪90年代以来，中国与东盟的经济联系日益紧密，双边贸易持续攀升。2001年11月，时任中国国务院总理朱镕基提出建立“中国—东盟自贸区”的设想，得到了东盟各国领导人的积极响应。2002年11月4日，中国与东盟签署了《中国—东盟全面经济合作框架协议》，决定在2010年建成“中国—东盟自贸区”，并正式启动了自贸区建设的进程。2004年1月1日，自贸区的先期成果——“早期收获计划”顺利实施，当年早期收获产品贸易额增长40%，超过全部产品进出口增长的平均水平。

2004年11月，在老挝举行的第八次东盟（ASEAN）与中日韩领导人会议上，中国与东盟签署了《中国与东盟全面经济合作框架协议货物贸易协议》，标志着中国与东盟自由贸易区（ACFTA）进程的全面启动。并于2005年7月开始相互实施全面降税。根据中国海关统计，2007年，中国与东盟贸易总额达到2 025亿美元，同比增长25.9%。2008年上半年，双边贸易额达1 158亿美元，同比增长25.8%。2007年1月，双方签署了自贸区《服务贸易协议》，已于当年7月顺利实施。2009年8月，双方签署了《投资协议》。2010年，ACFTA已在全面建成，经济总量约6万亿美元，贸易额达4.5万亿美元，是世界上由发展中国家组成的最大的自由贸易区。

《中国—东盟全面经济合作框架协议》的签署标志着中国促使东盟形成了“ASEAN+1”（“10+1”）合作机制，起到了很好的示范效应，随之日本、韩国也开始和东盟谈判建立双边自贸区，三个“ASEAN+1”（“10+1”）FTA框架形成。①

2008年全球金融危机之后，世界经济复苏进程一波三折，区域经济一体化速度加快，同时中国以开放促改革的要求更加迫切，借助中国与周边国家建设FTA，成为应对这些挑战的重要措施。

2013年，双边贸易额为4 436亿美元，是2002年的8倍，年均增长20.9%。截至2013年底，中国已连续4年成为东盟第一大贸易伙伴，东盟连续3年成为中国第三大贸易伙伴，双向投资累计超过1 100亿美元。中国企业累计在东盟国家非金融投资总额为293亿美元，其中2013年新增直接投资57亿美元，增长29.8%。东盟国家来华累计实际投资854亿美元，占中国吸引

① 章文、张洁米：《零关税：中国—东盟FTA 20年功成》，《时代周报》，2009年8月27日。

外资的6%，其中2013年新增直接投资83.5亿美元，增长18%。[①] 以此为契机，2013年，中国提出打造“中国—东盟自贸区升级版”。

2014年8月26日，第十三次中国—东盟经贸部长会议在缅甸内比都举行，会议正式通过“中国—东盟自贸区升级版”要素文件，并宣布启动“中国—东盟自贸区升级版”谈判。所谓升级版，表现在六个方面，即东亚贸易投资便利化、加快东亚互联互通、扩大东亚金融合作、加强东亚减贫合作、推进东亚海上合作、密切东亚人文交流。中方愿以准入前国民待遇加负面清单模式开展投资协定谈判与东盟国家共同推进自贸区升级版谈判，这意味着中国将极大开放正面清单上列举的投资禁区，凡是未列入负面清单的领域都可以投资。此外，东盟企业实行与内地企业同等的待遇。

打造“中国—东盟自贸区升级版”是加快推动东亚区域经济一体化进程的战略要求，这是在建设高标准自贸区方面主动进行尝试，争取在全球经贸规则制定中获得更多话语权，“中国—东盟自贸区升级版”谈判所涉及的贸易标准，也将为双方在RCEP中的谈判奠定良好基础。中国和东盟试图将其打造成区域经济一体化的典范，使其在全球治理改革和经济合作中起到示范作用。随着中国东盟双边经贸合作的深入，双边合作也存在一系列问题，例如，东盟从来都不是一个国家，因此中国对东盟的谈判成本较高，反而应该学习日本与东盟成员国签订双边FTA的做法，而并不是一直把东盟当作一个整体进行自由贸易谈判。[②]

ACFTA的建成为“ASEAN+1”机制注入了增长的动力，也密切了日本和美国与东盟的关系，同样也带动了中日韩三个国家之间关于自由贸易谈判的可行性。1999年11月，时任中国总理朱镕基、日本首相小渊惠三、韩国总统金大中在菲律宾出席东盟与中日韩领导人会议期间举行早餐会，启动了三个国家在“10+3”框架内的合作。

① 商务部新闻办公室：《欲穷千里目，更上一层楼——打造中国—东盟自贸区升级版》，http://fta.mofcom.gov.cn/article/chinadm/chinadmnews/201409/18215_1.html.

② 中国社会科学院亚洲太平洋研究所区域合作室副主任沈铭辉2015年参加中国与全球化智库时的发言。

二、中日韩自贸区（CJKFTA）谈判进展

中国、日本和韩国是东亚地区三个最重要的国家，三个国家人口总和达到15亿，2012年，三个国家的进出口总额约为5.4万亿美元，占全球贸易总量的35%。[①] 2013年，三个国家的GDP总额占全球GDP总额的20.6%。[②] 2013年1—11月，中日双边贸易总值为2 841.1亿美元，中韩的贸易额约为2 500亿美元。[③] 根据日本三菱综合研究的分析，建立中日韩自由贸易区的正收益比任何双边自贸区都大，中日韩三个国家的GDP将分别增长1.63%、0.23%和1.84%。[④]

中日韩三个国家之间尚没有建立双边FTA，韩日FTA自2004年11月举行第六次谈判以后，一直处于搁浅的状态。其后，韩日两国虽然进行了多次磋商，一次又一次地就重启FTA进行谈判，但韩国担心对日贸易赤字扩大也考虑到国内政治方面的原因，韩日FTA谈判时至今日一直未能重新开启。

中韩自贸区先于中日韩三边FTA完成实质性谈判。中韩自贸区谈判于2012年5月启动，是中国迄今为止对外商谈的覆盖领域最广、涉及国别贸易额最大的自贸区。2014年，中国与韩国就双边FTA谈判完成实质性谈判，双方承诺在协定签署后将以负面清单模式继续开展服务贸易谈判，并基于准入前国民待遇和负面清单模式开展投资谈判。截至2017年2月，中日韩三边FTA已经进行了11轮谈判，范围涵盖货物贸易、服务贸易、投资和规则等共17个领域，包含了电子商务、竞争政策、政府采购、环境等“21世纪经贸议题”。

中日韩自贸区谈判（CJKFTA）可以追溯到1999年。1999年11月，时任中国国务院总理朱镕基、日本首相小渊惠三、韩国总统金大中在菲律宾出席东盟与中日韩“10+3”领导人会议期间举行早餐会，启动了中日韩合作进程。2000年，三个国家领导人决定将会晤定期化。2002年，三个国家领导人将早餐会改为正式会晤。此后，三个国家领导人原则上每年在出席“10+3”

---

① 袁源：《TPP阻路自贸区岛争仍是三国“死结”：中日韩自贸区还缺“德法和解”》，《国际金融报》，2013年1月24日第1版。

② 根据IMF2013年世界各国GDP总额计算。

③ 郭丽琴、王琳、黄立俊：《东亚经济新变局：中韩贸易额要超中日》，《第一财经日报》，2014年1月9日。

④ http：//finance. ifeng. com/news/special/zrhzmq/.

领导人会议期间举行会晤。2008 年 12 月，中日韩领导人首次于“10 +3”框架外，在日本福冈举行会议，决定建立面向未来、全方位合作的伙伴关系。同时，三个国家决定，在保留“10 +3”领导人会议期间会晤的同时，将三个国家领导人单独举行会议机制化，每年在三个国家轮流举行。2011 年 9 月 1 日，中日韩三个国家建立合作秘书处，总部设在韩国首尔。表明中日韩 FTA 谈判的功能性机构已经设置起来。

2012 年 11 月 20 日，在柬埔寨金边举行的东亚领导人系列会议期间，中日韩三个国家经贸部长举行会晤，宣布启动中日韩自贸区谈判（CJKFTA）。截至 2017 年 1 月，中日韩自贸区已经进行了 11 轮谈判。内容包括了投资定义、适用范围、国民待遇、一般例外和争议解决等国际投资协定通常包含的所有重要内容。该协定是中日韩三个国家促进和保护三国之间投资的第一个法律文件，它不仅为投资人的稳定的投资环境带来了保障，也将为投资者的投资热情创造条件。更为重要的是这是推进中日韩三个国家建设的重要一步，因此，可以说这一协定对中日韩三个国家的经济合作具有极为重要的里程碑意义。2015 年 11 月，中日韩三个国家领导人发表联合宣言，重申将进一步努力加速三个国家自贸区谈判，最终缔结全面、高水平和互惠的自贸协定。2016 年 10 月召开的中日韩经贸部长会议也承诺要加紧推进谈判，寻求三国自贸区的独特价值。如果建成 CJKFTA，“10 +3”机制可能发展为“3 +10”，这意味着东亚合作的主要牵引力量正在发生互换。① 而这也势必为中国支持、东盟主推的 RCEP 谈判提供稳定的支持力量。

近几年，亚洲地区多边贸易制度迅速发展，中国扮演着关键而积极的角色。截至 2017 年 8 月，中国在建的自贸区有 20 个，涉及了 32 个国家和地区。其中，已签署自贸协定的有 15 个，涉及 23 个国家和地区，分别是中国与东盟、新加坡、格鲁吉亚、韩国、澳大利亚、巴基斯坦、新西兰、智利、秘鲁、哥斯达黎加、冰岛和瑞士的自贸协定，中国内地与中国香港、中国澳门的更紧密的经贸关系安排（CEPA），以及中国与东盟自贸协定升级协定，目前均已实施。正在谈判的自贸协定有 11 个，涉及 34 个国家，分别是中国与海湾合作委员会、马尔代夫、以色列、斯里兰卡和挪威的自贸协定，中日韩自贸协定，《区域全面经济合作伙伴关系协定》（RCEP），中国与巴基斯坦、新加坡、新西兰、

---

①　任晓：《东亚合作的区域内外互动新态势》，《国际问题研究》2010 年第 2 期，第 62 页。

智利的自贸协定升级谈判。此外，中国完成了与印度的区域贸易安排（RTA）联合研究；正与哥伦比亚等开展自贸区联合可行性研究；还加入了联合国亚太经济社会委员会，在发展中国家之间达成一项优惠贸易安排——《亚太贸易协定》。中国致力于形成面向全球的高标准的自贸区网络，这有利于中国实施进一步扩大开放的战略，释放更多制度红利（可参考表6-1）。

表6-1　中国已经签署及正在谈判中的FTA情况一览表（截至2017年8月）

合作方	状态	议题领域						
		货物	投资	服务	技术	环境	劳工	经济合作
中国内地—中国香港	生效	是	是	是	否	否	否	是
中国内地—中国澳门	生效	是	是	是	否	否	否	是
中国—东盟	生效	是	是	是	否	否	否	否
中国—东盟自贸协定（“10+1”）升级	生效	是	是	是	是	是	否	是
中国—智利	生效	是	是	是	否	否	否	是
中国—巴基斯坦	生效	是	是	是	否	否	否	否
中国—新西兰	生效	是	是	是	否	否	否	是
中国—新加坡	生效	是	否	是	否	否	是	否
中国—秘鲁	生效	是	是	是	否	否	否	否
中国—哥斯达黎加	生效	是	是	是	否	否	否	是
中国—冰岛	生效	是	是	是	否	否	否	是
中国—瑞士	生效	是	是	否	是	是	否	是
中国—澳大利亚	生效	是	是	是	是	是	是	是
中国—韩国	生效	是	是	是	是	是	是	是
中国—格鲁吉亚	生效	是	是	是	是	是	是	是
《亚太贸易协定》①	生效	是	是	是	是	否	否	是

①《亚太贸易协定》前身为签订于1975年的《曼谷协定》，是在联合国亚太经济社会委员会主持下，为促进南南合作，在发展中国家之间达成的一项优惠贸易安排，是亚太地区最早的优惠协定之一。《亚太贸易协定》成员对象为亚太经济社会委员会所有发展中成员国，秘书处职能由位于泰国曼谷的亚太经济社会委员会承担。《亚太贸易协定》成立以来，共举行四轮关税减让谈判，中国于2001年5月正式加入《曼谷协定》，是我国参加的第一个优惠贸易安排，也是我国目前唯一涵盖东亚、南亚地区并在实施的优惠贸易协定。截至2017年2月，《亚太贸易协定》已经召开了50次常委会，各方代表就第五轮关税减让谈判等议题充分交换意见，并宣布启动贸易便利化、投资和服务贸易三个领域的实质性谈判。

（续上表）

合作方	状态	议题领域						
		货物	投资	服务	技术	环境	劳工	经济合作
RCEP	谈判中							
中国—海湾合作委员会								
中日韩								
中国—斯里兰卡								
中国—马尔代夫								
中国—以色列								
中国—挪威								
中国—巴基斯坦自贸协定第二阶段								
中国—新加坡自贸协定升级谈判								
中国—新西兰自贸协定升级谈判								
中国—智利自贸协定升级谈判								
中国—哥伦比亚	研究中							
中国—摩尔多瓦								
中国—斐济								
中国—尼泊尔								
中国—巴新								
中国—加拿大								
中国—孟加拉国								
中国—毛里求斯								
中国—蒙古								
中国—秘鲁自贸协定升级联合研究								
中国—瑞士自贸协定升级联合研究								

（根据中国商务部中国自由贸易区服务网相关信息整理）

第三节　RCEP VS TPP VS FTAAP：新自由贸易规则下中国的选择

1997—1998 年，东亚金融危机后，中国开始参与地区一体化合作，但限于国内政策过程和发展水平，中国参与的 FTA 开放水平不高，开放程度有限。全球金融危机后，中国开始实施以周边为基础、面向全球的高标准自贸区网络的战略，上节提到的构建各类 FTA 协定网络、支持东盟主推 RCEP，以及借助推动 APEC“茂物目标”实施 FTAAP 路线图，是这一战略的重要组成部分。这一阶段自由贸易开始迈入关于服务贸易和投资领域自由化的深水区，中国政府开始探索 FTA 谈判中实行准入前国民待遇加“负面清单”的管理模式，体现出高水平、非歧视、公平竞争、开放和透明等自由化原则。

同时，东亚多边自由贸易制度建设进入以建设巨型 FTA 为特征的新阶段，突出表现就是美国主推 TPP 谈判，中国以东盟为主导主推 RCEP，以及中国自身倡导的重启 FTAAP 路线图，这代表了 21 世纪东亚经济一体化未来发展的三种路径。三者都存在整合亚太地区多边贸易制度的趋势，如减少签署不同的 FTA 关于原产地规则的不同规定，减少企业竞争成本，以最终实现亚太经济共同体为使命。

从谈判议题看，三者都涉及传统的 FTA 谈判议题，包括货物贸易、服务贸易、投资、经济技术合作、知识产权、政府采购、竞争政策、争端解决等。与之不同的是，TPP 涉及谈判议题更全面，设置的谈判标准更高。所含议题不仅要求成员国无例外地实施全面减免关税，同时包括有关劳工和环境保护等议题，以及国有企业、监管一致性、供应链竞争力等议题。在谈判中要求谈判伙伴快速、深入、广泛、对等的开放，实现贸易和投资的自由化。[①] 它强调全面的自由化，是一个全方位、多领域、高标准的自由贸易区安排。与 TPP 相比，RCEP 的议题设置更为宽松，致力于对正处在发展中水平的成员给

① 黄洁：《美国推行 TPP 对两岸 ECFA 的影响和对策》，《国际贸易问题》2012 年第 8 期，第 42 页。

予适当的过渡期和调试空间。[①] 寻求在货物贸易、服务贸易、投资及其他领域的谈判中“确保获得全面而均衡的结果”。[②] FTAAP 不包括具有争议性的劳工标准、环境保护标准、人权、国家政权等内容。[③]

何帆等学者认为，从中国的国家利益来看，开放的多边贸易体制优于区域贸易体制，泛亚太区域自由贸易区优于次亚太区域的自由贸易区，次区域的自由贸易区优于双边的自由贸易区。[④] 美国东西文化中心的两位教授根据量化分析结果，得出了相似的结论。他们认为，到 2025 年，关于 TPP、RCEP 以及 FTAAP 三种路径对全球主要经济体的整体影响，FTAAP 所得贸易创造效应最大，为 19 220 亿美元，RCEP 为 5 000 亿美元，TPP 为 2 959 亿美元。

若中国没有加入 TPP，每年收入将损失 468 亿美元，出口损失 574 亿美元。中国目前明确支持 RCEP 和 FTAAP 路径，经测算，中国在 RCEP 路径中的收入将增加 2 333 亿美元，在 FTAAP 路径中将增加 6 781 亿美元。[⑤] 台湾经济研究院许博翔等进一步测算出，如果中国台湾加入 TPP，中国大陆不加入 TPP，中国台湾的总体经济比未加入 TPP 时有大幅增长，中国大陆的经济增长率则为负数，其他的福利、出口成长率、贸易条件等，均呈现大幅衰退。寻求两岸一起加入 TPP，或许是中国台湾参与 TPP 策略的最佳选项。[⑥]

从 1978 年的改革开放算起，中国开始正面与国际体系互动，通过遵守签订的协约规范，逐渐融入国际体系，并成长为体系中负责任的大国。尽管目前中国经济总量仅次于美国，实现了经济崛起，但是缺少话语权，缺少议程设置权，缺少对已有规则的再解释权，这是中国经济外交面临的困境。值得注意的是，中国在参与亚太地区多边经济制度时，逐渐向制度创建者转变。[⑦]

---

① 汤婧：《中国参与亚太区域整合的战略选择——RCEP 对 TPP 的替代效应》，《中国经贸导刊》2013 年第 16 期，第 40 页。

② 贺平、沈陈：《RCEP 与中国的亚太 FTA 战略》，《国际问题研究》2013 年第 3 期，第 53 页。

③ 杨泽瑞：《从亚太地区贸易投资自由化历程看 TPP 的必然性》，唐国强主编：《跨太平洋伙伴关系协定与亚太区域经济一体化研究》，北京：世界知识出版社，2013 年，第 10－11 页。

④ 何帆、杨盼盼：《中国不应缺席 TPP》，《经济导刊》2013 年第 5 期，第 57－58 页。

⑤ Peter A. Petri and Michael G. Plummer, “The Trans－Pacific Partnership and Asia－Pacific Integration: Policy Implications”, *Social Science Electronic Publishing*, 2012, pp. 381－383, available online at: http://piie.com/publications/pb/pb12－16.pdf.

⑥ 见《太平洋企业论坛简讯》2013 年 1 月号，第 8 页，http://www.ctpecc.org.tw/publications/PECC－201301.pdf.

⑦ 席桂桂、陈水胜：《精致的公平？奥巴马公平贸易观与对华贸易政策》，《美国问题研究》2012 年第 2 期，第 163 页。

中国政府对这三种实现亚太自贸区的路径态度各不相同，中国主推 RCEP，并于 2014 年 11 月的 APEC 北京峰会上，重提 FTAAP 倡议以融合 RCEP 与 TPP，表明中国正积极正视以美国为首的西方发达国家重新整合全球经贸市场及其规则所带来的新竞争和新挑战。

小　结

中国 1997 年以后一直保持着 7% 以上的高速经济增长，2013 年，中国与 APEC 其他成员之间的贸易额达 2.5 万亿美元，占中国对外贸易总额的 60%。经济上中国作为巨人表现出更多的自信，并积极向邻国保证崛起的中国是东亚国家发展的机会，认为中国经济增长推动进出口增加，属于中国向东亚提供的区域性公共物品，中国国家主席习近平表示，欢迎搭中国“便车”。①

从中国经济的崛起，可认为中国是多边自由贸易体系的受益者，同时，中国在东亚金融危机之后，也成为地区多边贸易制度积极的建设者。1997 年以来，中国参与亚太多边贸易制度建设经历了从参与到塑造的积极转变，具体来说，中国对亚太多边贸易制度的参与经历了两个阶段：第一个阶段通过“ASEAN +1”路径，倡导建立 ACFTA，随着 ACFTA 建成，以及中国加入世贸组织后获得的贸易优势和自由化经验，中国积极推动了东亚地区“ASEAN + N”自贸协定的迅速扩展。第二个阶段是进入新世纪，特别是 2007—2009 年的全球金融危机后，中国开始以更为自信的姿态推动东亚自由贸易，加入自贸区规划以及贸易规则制定权竞争之中。中国开始积极探索准入前国民待遇加“负面清单”的管理方式，可视为中国积极投入多边服务贸易、投资贸易谈判的标志。2007 年全球金融危机以来，中国开始积极塑造东亚经济一体化，推出中国方案，进一步推动全球经济的开放发展，这主要体现在中国政府积极推动 RCEP、FTAAP，以及推动“一带一路”倡议，将中国发展战略与“一带一路”沿线国家的发展战略密切联系，这种战略对接产生了积极的效果。2016 年，中国与沿线国家的进出口总额为 6.2 万亿元人民币，增长 0.6%。其中出口 3.8 万亿元，增长 0.7%；进口 2.4 万亿元，增长 0.5%。在沿线国家

① 《习近平邀周边搭中国发展便车》，http://sh.people.com.cn/n/2014/0824/c176737-22084609.html.

新签对外承包工程合同为 1 260 亿美元，增长 36%。对沿线国家直接投资 145 亿美元，占我国对外投资总额的 8. 5%。一批重大标志性项目建成投产或开工建设。中欧班列已经成为亚欧大通道上一道亮丽的风景线。中国与东盟完成了自贸区升级谈判，与其他一些国家的自贸区谈判也已经完成或在积极推动。中国企业已经在“一带一路”沿线 20 多个国家建设了 56 个经贸合作区，涉及多个领域，累计投资超过 185 亿美元，为东道国创造了近 11 亿美元的税收和 18 万个就业岗位。

中国对亚太多边贸易制度建设的态度，与崛起的中国实现全球治理的角色演变路径一致。崛起的中国正成为自由贸易的支持者和捍卫者，中国贸易能力的增长，以及改革意愿的增强，使中国通过亚太多边贸易制度提供区域性公共物品成为可能。

第七章　霸权国例外：美国参与东亚经济一体化的选择行为

就地区合作来说，霸权国之所以具有特殊的主导地区经济一体化制度建设的地位，在于制度参与者关于参与成本的考虑。霸权稳定论者认为，霸权国愿意承担领导者角色是降低合作成本的重要因素。当然，霸权国既可以提供有利于区域经济合作的公共物品，同时，也可以借承担合作成本，将公共物品私物化。正是由于霸权国这种更为超脱的地区合作的角色，导致霸权国在进行制度选择的时候，有更大的自由度。

美国政府在奥巴马总统时期积极推动并完成了TPP谈判，然而特朗普总统一上台，就退出TPP谈判，集中观测美国政府参与和退出TPP谈判的行为，可以集中验证本书的假设：在缺少霸权国情况下，制度成员国参与制度行为取决于制度是否有助于提供区域性公共物品，即有助于降低关税；当存在霸权国供应制度时，霸权国参与制度的行为对制度发展路径拥有更大的影响力。

美国对东亚多边经济合作制度的合作经历了从积极参与到漠视再到重新重视的过程。从克林顿政府时期积极参与、谋求主导APEC，到东亚金融危机后美国参与感降低。小布什政府在执政期间奉行价值外交和单边主义，在他第一任期内表现出对亚洲事务的关注，在第二任期内则对东亚和亚太区域有所忽视。小布什总统对东亚峰会的态度始终冷淡，从未参加进来。2007年，布什取消了与东盟领袖的首次峰会，国务卿赖斯也两度缺席本区域的最高安全论坛——东盟区域论坛，使美国与东南亚的关系遭受严重挫折。[①] 然而，2006年，在河内APEC峰会上，美国总统小布什明确表示支持并呼吁建立FTAAP，从而使该议题迅速成为APEC新的工作议程。随着2007—2009年爆

① 盛斌：《亚太区域合作的新动向：来自竞争性构想的洞察》，《国际经济评论》2010年第3期，第131页。

发于美国的全球金融危机迅速席卷全球，这一议题被搁置，直到 2011 年的 APEC 大阪会议才确定 FTAAP 是亚太自由贸易的目标。奥巴马政府积极推动东亚多边合作制度，倡导新的区域合作多边贸易体系 TPP 谈判，试图重新设定东亚贸易谈判议程与规则。

美国是东亚多个多边经济合作制度的参与者，对这些已经建立或者正在建立过程中的贸易安排，美国进行了选择性地参与并塑造。从促成建立 APEC 到积极推动 TPP 谈判在亚太地区的推广，美国对东亚多边经济合作制度的选择有明显的阶段性特征。美国对东亚多边贸易制度的参与形式可以大致分为三类：第一类是从积极参与到逐步弱化，如作为创始会员国建立 APEC，美国总统克林顿与澳大利亚总理基廷一起，将 APEC 论坛从部长级论坛提升到成员国首脑年度非正式会议，肯定“茂物目标”设立的关于亚太地区自由贸易时间路线图。第二类是有条件的放任自流，多针对东亚金融危机之后建立起来的一系列区域经济一体化倡议。如“ASEAN + N”FTA 系列，以及区域全面经济伙伴关系（RCEP）谈判。第三类是积极倡导并推广替代性的多边经济合作制度，如跨太平洋伙伴关系（TPP），这发生在全球金融危机之后。

这一章的安排是，第一节讨论美国作为霸权因素存在的原因及表现；第二节和第三节通过分析美国对东亚多边贸易制度参与模式的变化，论证自由贸易与制度建设之间的关系。

第一节　东亚经济一体化进程中的霸权国

在东亚地区，美国扮演着影响东亚经济一体化进展的重要域外因素。首先，在安全上，美国是唯一可被信赖的安全提供者。经济上，美国是东亚国家主要的出口市场，并利用东亚各国盯住美元的汇率机制，对国际汇率政策进行调控。日本虽然在经济上可以与美国抗衡，但是东亚地区的国家对“二战”的记忆，特别是对日本倡导的“大东亚共荣圈”的厌恶，导致它们对日本主导的多边经济合作安排存在疑虑。

其次，美国具备通过剥削东亚体系维持东亚事务的主导权，这也可视为美国剥削性霸权的由来。伊藤教授认为美国在亚太区域的主导权是通过挑拨东亚区域国家间仇恨，保持东亚区域碎片化，从而作为裁判员（leverager）主导东亚事务。[①] 美国政治学家戴维·卡莱欧（David Calleo）教授则借助“腐朽的霸权”（Hegemony in Decay）这一概念，从经济上解释了为什么美国在东亚具有主导性地位。所谓腐朽，是指美国并不是通过开发自己超级大国的资源，而是通过剥削体系中其他国家的资源维持主导权。霸权体系设计本身促使其他国家将资源贡献给霸权国，美国通过美元霸权，以及巨大的贸易赤字，一方面维持着霸权体系，另一方面帮助中国成为贸易大国，借助中国拥有大量美元储备这一点，进一步加深了美国对体系的剥削。[②] 这表明中国实际上已经是美国经济体系中的一部分了。

再次，从东亚多边制度建设的程度看，APEC 是 WTO 在区域层面的镜像。APEC 受 WTO 影响很深，可以认为两者之间存在因果关系。制度的因果关系是指，一种制度可以引起另外一种制度的发展和效果的改变。这种传导机制依靠知识和承诺传播、行为影响、功能联系等途径。[③] 从三个方面可知 APEC 制度诞生于 WTO 制度：第一，APEC 坚持开放的区域主义；第二，一旦 WTO 层面的多边贸易谈判陷入停滞，APEC 谈判同样陷入停滞；第三，APEC 成员国降低关税的承诺从来没有超越对 WTO 关税承诺的限度。缘于此，美国并不对东亚制度建设抱有太多疑虑。考虑到东亚经济活力以及广阔的市场，美国只提出最低限度的要求，就是不能被排除在东亚经济制度之外。

有学者认为，只要中日之间未能就对方的安全关注予以协调，美国作为地区秩序重要守护者的身份将继续存在下去。[④] 美国在东亚主要有三个利益目标：第一，推动东亚区域贸易与投资自由化，确保东亚市场对美国开放；第二，维护美国在东亚的主导地位，防止任何可能对其形成挑战的国家或集团出现；第三，确保东亚的安全与稳定，保护美国在东亚的政治、经济、安全

---

① Ito Go, “Regionalism in the Asia – Pacific and U. S. Interests”, *Nanzan Review of American Studies*, Vol. 30, 2008, p. 168.

② 关于剥削性霸权的介绍，参见 David Calleo 的“ Beyond American Hegemony”。在笔者与 David Calleo 教授的邮件交流中，Calleo 教授进一步指出美国从 1958 年黄金储备不足以支付外债时，就已经是腐朽的霸权了。

③ Thomas Gehring and Sebastian Oberthur, “The Causal Mechanisms of Interaction between International Institutions”, *European Journal of International Relations*, Vol. 15, Issue 1, 2009, pp. 125 – 156.

④ Michael Yahuda, “The Evolving Asian Order: *The Accommodation of Rising Chinese Power*”, in David Shambaugh, ed., *Power Shift: China and Asia's New Dynamics*, California: California University Press, 2005, p. 359.

和战略的利益。[①]

第二节　美国早期对东亚经济一体化的态度

1955 年 7 月，克莱伦斯·兰德尔（Clarence Randall）成为对外经济政策委员会（CFEP）主席，1957 年 3 月 15 日，兰德尔递交给美国总统的报告开始倡导美国促进亚洲整个地区的经济合作，目的是整合美国资金、日本技术以及东南亚资源，助力美国经济持续发展，这得到艾森豪威尔政府支持。[②] 肯尼迪政府时期，美国经济外交文件开始完整地提出亚洲区域主义（Asian Regionalism）的概念。1962 年 7 月 19 日，远东事务局提交了一份名为"亚洲地区主义"的报告，希望整合美国政府资源，建立特别行动小组（Task Force），以提升美国对亚洲整体协调的能力。[③] 越南战争结束后，美国对东亚区域主义的兴趣并不大，新的对亚太区域孤立主义主导着美国对东亚经济合作采取冷眼旁观的态度。随着日本成为东亚区域经济合作的领头羊，美国对日本的一系列多边经济合作倡议持消极态度。这种态度直到 20 世纪 80 年代发生转变。这种转变与东亚成为新兴贸易中心，以及美国与东亚贸易的相互依存度增加有关。

1960 年，日本和东北亚国家的国民生产总值（GNP）占全世界的 4%，北美、加拿大、墨西哥三个国家和地区的 GNP 之和则占到世界 GNP 的 37%。1992 年，日本与亚洲新兴工业化国家（Asia NIEs）、ASEAN、大中国圈（Greater China）的 GNP 总量接近北美或西欧，成鼎足三分的局面。卡赞斯坦考察了这一系列数据后，认为考虑到亚洲领先世界的经济增长率，亚洲将在

① 杨扬：《东亚区域合作的症结与出路》，《和平与发展》2008 年第 3 期，第 56 页。

② "Memorandum by George S. Springsteen of the Economic Development Division, Bureau of Economic Affairs", *Foreign Relations of the United States, 1955 - 1957*, Vol. 11, "East Asian Security, Cambodia, Laos, Document 151", available online at: http://history.state.gov/historicaldocuments/frus1955 - 57v21/d151.

③ "Memorandum from the Deputy Under Secretary of State for Political Affairs (Johnson) to the Under Secretary of State (Bowles)", *Foreign Relations of the United States, 1961 - 1963*, Vol. 23, "Southeast Asia, Document 5", available online at: http://history.state.gov/historicaldocuments/frus1961 - 63v23/d5.

不久后领导世界，[①] 也就是艾丽丝·阿姆斯登（Alice Amsden）所说的“其余部分”赶上西方。[②]

早在20世纪80年代早期，北美与亚洲的贸易额就超过了与欧洲的跨大西洋贸易。1984年，北美与亚太区域的贸易额达到450亿美元，其中63%是亚洲出口到美国。[③] 1985年，日美贸易额达到520亿美元，1986—1987年日本对美贸易额继续增加，贸易盈余从39.5亿美元增加到51.4亿美元，这种盈余主要原因是美元走低的短期效果，仍然触发了新一轮的全球范围内贸易和支付摩擦，美国反日情绪高涨。1987年，日本成为仅次于美国的投资者。[④] 日本国内市场大规模对外开放，日本贸易盈余达到81亿美元，其中三分之二是与美国，三分之一是与欧共体国家。日本与美国、欧洲经济共同体以及亚洲新兴工业化国家之间的贸易，导致联邦德国经济部长在1988年强调“世界贸易重心从大西洋转移到太平洋”。日本与亚洲新兴工业化国家和美国的贸易将创造一个贸易三角，欧洲的商业将会被推向世界经济的边缘。[⑤]

东亚区域内部贸易的密切，加剧了美国参与东亚经济合作，避免利益受损。判断区域经济整合程度有两个指标，其中一个指标是贸易强度指数（Trade Intensity Index），用来衡量贸易伙伴间贸易联系的紧密程度，指一国在另一国出口（或者进口）中所占的比率在其全球贸易中的比重，两国的贸易联系越强，该指数越大。亚太区域贸易强度指数在1961—1966年为2.40，1979—1981年降低到2.38，表明太平洋盆地国家更愿意与本区域国家进行贸易，指数略有降低反映了日本世界贸易的增长，以及作为一个重要的能源需求国，对中东区域的依赖。另一个测量区域经济一体化指标是区域内贸易和

---

① Peter J. Katzenstein, “Introduction: Asian Regionalism in Comparative Perspective”, in Peter J. Katzenstein and Takashi Shiraishi, eds., *Network Power: Japan and Asia*, Ithaca: Cornell University Press, 1997, pp. 1－46, available online at: http://www.pkatzenstein.org/resources/view/8.

② Alice Amsden, *The Rise of the Rest: Challenges to the West from the Late Industializing Economies*, Oxford: Oxford University Press, 2001.

③ Dean Forbes, “Towards the ‘Pacific Century’: Progress towards the Integration of the Pacific Basin”, in *The Far East and Australasia 1990*, 21st Edition, Europa Publications Limited, 1989, p. 33.

④ E. Stuart Kirby, “The Pacific Basin: Progress towards a New Pacific Unity”, in *The Far East and Australasia 1989*, 20th Edition, Europa Publications Limited, 1988, p. 32.

⑤ “Japan: The Opening Door for Britain, Anglo－Japanese Economic Institute, London, 1988”. Cited from E. Stuart Kirby, “The Pacific Basin: Progress towards a New Pacific Unity”, in *The Far East and Australasia 1989*, 20th Edition, Europa Publications Limited, 1988, p. 33.

投资的发展。从区域内贸易额看，1985 年，亚太区域国民生产总值（GNP）占全球 GNP 的 18.1%，占全球出口的 20.2%，以及占全球进口的 16%，与 1962 年相比，增长了近一倍。1962 年，亚太区域 GNP 只占全球 9.7%、出口的 8.5% 和进口的 9.8%。[①] 1970—1983 年，亚太区域实际人均 GNP 年增长 3.1%，出口额每年增加 9.8%，两者都是世界平均水平的 2 倍。

从区域内资本输出来看，几十年来，亚太区域投资模式一直以宗主国投资殖民地的方式为突出特点，这一特点在 1980 年还是很明显，英国对马来西亚的投资占 40.1%，对香港的投资占 31.5%，对新加坡的投资占 29.4%，对斐济的投资占 19.1%。美国对菲律宾的投资占其总额的 62.2%，日本对韩国的投资占 49.1%，澳大利亚海外投资目的地是巴布亚新几内亚，占 66.9%。此外，中国香港、新加坡以及其他新兴的发展中国家也开始涉足资本输出。一部分是通过移民输出，另一部分是通过亚洲发展中国家的跨国公司实现增长。[②]

美国与东亚地区的相互依存度增加，并不表示美国看好并积极参与东亚经济一体化建设。老布什总统曾表示，NAFTA 终有一天将扩展到亚太区域，包括澳大利亚、新加坡、新西兰以及香港和台湾地区。[③] 克林顿政府在早期并不看好 APEC 在美国区域参与中发挥的重要作用。直到澳大利亚总理基廷推销关于建立领导人常态会晤机制后，美国开始增加对 APEC 的支持。1993 年 11 月，APEC 会议在美国西雅图召开，澳大利亚和美国都在尝试将部长级会议升级到首脑会议。美国希望借助首脑会谈解决与日本的贸易摩擦，APEC 成员希望借助首脑会谈将美国进一步稳定在亚太区域，从而改善 NAFTA 限制外部进入北美市场的局面。[④]

---

① Dean Forbes, "Towards the 'Pacific Century': Progress towards the Integration of the Pacific Basin", in *The Far East and Australasia 1990*, 21st Edition, Europa Publications Limited, 1989, p. 34.

② Dean Forbes, "Towards the 'Pacific Century': Progress towards the Integration of the Pacific Basin", in *The Far East and Australasia 1990*, 21st Edition, Europa Publications Limited, 1989, pp. 34 – 35.

③ Dean Forbes, "The 'Pacific Century': Integration and Disintegration in the Pacific Basin", in *The Far East and Australasia 1994*, 25th Edition, Europa Publications Limited, 1993, p. 28.

④ Dean Forbes, "The 'Pacific Century': Integration and Disintegration in the Pacific Basin", in *The Far East and Australasia 1994*, 25th Edition, Europa Publications Limited, 1993, p. 27.

第三节 从 APEC 到“ASEAN + N”：从积极倡导到放任自流

美国对东亚经济一体化的关注，基于这样一个认知：建立一个太平洋组织有可能阻止美国霸权的衰落。① 美国开始谋求域内成员身份，寻求在亚太经济合作中发出自己的声音，并反对任何形式的排除美国在外的东亚区域主义。美国对东亚区域合作制度的态度，在很大程度上左右着制度设计框架乃至制度发展的方向和进程。随着 APEC 制度的建立，美国逐渐活跃在东亚多边经济制度设计和建设的进程中。

1993 年 7 月，美国总统克林顿提出“太平洋共同体”设想，积极倡导并主持召开了亚太经济合作组织首脑第一次非正式会议。美国的目的是试图以 APEC 为杠杆，推行扩大战略，将 NAFTA 及太平洋沿岸的其他拉美国家和东亚国家都纳入以它为主导的环太平洋经济区。为此，克林顿总统与澳大利亚基廷总理共同将 APEC 部长级论坛机制，提升到成员国非正式领导人年度会晤机制，美国与中国得以在同一个地区制度框架内进行交流，有助于减少误判。1993 年于西雅图召开的第一届领导人非正式会议上，领导人发表了《APEC 领导人经济展望声明》，包含了基廷所倡导的建立亚太经济共同体设想：建立一个统一、开放的贸易体系。“要求逐步实现亚太自由贸易，推进全球自由贸易，并为此制订具体方案。当然，谁都看得出来，这是作为西雅图会议东道主的美国克林顿总统着手推行其‘新太平洋共同体’战略意图的一个具体步骤。”②

1994 年，印度尼西亚召开的 APEC 领导人茂物会议上，确立了亚太经合组织以实现贸易和投资自由化为目标，并提出了两个时间表，即发达成员于 2010 年前、发展中成员于 2020 年前实现这一目标。针对茂物目标，克林顿总

① Donald Crone，“Does Hegemony Matter? The Reorganization of the Pacific Political Economy”，*World Politics*，Vol. 45，No. 4，1993，p. 519.

② 陈鲁直：《亚太地区实现自由贸易问题：评亚太经济合作组织〈茂物宣言〉》，《国际商务》1995 年第 2 期，第 1 页。

统强调这和北美自贸区（NAFTA）、关贸总协定（GATT）一样，是强调自由贸易和公平贸易的协定。美国已经是世界上最开放的市场了，一旦 APEC 其他成员开始削减关税，开放市场，美国的产品和服务将极具竞争力，可以通过出口创造更多的国内高薪工作岗位。在这一过程中，没有国家能够“搭便车”，《茂物宣言》协定将比 GATT 协定所规定的壁垒水平更高，这将有助于推动 GATT 多边贸易谈判。① 在具体实施茂物目标的过程中，各成员并未达成协议，美国总统克林顿会后认为，如果 1995 年的亚太经济合作组织会议不能把蓝图制定出来，那将不是一个好兆头。②

1995 年，日本大阪会议通过了《大阪行动议程》，确定将贸易和投资自由化、便利化，经济技术作为 APEC 成员合作的“两个轮子”，要求 APEC 成员制订推进区域贸易投资自由化的单边行动计划和集体行动计划。美国要求在此次会议上制定具体落实《茂物宣言》的行动纲领，就茂物目标设定的时间表拿出具体的操作日程表，并要求无差别的全面自由化。美国主张通过谈判达成协议，并监督执行，促使发展中国家开放市场，这是照搬“关贸总协定”的谈判方式推进亚太地区的贸易、投资自由化。日本与美国在实现东亚自由贸易的方式上存在分歧，日本主张通过经济合作方式帮助发展中国家弥补一些经济上的差距，注入一些能承受自由化冲击的力量，以迂回方式达到促使亚太国家开放市场的目的。随着 1996 年菲律宾苏比克会议确立了以“自主自愿、协商一致”为特点的 APEC 合作方式，呼吁各方给予经济技术合作应有的重视，美国政府期待 APEC 可以作为有约束力的推广自由和公平贸易平台的愿望受到打击。

APEC 建立以来，美国作为亚太地区实力最雄厚的国家，成员国和地区对美国在这一合作框架中发挥的作用抱有期待，1997—1998 年爆发的东亚金融危机成为检验美国对 APEC 承诺的试金石。美国对东亚经济合作延续了 20 世纪 60 年代以来的传统，反对排除美国在外的放任自流，将对东亚经济环境的塑造内嵌于军事政治联盟体系内，尽管美国野心勃勃地希望将 APEC 塑造为

① William J. Clinton: “The President’s News Conference in Jakarta, 1994”, in Gerhard Peters and John T. Woolley, “The American Presidency Project”, available online at: http://www.presidency.ucsb.edu/ws/?pid=49491.

② 陈鲁直：《亚太地区实现自由贸易问题：评亚太经济合作组织〈茂物宣言〉》，《国际商务》1995 年第 2 期，第 4 页。

一个有约束力的自由贸易协定，一旦要整合多样化的亚洲，仍存在巨大的不确定性。美国对 APEC 的信心受挫，这导致 1997 年的东亚金融危机爆发时，美国拒绝做最后借贷者。

1997 年东亚金融危机检验了美国作为最后贷款人的能力和意愿，美国在东亚金融危机爆发后将泰国、印度尼西亚丢给国际货币基金组织（IMF）援助，不施予援手；在韩国危机时，提出苛刻的条件作为救援的前提。这些极大地动摇了东亚国家对美国能在需要时提供帮助的信心。有学者认为，美国拒绝作为东亚经济一体化的领导者导致了三个结果：东盟进一步合作，走上内部整合；APEC 有名无实；区域大国如日本、中国分别建立以自己为中心的合作倡议，客观上形成中日贸易集团对峙的局面。[①] 乔万尼·阿瑞吉（Giovanni Arrighi）教授认为，美国霸权正式衰落始于 1997 年的东亚金融危机。[②] 东亚公共物品的集体供应存在一个矛盾，低水平的 FTA 建设，导致双边、区域交易成本的增加，也就是形成了东亚多边经济合作制度“面条碗效应”。东亚存在东盟主导、日本主导、中国主导下签订的一系列 FTA。1992 年，东盟在成员国之间签订了一系列 FTA，组成了东盟自贸区（AFTA）。为应对东亚金融危机，东盟成员国与中国、日本、韩国、澳大利亚又分别谈判建立了双边自贸区。中国、日本、韩国、美国等区域大国也同时跟东盟成员国签署了一系列双边自贸协定。此外，还有作为区域经济协定的“10 + 3”机制、“10 +6”机制，以及跨东亚区域层面的亚欧会议机制和东盟峰会等。

对美国可靠性的怀疑导致东亚国家开始抱团取暖，积极自救。以区域自由贸易制度建设为例，东盟建立了与中日韩三个国家签署的一系列，包括“10 +1”“10 +3”在内的多重“ASEAN + N”机制，开始主导东亚经济一体化。此时东亚经济一体化制度建设，很大程度上是针对东亚金融危机的直接反应。

美国对这一系列经济合作机制采取了不参与、不干预的政策，仍将 APEC 视为参与东亚经济事务的重要平台。有学者从参与成本与收益角度分析了美国不加入“10 +1”“10 +3”的考虑。肯尼思·奥耶（Kenneth Oye）通过交易成本对区域合作中的合作性博弈进行分析，认为行为体数目越多，交易成

① Kihwan Kim, “Economic Integration in the Asia – Pacific: Current Problems and How They Should be Resolved”, The 29th Pacific Economic Community Seminar, November, 2005, pp. 45 – 57.

② Giovanni Arrighi, *The Long Twentieth Century: Money, Power and the Origins of Our Times*, Verso, 2010.

本越高，信息质量越低，从而影响决策的准确性。因此，小集团更容易达成自己供给公共物品的目标，进而小范围合作更容易实现。从这个角度，我们更应该支持亚洲发展银行研究院学者河合正弘的观点，即东亚合作应该先从比较简单的“10+3”开始，进而推广到“10+6”，甚至再向域外国家如美国开放。[①]

这种从功能合作视角分析美国参与东亚制度建设，可以在一定程度上解释美国为什么在初期不选择参与“10+1”“10+3”制度。但是，这种解释不能回答为什么美国在几年后选择加入《东南亚友好合作条约》，积极参与东亚峰会，并高调参与从未出面过的东盟地区论坛（ARF）。

东亚金融危机提升了中国作为区域大国的地位和影响力，特别随着中国与东盟建立自贸区谈判的深入，从单方面对东盟小国实施贸易减税的“早期收获计划”，到金融领域合作的“清迈倡议”，展现出中国成为东亚经济一体化不可或缺的动力源。中国以积极建设者的姿态，让美国开始重新审视对东亚的经济政策，极大地刺激了日本和美国对东亚多边制度合作的态度。日本开始放弃一直坚守的多边自由贸易谈判，与新加坡谈判签署双边 FTA 协定。而美国也开始与韩国谈判签署 FTA。

美国一旦缔结与韩国的 FTA，将是自 1994 年缔结 NAFTA 之后美国缔结的最大的双边自贸协定。[②] 美国作为全球最大经济体，韩国作为第十大经济体，每年总共有超过 75 万亿美元的贸易额，评论家认为协定将每年增加约 200 亿美元的贸易额，这对受阻的全球层面的自由贸易协定谈判是一个极大的触动。[③] 美国的这一举措同时刺激了日本，日本开始寻求重启 2004 年破产的日韩双边自贸协定，此外，安倍首相要求考虑与美国签订类似协议。美国更深刻地反思本国参与东亚多边合作的行动。

---

① 沈铭辉：《影响东亚合作的域外因素——从区域性公共产品的视角》，《新视野》2010 年第 6 期，第 96 页。

② *World News Digest Year Book 2007*，*The Indexed Record of World Events*，Vol. 67，FACTS ON FILE News Services，2008，p. 205

③ *World News Digest Year Book 2006*，*The Indexed Record of World Events*，Vol. 66，FACTS ON FILE News Services，2006，p. 102.

第四节　美国进出 TPP：霸权国制度参与行为分析

霸权稳定论认为霸权国是国际制度的供给者，霸权国对制度的存在以及发展方向有重要的塑造作用。罗伯特·基欧汉认为制度建立后，便具有一定的自主性，不一定随着霸权国的消亡而消亡，在霸权之后也可以继续促进国家间合作，继续存在下去。从制度合作成本角度来说，霸权国承担了很大一部分制度合作成本，霸权国在塑造制度发展方向上，有很大的发言权，这是其他非霸权国难以具备的影响力。通常情况下，霸权国拥有足够的外交资源，可以劝说或强制其他成员国采取一致行动。邓肯·斯奈德（Duncan Snidal）等学者在研究了美国批准多边法律条约的行为后指出，如果美国不主导制度谈判，大国成员国将采取积极参与多边制度谈判的行为，受美国压制的小国则不积极参与多边法律合作。[①] 霸权国对成员国的特殊影响力，以及对制度发展方向的影响力，共同解释了美国参与亚太多边贸易制度建设的行为。

一、奥巴马政府借由积极推动制度合作重塑东亚地区自由贸易规则

爆发于 2007—2009 年的全球金融危机带来两个结果：一个是学界、政界开始反思西方经济制度的优越性何在，另一个是美国国内经济发展和就业压力促使美国重视亚洲市场，避免被排除在东亚区域经济一体化进程之外，避免中国在东亚地区多边贸易安排中的积极作为，损害美国构筑的亚太双边安全体系，于是，美国开始积极参加地区多边 FTA 谈判，包括推动 TPP、TTIP 和 TISA，重新构建新的全球贸易规则，促使巨型地区自由贸易协定（Mega-regional FTA）成为自由贸易的主要形式。

在奥巴马政府实施亚太再平衡战略前，美国对东亚多边制度合作的态度一直是游离状态。超强的国家权力并没有使美国积极规划东亚经济一体化的未来发展方向，1997 年，东亚金融危机前，美国是东亚的绝对霸主，但是美

① Karolina M. Milewicz and Duncan Snidal, "Cooperation by Treaty: The Role of Multilateral Powers", *International Organization*, Vol. 70, Issue 4, 2016, pp. 823 – 844.

国拒绝承担领导责任，不主动以霸权国的身份为东亚经济一体化提供公共物品。学者认为，美国没有承担领导责任，是导致亚太区域经济一体化出现多种路径，并最终形成“意大利面条碗效应”的重要原因。①

2007—2009年，随着美国次贷危机引发的金融危机蔓延全球，国内经济发展的不确定性迫使美国政府必须开辟更大的市场，吸引更多外资，随着东亚经济格局发生新的变化，美国相对实力进一步衰落。美国借助“二战”以来形成的规则制定优势，开始主动塑造东亚多边贸易规则体制。美国政府逐渐从漠不关心，转变为积极重新设计东亚经济合作制度，这种积极进攻的态度在奥巴马政府时期体现得尤为突出。

APEC在推动地区经济一体化和开放全球市场上，拥有巨大的潜力。通过小心建构领导身份，美国在促使APEC焕发生机的同时扮演着重要角色。美国作为领导者，需要切实协助实现“茂物目标”，为21世纪开放的全球贸易体系贡献力量。②

2010年，APEC峰会通过了《领导人宣言：茂物及后茂物时代的横滨愿景》等四个成果文件，深入讨论了区域经济一体化、制定经济增长新战略等议题。期间发表的以“横滨愿景：茂物目标与未来”为题的领导人宣言中，明确将TPP与“10+3”“10+6”一起，作为实现亚太自贸区的可行路径。③2011年，在美国主办APEC峰会期间，奥巴马总统进一步强调将TPP作为APEC实现亚太自由贸易区的途径，④以期在美国主导规则的基础上建立亚太自贸区，实现亚太经济一体化。TPP谈判意在制定高标准的《21世纪贸易协定》，这一协定远比过去亚洲国家之间的任何贸易协定都更加全面和具法律约束力。更确切地说，TTP希望制定一系列新的贸易规范和制度，如消除货物与劳务贸易中的壁垒，起草新的贸易规则手册，制定跨行业的更具持续性的

---

① Kihwan Kim, “Economic Integration in the Asia – Pacific: Current Problems and How They Should be Resolved”, The 29th Pacific Economic Community Seminar, November, 2005, pp. 45 – 57.

② Edward J. Lincoln and Kenneth Flamm, “Time to Reinvent APEC”, *Brookings Policy Brief Series*, Vol. 186, No. 26, 1997, available online at: http://www.brookings.edu/research/papers/1997/11/japan – flamm.

③ APEC, “The Yokohama Vision-Bogor and Beyond, “The 18th APEC Economic Leader's Meeting 2010 Leaders' Declaration”, available online at: http://www.apec.org/en/Meeting-Papers/Leader-Declarations/2010/2010_aelm.aspx.

④ APEC, “Opening Remarks by President Obama at APEC Session One”, available online at: http://www.whitehouse.gov/the-press-office/2011/11/13/opening-remarks-president-obama – apec – session – one.

办法来确立规范政策，以影响贸易与投资资金流。①

TPP以撤销原则关税这一高水平的自由化为目标，不仅包括商品贸易和服务贸易，也包括投资、竞争、知识产权、政府采购等非关税领域，还包括更新的领域——环境、劳工、跨领域事项等的全面协定。TPP一旦建成，不仅对APEC开放的区域主义是一个沉重打击，而且足以拆分现存的APEC制度，在亚太区建成类似WTO的多边贸易合作框架。对美国来说，给东亚经济合作提供的区域性公共物品除了安全保障外，美国还以区域霸权国身份，引入并主导建立新的贸易规则，也可以看作是提供了另外一种不同性质的公共物品。为应对美国TPP战略，东盟开始积极推进FTAAP谈判。

奥巴马政府野心勃勃地着手建立环太平洋经济圈。2011年，奥巴马总统在APEC年度首脑会议上提出建立《跨太平洋伙伴关系协定》（TPP），作为建成FTAAP的途径，试图通过推行新的超大型贸易谈判协定，改变亚太贸易规则。这种参与角色的演变与美国在东亚区域参与战略的演变分不开：美国逐渐弱化东亚防务安全的提供者角色，强化亚太贸易规则制定者角色，重新规制亚洲乃至全球自由贸易谈判规则。2012年，奥巴马总统在与对TPP有重大兴趣的日本野田佳彦首相发表的共同声明中，强调了对APEC制度未来的规划，并表示与日本一起致力于发展高标准的贸易和投资原则，使亚太地区经济一体化与APEC在亚太地区建立自由贸易区这一长期目标相一致。通过推动TPP谈判，探讨如何实现双边经济规则和政策协调，以及如何促进地区经济一体化。②

奥巴马第二任期设定了一系列需完成事项，其中关于深化扩展美国在东亚经济中的存在是重要内容。布鲁金斯学会在给总统的一份备忘中强调，推动签署《跨太平洋伙伴关系协定》（TPP）和《跨大西洋自由贸易协定》（TAFTA）是总统加倍实现美国出口承诺的最现实的选择，也是具有战略意义的举措。借助TPP，美国可以在不触动中国抱怨的情况下，强化自由贸易规

① http：//www. ebrun. com/20130819/80047. shtml.

② Barack Obama，“Joint Statement by President Barack Obama and Prime Minister Yoshihiko Noda of Japan：A Shared Vision for the Future”，April 30，2012，available online at：http：//www. presidency. ucsb. edu/ws/？pid = 100727.

范，并为全球贸易制定规则，从而继续保持美国的全球领导地位。[①]

美国政府试图通过制定经济规则方式，重新主导东亚经济，特别是奥巴马政府实施明确的战略转移，重新“发现”东亚，开始以重新塑造者的身份，对东亚区域经济实行大块分割，拆分已有的以 APEC 为主的合作模式，试图以 TPP 规则取代东亚区域主义，积极投身到亚太经济整合，和美国与欧盟正在进行的 TTIP 谈判相呼应，试图重新攫取全球经济规则制定者的身份。考虑到中国经济、军事的全面崛起，亚太区域出现呼吁美国进入亚太，以平衡中国发展带来的冲击的呼声。此时，美国对东亚经济的发展除了提供安全保障外，还以新经济规则为导向建立新的区域组织，成为美国提供的另一个区域性公共物品。此时美国的参与角色在提供区域安全的基础上，新增“规则制定者”一项。至于美国这一新的角色以及参与方式对东亚经济一体化的利弊，需要通过考察长远的影响来衡量。

二、特朗普总统退出 TPP 与制度参与的“霸权国例外”

如果说奥巴马总统时期将积极推动 TPP 谈判作为对亚洲政策的优先目标，通过推动高标准的自由贸易谈判，约束新兴经济体的贸易行为，并借此平衡中国崛起带来的地区压力，那么，新任美国总统特朗普在就职后第一周就通过签署行政命令的方式退出 TPP 谈判，拒绝承担合作成本，在脆弱的地区合作制度安排面前，霸权国作为制度建设的主导者参与或退出制度，比其他成员国有更大的自由度。由于区域合作存在成本以及成本分配的不同，公共物品由霸权国供应，或者由制度供给，这种供给方式的不同决定了制度发展的路径的不同。霸权国承担了公共物品供给成本建立的区域合作制度，霸权国掌握制度创设和深化的主导权，如果霸权国想退出这一制度，只需付出贸易谈判所需的机会成本。这就是制度参与中的“霸权国例外”。在 TPP 案例中，美国推迟通过 TPP 付出的机会成本每年达到 940 亿美元。[②] 低退出成本导致了

---

① Mireya Solis and Justin Vaïsse, “Free Trade Game Changer”, *Memorandum to the President*, January 17, 2013, available online at: http://www.brookings.edu/research/papers/2013/01/free-trade-game-changer.

② Peter A. Petri and Michael G. Plummer, “The Economic Effects of the Trans-Pacific Partnership: New Estimates”, *Working Paper Series*, January, 2016, p. 2.

特朗普退出 TPP 谈判。

特朗普总统退出 TPP 谈判的动机，可从三个方面分析：

第一，内政高于外交。特朗普总统竞选口号就是“美国优先”原则。“在美国制造，购买美国货”等竞选口号逐渐成为新任总统的施政纲领，为美国工人创造就业，增加工资，成为特朗普政府的优先目标。亚洲在特朗普的施政议程中是否仍有如前一届政府那样作为外交的有限选项，仍然不得而知。

第二，TPP 谈判中的相关条款被认为符合大资本家的利益，美国民众的接受度不高。朱迪思 · G. 凯利（Judith G. Kelley）和匹威霍斯（Jon C. W. Pevehouse）讨论为什么美国倡导建立了一系列条约，但是最终不一定加入这些条约。① 他们认为这种行为是出于立法成本，以及可能付出的政治资本的考虑。总统在将 TPP 谈判提交给国会讨论时，所需要考虑到的不仅仅是达成这一多边贸易协定的价值，也在考虑通过条约所需要付出的时间成本。况且在 TPP 谈判完成时，美国国会中众多议员清楚表明对这一条约的不满。就美国总统大选中候选人对 TPP 的态度来看，无论是民主党候选人希拉里（Hillary Clinton），还是有民主社会主义倾向的民主党候选人桑德斯（Bernie Sanders）都反对 TPP，而共和党内部在支持和反对 TPP 谈判上存在分歧，例如，马尔科 · 鲁比奥（Marco Rubio）和杰布 · 布什（Jeb Bush）支持 TPP，特朗普和克鲁兹（Ted Cruz）反对 TPP。这种分裂本身就是一种民意信号的体现，支持 TPP 可能需要付出政治资本。对特朗普来说，发展美国制造业是实现美国再次伟大的美国梦的重要一环，TPP 不利于美国留住制造业和增加就业。出于种种考虑，尽管 TPP 谈判在 2016 年 2 月已经结束，但美国新任总统特朗普还是毅然决然地退出了 TPP 谈判。

第三，特朗普总统偏好双边贸易谈判，而不是多边贸易谈判，他的贸易谈判议程包括重新谈判已经生效多年的《北美自由贸易协定》和搁置的《跨大西洋投资与贸易协定》，与英国探讨签署贸易协定，种种行为表明美国政府并不愿过多承担地区经济一体化的合作成本。

同为制度成员国，霸权国拥有比一般成员国更大的制度参与的自由度，这种自由度取决于制度作为区域性公共物品，是由霸权国单独供给的，还是

① Judith G. Kelley and Jon C. W. Pevehouse, “An Opportunity Cost Theory of US Treaty Behavior”, *International Studies Quarterly*, Vol. 59, 2015, pp. 531 – 543.

由主导国供给的。尽管区域合作这一公共物品既可以由霸权国供给，合作成本由霸权国单独承担，也可以通过制度供给，合作成本由参与国共同承担，但这种不同将使霸权国在参与或退出制度时，拥有更大自由度。

小　结

美国对东亚多边制度的参与经历了从漠视到积极塑造的过程。艾森豪威尔总统时期，美国政府开始出于效率考虑，整合东亚地区合作。越南战争结束后，美国对东亚地区主义的兴趣并不大，新的对亚太地区的孤立主义主导着美国对东亚经济合作采取冷眼旁观的态度。随着日本成为东亚地区经济合作的领头羊，美国对日本的一系列多边经济合作倡议持消极态度。这种态度直到20世纪80年代发生转变。美国开始防备出现将美国排除在外的封闭的自由贸易区，同时防备日本作为潜在的霸权国主导东亚经济事务。这种态度一直持续到“冷战”结束。

“冷战”结束后，美国仍是亚太安全公共产品的提供者，反对被排除在亚太经济合作进程之外，同时，作为世界超级大国，美国对东亚地区合作制度的态度，很大程度上左右着制度设计框架乃至制度发展的方向和进程。美国开始谋求域内成员身份，寻求在亚太经济合作中发出自己的声音，并反对任何形式的排除美国在外的东亚地区主义。随着APEC制度的建立，美国逐渐活跃在东亚多边经济制度设计和建设的进程中。

美国对自由贸易速度和范围的追求，与东亚地区国家存在差异，美国要求东亚自由贸易谈判是积极的、公平的、可监督以及具有约束力的。东亚地区国家则要求在保证制度化的基础上，强调舒适度。这种差距导致美国认为APEC制度不能保证自由贸易，因此弱化这一多边贸易合作框架在推动自由贸易中的色彩。

东亚金融危机提升了中国作为区域大国的地位和影响力，特别随着中国与东盟建立自贸区谈判的深入，从单方面对东盟小国实施贸易减税的早期收获计划，到金融领域合作的“清迈倡议”，展现出中国成为东亚经济一体化不可或缺的动力源。中国以积极建设者的姿态，让美国开始重新审视对东亚的经济政策。

2007—2009 年的全球金融危机促使美国重视东亚市场，因此奥巴马政府开始积极建设东亚多边贸易制度，野心勃勃地着手建立环太平洋经济圈，重新设计多边贸易规则。2011 年，奥巴马总统在 APEC 年度首脑会议上提出建立《跨太平洋伙伴关系协定》（TPP），作为 APEC 达成亚太自贸区（FTAAP）的途径。TPP 的出现标志着东亚地区开始出现超区域的地区自贸区谈判，目前 TPP 谈判进展明显高于 2012 年开始的 RCEP 谈判，以及 2014 年通过的 FTAAP 路线图。美国这种积极进取的态势，将塑造东亚多边贸易制度的建设态势和发展趋势，在东亚区域贸易公共物品，特别是自由贸易规则方面，可能出现美国与中国竞争性供给的局面。

尽管美国新任政府一上台就退出了 TPP 谈判，对 TPP 谈判成员国来说这种退出行为导致美国主导的跨地区大型 FTA 受挫，但是只要通过贸易谈判获得政治资本和外交利益的考量不变，只要以降低关税为特征的自由贸易制度仍是国家财富得以增长的动力，东亚经济一体化的进程仍会强化。尽管当前经济全球化面临一系列来自发达国家的消极影响，但推动自由贸易的棋手角色花落亚洲，而亚洲也应该积极承担这一角色。[①] 根据汇丰银行评估，世界上最大的三个消费市场——中国、印度、东盟都在亚洲。后 TPP 时代，亚太地区的自由贸易制度框架仍然是多元竞争，且充满活力的，这些多边自由贸易框架包括 16 个成员国正在进行的《区域全面经济伙伴关系协定》（RCEP），中国倡导的目前已有 69 个成员国的“一带一路”计划，以及东盟打算在 2025 年实现服务贸易一体化的“东盟 2025 年蓝图”。此外，亚洲积极承担推进全球自由贸易的行动也可以体现在 WTO 框架下有所作为，包括制定《WTO 贸易便利化协议》（Trade Facilitation Agreement），以及推动 WTO 冲刺达成《环境产品协定》（Environmental Goods Agreement，EGA）。

① Douglas Lippoldt，“Trading up：Asia Should Seize Its Chance to Lead on Trade”，*Hong Kong Business*，2017，pp. 38 - 39.

第八章　从倡导者到搭桥者：澳大利亚参与东亚经济一体化的选择行为

在地理位置上，澳大利亚不是东亚的一部分，但是经济上的相互依存意味着澳大利亚对东亚而言是重要的战略利益攸关方。[①] 东亚经济一体化制度建设过程中，澳大利亚是重要的域外因素。澳大利亚最初参与东亚经济合作肇始于“二战”后初期参与英美在亚太区域设计的一系列多边防务协定，之后通过援助方式，与东亚区域国家建立了友好关系。20 世纪 70 年代，随着日本崛起，澳大利亚积极响应日本提出的一系列多边经济安排，谋求区域内组织的成员国身份。20 世纪 80—90 年代，澳大利亚主动走向前台，成功提出一系列针对东亚区域合作的经济倡议，例如，在 1989 年，与日本一同倡议建立了 APEC 部长级会议机制，随后澳大利亚总理保罗·基廷（Paul Keating）积极主张将 APEC 制度升级为国家首脑参加的高级别合作机制，并将其作为进一步融入亚洲区域决心的重要展示，[②] 积极推动实现亚太自由贸易时间表的茂物目标。前澳大利亚外交部长加雷斯·埃文斯（Gareth Evans）认为，如果澳大利亚想做到在超级大国军事盟友和崛起的超级经济大国伙伴间游刃有余，就要认同自己是东南亚国家的经济伙伴。[③]

随着中国经济崛起，时任澳大利亚总理霍克、菲律宾总统拉莫斯和日本首相细川护熙等人在 1998 年发起在中国海南建立博鳌论坛的倡议，以年会形式讨论关于公共外交、国际关系、国际战略、区域安全等议题。澳大利亚积

---

① Gareth Evans, “Australia and Northeast Asia”, address by the Minister for Foreign Affairs and Trade, Senator Gareth Evans, “To the Committee for the Economic Development of Australia（CEDA）”, Melbourne, March, 1990, available online at: http: //www. gevans. org/speeches2. html#1990.

② Allan Gyngell and Michael Wesley, *Making Australian Foreign Policy*, Cambridge: Cambridge University Press, 2003, p. 116.

③ Gareth Evans, “Australia Needs to Refocus on ASEAN”, *East Asia Forum*, December 17, 2014, available online at: http: //www. eastasiaforum. org/2014/12/17/australia - needs - to - refocus - on - asean/.

极倡导亚太区域合作，主导了一系列的制度倡议，制度的设计强调了自由贸易理念，以规范倡导者（entrepreneur）身份提供东亚区域合作的公共物品。①

随着东亚开始出现巨型地区自贸协定谈判，澳大利亚开始积极参与东亚巨型自贸区建设，同时推动 RCEP、TPP 以及 FTAAP 的谈判，而参与方式也从倡议者变为追随者，试图重新塑造澳大利亚在东亚作为东西方贸易集团沟通者的角色。

2012 年 10 月 28 日，澳大利亚发表官方声明，表示除了参加美国主推的 TPP，还将与刚成立四个月的拉丁美洲四个国家建立的“太平洋联盟”（Pacific Alliance）发生联系，创造澳大利亚成为亚太区各类贸易集团中间者的价值，借此实现澳大利亚经济利益的最大化。目前，澳大利亚是“太平洋联盟”的非正式观察国，并获得了优惠的市场准入条件。

在东亚多边贸易制度建设中，澳大利亚仍然视自己为重要的谈判方。首先，澳大利亚积极参加美国高调推动的 TPP 框架内的各轮谈判，立场清晰地表明支持以 TPP 作为 FTAAP 谈判和建立亚太自贸区的基础。到 2014 年底，澳大利亚积极参与东盟主导的六轮 RCEP 谈判。2014 年，APEC 北京非正式领导人会议上，澳大利亚附和中国提出《APEC 推动实现亚太自由贸易区路线图》，在 APEC 框架内实现亚太自贸区建设。

这一章通过梳理澳大利亚政府对自由贸易的理解，分析自由贸易对澳大利亚不同的制度路径选择所带来的影响，以及在参与东亚多边贸易制度建设过程中参与角色的变化。

第一节　东亚金融危机前的澳大利亚：自由贸易规范的倡导者

Entrepreneur（倡导者）一词来源于法语“entreprendre”，意思是“去做”。《韦伯字典》（Merriam - Webster）对这个词解释为那些组织、管理并担

① Jonas Tallberg, “The Power of the Chair: Formal Leadership in International Cooperation”, *International Studies Quarterly*, Vol. 54, No. 1, 2010, pp. 241 - 265.

负商业风险的人。[①] 在美国，“entrepreneur”通常用来描述那些开始崭新的小型商业活动的个人。[②] 莫拉夫奇克（Andrew Moravcsik）认为倡导与领导权威有关，强调在多边谈判中，倡导者（entrepreneur）试图通过两种路径扭转谈判结果：通过增加谈判效率，使谈判结果趋于帕累托最优；或者通过倡导将自身利益偏好投射到签署的国家间协定中。[③] 美国著名政治学者约翰·金登（John Kingdon）认为政策倡导者是在政策制定过程中具有影响力的人物，通过塑造政策和议题，对特定政策问题提供特别的解决方式。[④]

规范倡导者（norm entrepreneur）是国际关系研究的重点。玛莎·费尼莫尔（Martha Finnemore）和凯瑟琳·斯金克（Kathryn Sikkink）认为规范倡导者是指通过努力改变社会认知。[⑤] 阿查亚从道德倡导角度给出界定，以此说明普世规范仍需借助本地化，才能使外生内容内化。他认为倡导是指倡导者通过动员大众意见和政治支持，激发或帮助创建相同思路的组织；通过说服国外观众，特别是外国精英阶层接受倡导者设定的目标。[⑥]

倡导者通常是个体，如莫拉夫奇克通过研究欧盟超国家行为体中的高级官员，认为他们是跨国倡议者，是欧洲一体化和国际合作的动力。[⑦] 澳大利亚学者琳达·波特瑞尔（Linda Botterill）认为研究机构的关键人物是对美国旱灾移民政策的倡导，他们对问题的见解和解决方式，是通过议程设置（agenda setting）和政策影响（policy influence）影响政策制定者，塑造了美国特殊的干旱移民政策演化轨迹。[⑧]“二战”后，包括经济学家、技术人员在内的规

---

① Available online at：http：//www. merriam - webster. com/dictionary/entrepreneur.

② Ira Rubins，“Risks and Rewards of Academic Capitalism and the Effects of Presidential Leadership in the Entrepreneurial University”，*Perpectives in Public Affairs*，Spring，2007，available online at：http：//asu. edu/mpa/Entre%20University. pdf.

③ Andrew Moravcsik，“A New Statecraft? Supranational Entrepreneurs and International Cooperation”，*International Organization*，Vol. 53，Issue 2，1999，p. 271.

④ John Kingdon，*Agendas*，*Alternatives and Public Policies*，2nd Edition，New York，1995.

⑤ Martha Finnemore and K. Sikkink，“Taking Stock：Constructivis Research Program”，*Annual Review Polititical Science*，Vol. 4，Issue 1，2001，p. 400.

⑥ Amitav Acharya，*Whose Ideas Matter? Agency and Power in Asia*，Singapore：ISEAS Publishing，2010，p. 15.

⑦ Andrew Moravcsik，“A New Statecraft? Supranational Entrepreneurs and International Cooperation”，*International Organization*，Vol. 53，Issue 2，1999，pp. 267 - 306.

⑧ Linda Courtenay Botterill，“Are Policy Entrepreneurs Really Decisive in Achieving Policy Change? Drought Policy in the USA and Australia”，*Australian Journal of Politics and History*，Vol. 59，Issue 1，2013，pp. 97 - 112.

范倡导者塑造了新的国际制度框架，这一框架强调“开放性”，自由贸易机制由特定观念流动扩展而形成。①

2012年澳大利亚政府发布《亚洲世纪中的澳大利亚白皮书》，指出澳大利亚的经济融入亚洲已经40年，始于1973年通过对亚洲国家关税削减法案，开放本国市场，引入竞争机制，促进澳大利亚可持续发展。此后，澳大利亚通过参与更多的多边制度、地区论坛以及双边交流，使亚洲国家身份成为澳大利亚身份的一个重要部分。② 澳大利亚认为，贸易在地区层面的有效流通，效果优越于狭隘的国家层面。③ 基于区域基础上的生产计划，特别是东南亚基础上的生产，是促进经济迅速增长的根本因素。

东亚经济一体化进程中，澳大利亚进行了一系列的经济合作制度倡议，促进了自由贸易规范在东亚区域的传播。制度建设又反过来促进了区域贸易和投资合作，强化了自由贸易规范的影响力。通过吸引东亚经济体进入一系列多边贸易合作框架，行为体联系日益密切，有助于国家之间的相互理解，并内化自由贸易规范，这是一个社会化过程。④ 本书认为澳大利亚前总理鲍勃·霍克（Bob Hawke）、保罗·基廷（Paul Keating）是亚太多边制度的重要的倡导者。

一、鲍勃·霍克作为APEC论坛的倡导者

一直以来，澳大利亚对亚洲的态度是矛盾的。一方面，澳大利亚国内生活水平远远超过亚洲发展中国家，并实施非常严格的措施阻止亚洲移民。另一方面，与亚洲发展中国家一样，它们仍然极大地依赖初级产品而非制造业，

---

① G. J. Ikenberry, “Creating Yesterday's New World Order: Keynesian ‘New Thinking’ and the Anglo - American postwar settlement”, in J. Goldstein and R. Keohane, eds., *Ideas and Foreign Policy: Beliefs, Institutions, and Political Change*, Ithaca: Cornell University Press, 1993, pp. 57 - 86.

② Australian Government, “Australia in the Asian Century”, White Paper, 2012, available online at: http: //www. murdoch. edu. au/ALTC-Fellowship/_ document/Resources/australia-in-the-asian-century-white-paper. pdf.

③ Peter Deysdale, “Australia and Asia”, *Sydney Morning Herald*, July 19, 1971, p. 42.

④ 关于社会化概念，参见 Li Xiaojun, “Social Rewards and Socialization Effects: An Alternative Explanation for the Motivation behind China's Participation in International Institutions”, *The Chinese Journal of International Politics*, Vol. 3, No. 3, 2010, pp. 347 - 377; G. John Ikenberry and Charles A. Kupchan, “Socialization and Hegemonic Power”, *International Organization*, Vol. 44, No. 3, 1990, pp. 283 - 315.

并且完全地依赖于国际商品价格的稳定。澳大利亚和日本的关系非常尴尬，一些澳大利亚人仍然批评澳大利亚向日本工业提供铁矿石等原材料。然而，随着英国逐渐从东南亚撤退，在美国是否支持值得深思时，澳大利亚逐渐意识到他们的利益依赖于逐渐增加与亚洲邻居的联系。①

20 世纪 70 年代以来，随着世界政治格局的演变和经济重心的东移，澳大利亚制定出新的经济发展战略：一是欲将澳新紧密经济区与东盟结为一体，积极参与亚太经合组织和世界贸易组织，发展多边经贸关系。二是以亚洲为重心，优先发展同日本、中国、韩国等国的双边贸易关系。② 随着 1968 年英国正式加入欧洲经济共同体，美国在 1969 年抛出尼克松主义，实施战略收缩，要求亚洲盟友承担更多的责任。出于经济和安全利益考虑，澳大利亚逐渐更实质性地参与到亚洲合作中。③

1980 年，澳大利亚国立大学召开了一场研讨会，时任日本首相大平正芳和澳大利亚总理马尔科姆·弗雷泽（Malcolm Fraser）共同倡导建立太平洋经济合作会议（PECC），让官产学成为非正式地区经济对话的重要机制。1983 年，澳大利亚总理霍克建议亚太国家聚集一堂讨论新一轮的多边贸易谈判，这是后来澳大利亚倡导建立 APEC 制度的先声。

澳大利亚对东亚多边贸易制度的倡导主要体现在 1983—1996 年的“霍克—基廷政府”（Hawke - Keating governments）时期。在 20 世纪 80 年代中后期，鲍勃·霍克（Bob Hawke）政府大力倡导澳大利亚全方位融入亚洲。1989 年，霍克的经济顾问以及驻华大使郜若素（ Ross Garnaut）撰写了名为“澳大利亚与北亚崛起”（Australia and the North Asian Ascendancy）的经济报告，郜若素敏锐地意识到东北亚经济发展的前景。该报告的发表标志着澳大利亚正式从政治、经济与文化层面全面开启其融入亚太地区的时代。④ 自 1991 年经济开始回升以来，澳大利亚的经济增长一直高于工业化国家的平均增幅。

---

① Dick Wilson，“Development Problems of Asia”，*The Far East and Australasia 1990*，21st Edition，Europa Publications Limited，1989，p. 31

② 刘有发：《试论澳大利亚的“亚太经济”策略》，《企业经济》2007 年第 12 期，第 119－121 页。

③ “Current Note on International Affairs”，January，1967，p. 33. Cited from Takashi Terada，“The Origins of Japan's APEC Policy：Foreign Minister Takeo Miki's Asia - Pacific Policy and Current Implications”，*The Pacific Review*，Vol. 11，No. 3，1998，p. 349.

④ 刘琛：《析澳大利亚媒体对中国国家形象的报道：以“融入亚太”为背景》，《暨南学报（哲学社会科学版）》2012 年第 3 期，第 155 页。

1996 年 GDP 增长 3.6%，是西方国家中经济增长最快的国家之一。在西方经济回升乏力的情况下，澳大利亚却能保持较好的发展势头，这在很大程度上应归功于澳政府推行的“融入亚洲”政策。①

随着世界经济集团化趋势加剧，欧洲逐渐建成统一市场，美国主导的 NAFTA 建成，东盟也提出建立自贸区计划，澳大利亚积极主张建立更为广泛的亚太地区经济合作体系。

1989 年 1 月，澳大利亚总理鲍勃·霍克在韩国首尔演讲中提到 APEC 概念，号召在亚太地区建立一种更有效的经济合作制度，通过政府间对话，推进广泛的经济利益。同年 11 月，在澳大利亚的推动下，亚太经济合作组织第一次部长级会议在澳大利亚召开。澳大利亚在此次会议上设定了五个地区合作所要达成的目标：强化地区国家政策制定的能力；寻求进一步促进地区自由贸易的方式；坚持非歧视原则；通过对话疏解地区国家未来的贸易争端；强化在多边经济谈判中表达和保护地区利益的能力。② 澳大利亚需要协调美国和日本这两个东亚经济一体化中的重要行为体的利益目标，同时要照顾到东盟国家的需求，促进东亚地区整体经济的提升。

澳大利亚倡导的 APEC 强调非歧视地区自由贸易，强调与《关税与贸易总协定》（GATT）原则的一致性。需要指出的是，APEC 不同于 NAFTA 建立的自贸区，也不同于欧盟建立的关税同盟。相对于制度，APEC 更是一种进程，强调改良而非革命的制度建设方式。1993 年和 1994 年，澳大利亚为促成该组织的两次首脑会议的召开作出了积极贡献。

二、保罗·基廷与 APEC 非正式首脑会议制度的建立

保罗·基廷政府（1991—1996 年）沿袭前任政府的思路，积极推进亚太地区的经贸合作，加快融入亚太经济一体化进程。③ 基廷在竞选纲领中指出，希望建立包含东盟、中日韩、美国、加拿大、澳大利亚、新西兰在内的亚太统一市场，推动成员国间的多边自由贸易谈判。其外交部长加雷斯·埃文斯

① 高恒等：《专家学者谈 1996 年亚太形势》，《当代亚太》1997 年第 1 期，第 10 页。

② Gareth Evans and Bruce Grant，*Australia's Foreign Relations in the World of the 1990s*，Vicoria：Melbourne University Press，1991，p. 124.

③ Paul Keating，*Engagement*：*Australia Faces the Asia – Pacific*，Sydney：Pan Macmillan，2000.

（Gareth Evans）反思作为美国在“亚太地区治安副官”（deputy sheriff）角色，[①] 不遗余力地在悉尼发起了“澳大利亚在亚洲”活动，这项耗资6 000万澳元的一揽子计划旨在密切澳大利亚与迅速发展的亚洲地区的经济关系，推动“澳大利亚生活的亚洲化”。[②]

保罗·基廷任职几周后，就开始思考重建亚太经合组织，希望把它变成一个由各国政府首脑组成的更为强大的政治组织。他认为国家领导人的加入，将会为亚太经合组织今后的发展提供强大的动力。从战略意义上看，这样做可以构建各国领导人之间缺乏沟通的桥梁，彼时的亚太地区是世界上唯一一个在国家领导人之间没有经常对话机制的重要区域。通过建立领导人会晤机制，致力于在它所能够确实达到的目标领域中，实现规则趋同，包括贸易规则、投资规则、标准与认证证明，以及成员体之间解决争端的统一办法的趋同和限制的最小化。其最终目标是“在亚太地区建立一个开放的经济联盟，其中各经济体不同程度地融合在一起，创造出世界上最具活力的生产区域”。[③]

基廷总理开始向美国老布什总统，以及APEC其他成员国首脑写信，推销这种想法。1993年6月底，美国克林顿政府正式决定采纳这一建议，表示如果能够得到其他国家足够的肯定答复，将在同年11月的西雅图部长级会议之后对亚太经合组织成员的领导人发出正式邀请。1993年4月，日本首相宫泽喜回复非常希望在一个多边框架内同亚洲伙伴（尤其是中国）进行对话。在对韩国和中国的访问中，基廷得到了韩国总统金泳三的支持；在与中国总理李鹏的会谈中，中国也表现了极大的政策灵活性。此外，基廷非常关注印度尼西亚苏哈托总统的态度，作为亚太经合组织下一届的轮值主席国，苏哈托总统的态度决定着东盟国家的去留。苏哈托表示，如果在西雅图会议上能够形成一致意见，就同意在雅加达举行第二次领导人会议。1993年9月，在基廷结束对华盛顿的访问之后，克林顿总统致信亚太经合组织的其他成员，表达了他对举办领导人会议的愿望。会议的名称确定为“亚太经合组织领导人经济会议”。

---

① 这一说法来自澳大利亚前外交部长Gareth Evans，可参考Gareth Evans，“Australia Needs to Refocus on ASEAN”，*East Asia Forum*，December 17，2014，available online at：http：//www.eastasiaforum.org/2014/12/17/australia – needs – to – refocus – on – asean/.

② Anthony Milner，“The Rhetoric of Asia，” in James Cotton and John Ravenhill，eds.，*Seeking Asian Engagement*：*Australia in World Affairs*，*1991 – 1995*，Melbourne：Oxford University Press，1997，p. 33.

③ ［澳］保罗·基廷著，郎平译：《构筑亚太共同体及茂物、大阪会议》，《国际经济评论》2001年第5期，第12 – 13页。

1993 年 11 月 20 日，首届亚太经合组织领导人会议在美国华盛顿州皮吉特湾的布莱克岛上举行，包括克林顿总统、江泽民主席、基廷总理在内的 14 位领导人与会，就亚太经合组织成员面临的经济挑战展开非正式的讨论。会后，领导人一致同意发表一份声明，提出建立“亚太经济共同体”的设想。他们一致认为，亚太经合组织应该扩大其成员间的对话和工作计划，继续深化和拓宽乌拉圭回合的成果，包括在贸易便利化领域的合作。

基廷总理在确定“茂物目标”和“大阪行动计划”中，也发挥着独特的牵引力。基廷希望澳大利亚在落实亚太经合组织的自由贸易议程作出表率，他认为要实现贸易便利化必须降低关税和其他贸易壁垒，这一设想得到韩国金泳三总统和新加坡吴作栋总理的积极回应。1994 年 6 月，在基廷总理访问印度尼西亚时，苏哈托总统提议对亚太地区的自由贸易进程规定一个 15 年到 20 年的时间表。所有的成员必须在同一时间开始自由化进程，经济比较发达的成员应该比新兴工业国和发展中国家更早地消除贸易壁垒。

这个自由贸易的目标和时间表引起了各成员的广泛争议，在韩国和日本分别遭遇了来自政府和民间的阻力。马来西亚马哈蒂尔总理一直致力于建立一个东亚经济体，不希望看到亚太经合组织发展成为一个自由贸易区。中国希望能够借此机会来解决中美之间长期存在的贸易政策冲突，为中国加入世界贸易组织寻求支持。最大的困难还是来自美国的巨大阻力和担忧：其一，把中国看作一个与发达国家有十年间隔的发展中国家，美国政府担心美国国会决不会批准；其二，建议所有的成员应该在 2020 年实现自由贸易，但同意发展中国家可以采取分步走的原则。在基廷的坚持和努力之下，克林顿最终同意了宣言草案。

1994 年 11 月 14 日，在印度尼西亚举行的 APEC 领导人非正式会议上，正式通过了《APEC 领导人共同决心宣言》，承诺发达成员在 2010 年前、发展中成员在 2020 年前实现贸易和投资的自由化，这就是著名的茂物目标，这是一个历史性的宣言，确定了这个亚太经济共同体的发展前景。

第二节　从 AUFTA 到 TPP：追随强者的制度选择

在某种程度上，澳大利亚的确是一个非常“幸运”的国家。[①] 这种幸运使得澳大利亚能够在国际格局变迁的惊涛骇浪中安然无损。然而，这种幸运或许会导致澳大利亚人不愿意下决心去严肃认真地思考这个国家的未来。2012 年的政府白皮书《亚洲世纪中的澳大利亚》明确地指出，尽管澳大利亚拥有天时地利，但澳大利亚的未来并不在于它的“机遇”，而取决于它的“抉择”。[②]

特定历史时期的特定观念对历史事件的发展趋势有重大的影响，对特定机制的形成也有着重大的影响。伴随着东亚经济危机在东亚的扩展，1997 年，约翰·霍华德（John Howard）政府（1996—2007 年）上台，澳大利亚面临新的多边贸易制度选择形势。亚洲经济危机削弱了自由贸易的能力建设以及国内市场改革的动力，东盟成员国在履行削减关税上进展缓慢。澳大利亚认为美国在亚太地区的主导权是 APEC 制度成功的关键，也符合澳大利亚自身的利益。[③]

在这种情况下，澳大利亚改变了一直以来面向亚洲的战略选择，对 APEC 制度的参与也出现一定程度的倒退，开始实施追随强者（bandwagoning）战略，突出表现就是澳大利亚与美国签订《澳美自由贸易协定》（AUFTA）。

2001 年，澳大利亚与美国谈判关于签署一项自由贸易协定，除了传统的商品和服务自由流通条款外，新增了关于人员或劳工流动的条款。农业领域一直是两个国家实施关税保护的重灾区，协定取消了三分之二农产品关税，包括羊羔、羊肉和园艺产品的关税迅速被削减，到 2022 年所有农产品关税将消除，美国关注的糖和奶制品除外。[④]《澳美自由贸易协定》自 2005 年元旦起

---

① “幸运”（lucky）一词出自 Donald Horne 的 *The Lucky Country: Australia in the 1960s* 一书。参考 Donald Horne, *The Lucky Country: Australia in the 1960s*, London: Penguin, 1965.

② Australia, “Australia in the Asian Century: White Paper”, p. 2, available online at: http://nla.gov.au/nla.arc-c12842.

③ “An Australia-USA Free Trade Agreement: Issues and Implications”, p. xvii, available online at: http://www.dfat.gov.au/publications/aus_us_fta_mon/aus_us_fta_mon.pdf.

④ Australian Government Department of Foreign Affairs and Trade, “About AUSFTA”, available online at: http://www.dfat.gov.au/fta/ausfta/.

生效。自那以来，澳大利亚对美出口止步不前，来自美国的进口和投资却一路上扬。[①] 有学者认为澳大利亚为此作出了太多的让步，但霍华德政府还是力排众议，最终签署这份特惠贸易协定，表明霍华德政府不遗余力地强化美澳联盟关系。[②] 霍华德政府认为，与美国签署 FTA 将创建保持澳美两国紧密关系的新机制。金融危机表明中国的现代化以及日本和东亚的崛起是不可逆的，因此保持与美国优先关系有利于维护澳大利亚的利益。

实际上，1997 年的东亚金融危机并没有对澳大利亚经济产生极坏的影响。[③] 2007—2009 年的金融危机虽重创了美国和欧盟，但是澳大利亚同样并未受到太大影响，反而实现了经济的增长。[④] 澳大利亚经济利益涉及开放的市场、多一些的自由贸易、少一些官僚作风增加的成本，以及更多的投资。[⑤] 澳大利亚知名高级经济学家洛伊智库（Lowy Institute）、澳大利亚央行前副行长、经济学家斯蒂芬·格伦维尔（Stephen Grenville）指出签订 TPP 和 RCEP 符合澳大利亚利益。RCEP 的重点是缓解任何形式的贸易封锁，其目标是国际贸易的深度融合，建立起连接全球的贸易产业链。TPP 的重点是建立跨国贸易规范，这将不仅拓宽贸易渠道，同时也将明确相互之间的利益冲突，比如知识产权、国外投资争端、竞争政策和劳工规范。他认为，尽管谈判将是漫长而艰辛的，但是加入 TPP 和 RCEP 符合澳大利亚的利益。[⑥] 澳大利亚立场清晰地表明支持以 TPP 作为 FTAAP 谈判和建立亚太自贸区的基础。[⑦] FTAAP 延续了

---

① Maryanne Kelton, "Symposium: Australia - US Economic Relations and the Regional Balance of Power Australia - US Economic Relations Following the 2005 Free Trade Agreement", *Australian Journal of Political Science*, Vol. 48, Issue 2, 2013, pp. 208 - 220.

② Patricia Ranald, "The Australian - US Free Trade Agreement: A Contest of Interest", *Journal of Australian Political Economy*, No. 57, 2006, pp. 30 - 57, available online at: http: //www. bilaterals. org/IMG/pdf/ranald. pdf.

③ Ron Duncan and Yang Yongzheng, *The Impact of the Asian Crisis on Australia's Primary Exports: Why It has not been So Bad*, Australian National University: Asia Pacific Press, 2000.

④ Ron Duncan and Yang Yongzheng, *The Impact of the Asian Crisis on Australia's Primary Exports: Why It has not been So Bad*, Australian National University: Asia Pacific Press, 2000.

⑤ Andrew Robb, "U. S - Australia Dialogue: Partners in the Asia Pacific", Los Angeles, USA, 14 January, 2014, available online at: http: //trademinister. gov. au/speeches/Pages/2014/ar_sp_140114. aspx? ministerid = 3.

⑥《澳大利亚应支持 TPP 和 RCEP 建设》, http: //afdc. mof. gov. cn/pdlb/yjcg/201308/t20130830_983824. html.

⑦ "Robb to Host TPP Trade Ministers' Meeting", Media Release, October 2, 2014, available online at: http: //trademinister. gov. au/releases/Pages/2014/ar_mr_141002. aspx.

APEC 自由贸易和投资便利化的精神，但是具体谈判强调依靠 TPP 谈判作为实现自由贸易的基础。

澳大利亚对美国推行的 TPP 谈判持积极参与态度。支持美国提出的贸易倡议，并积极参加 TPP 框架内的各轮谈判，从 2010 年 4 月澳大利亚参与 TPP 谈判，到 2014 年 10 月 25 日在悉尼举办为期三天的部长级谈判，澳大利亚持续了四年的谈判主要致力于让澳大利亚农产品进入其他成员国和地区，通过减少规制、减少贸易保护，以及相互认同的规则，减少商业活动成本。澳大利亚谈判代表表示，澳大利亚将继续致力于全面的成果，包括更好的市场准入条件，为澳大利亚服务和投资提供真正的成果。① 此外，澳大利亚在 TPP 谈判中关注跨境数据交换，基于保护个人隐私，政府支持通过设置更严格的措施，确保私人信息发送到境外。② 在投资谈判中，澳大利亚坚持“投资者—东道国”争端（investor – state dispute）解决机制，美国与澳大利亚就这一投资条款的谈判也是 AUFTA 谈判的重点。最终，美国放弃对澳大利亚的要求，与澳大利亚放弃要求美国开放额外的糖市场准入达成妥协。③

历史经验表明，从 APEC 到 TPP，再到 FTAAP，澳大利亚参与东亚经济合作的角色展现出不同的特点：APEC 时期，澳大利亚以制度倡议者身份转向东亚区域主义；TPP 时期，澳大利亚主要支持美国提出的贸易倡议，并积极参加 TPP 框架内的各轮谈判。FTAAP 的设计目的是建立亚太自贸区，实现区域内自由贸易和投资便利化，这一制度延续了 APEC 自由贸易和投资便利化精神，但具体谈判强调以 TPP 谈判作为实现自由贸易的基础。

第三节　澳美互动与澳大利亚参与东亚经济一体化

针对亚太自贸区建设路径，区域大国如中国、日本、美国都相应提出了自己的经济一体化框架设计，如日本倡导建立包括“ASEAN + 6”的东亚全面

① “Robb to Host TPP Trade Ministers’ Meeting”, Media Release, October 2, 2014, available online at: http://trademinister.gov.au/releases/Pages/2014/ar_mr_141002.aspx.

② “Dark Cloud over Privacy in TPP Negotiations”, *The Australian Financial Review*, available online at: http://www.afr.com/technology/enterprise-it/dark-cloud-over-privacy-in-tpp-negotiations – 20131104 – iyyg6.

③ “Special Report: The TPP Negotiations”, August 31, 2012.

经济伙伴关系（CEPEA），中国正在积极推进“ASEAN +3”的东亚经济自贸区（EAFTA），美国则积极推广包括 APEC 所有成员在内的环太平洋伙伴关系计划（TPP）。这一系列倡议中，澳大利亚立场清晰地表明支持以 TPP 作为 FTAAP 谈判和建立亚太自贸区的基础。

随着亚太经济格局的变化，以及美国对亚太实施再平衡战略，考虑到澳大利亚与美国存在特殊关系，澳大利亚从东亚区域“开放的多边主义”的倡议者转变为搭桥者。一方面，澳大利亚借助地缘优势，使美国的一系列经济倡议落地，澳大利亚通过发挥组织效用支持倡议者，支持美国提出的 TPP 战略，并积极组织谈判回合，强化与美国的特殊关系。同时，在建立亚太自贸区的制度设计上，澳大利亚强调借用 TPP 谈判结果，作为制度设计和谈判的基础，蓄东亚崛起之势。另一方面，澳大利亚在各个贸易集团提出的贸易框架倡议间穿梭，重拾作为东西方文明交流者的身份，试图将本国建成连接贸易集团的节点，借沟通之力，塑造新的贸易国家形象。在这一过程中，搭桥者既可以获得议程的安排权，也可以作为追随者分一杯羹，另外，借助地缘优势，澳大利亚作为集团间沟通合作的主导者，可以获得新的影响力。

美国与澳大利亚间的互动影响了澳大利亚与东亚多边经济合作制度的态度。“二战”结束后，澳大利亚奉行亲美路线，一直依赖美国来保障亚洲稳定及本国安定。美国不仅是澳大利亚国家安全的提供者，在相当长的一段时间内也是澳大利亚最主要的出口市场之一。美国加州大学伯克利分校教授、《亚洲观察》主编劳威尔·迪特默（Lowell Dittmer），认为中美澳之间存在“战略三角”，每一组双边关系都会受到第三方因素的影响。①

随着亚太区域权力结构的变化，随着中国经济迅速崛起，中国即将成为世界第一大经济体。中国不仅是澳大利亚矿产资源最大的进口商、最大的农产品进口商，同时也是澳大利亚第四大工业制成品出口市场。中国亦成为推动澳大利亚发展的强劲引擎。2013 年第二季度，对华出口份额占到澳大利亚出口的 35.4%，这一数据几乎是 5 年前的两倍。1963 年以来，澳大利亚对中

① Lowell Dittmer, “East Asia in the ‘New Era’ in World Politics”, *World Politics*, Vol. 55, No. 1, 2002, pp. 38 – 65.

国的依赖，甚至超过了“二战”后对英国的依赖。[1]

美国对澳大利亚的重要性相对降低，但仍是澳大利亚安全的提供者。曾就职于澳大利亚国防部，担任主管战略与情报的副部长，现任澳大利亚国立大学亚洲太平洋学院战略研究中心教授、洛伊国际政策研究所访问学者休·怀特（Hugh White）撰文分析，从澳大利亚长远未来来说，没有什么比在世界最强的两大国——中国和美国之间找到平衡更难。澳大利亚梦寐以求的稳定繁荣的未来，取决于在与美国保持主要盟友关系的同时，与中国保持健康的贸易关系。[2] 面对中美在亚太区域的争夺，澳大利亚寄希望于再一次回归历史上作为东西方文明沟通者的角色，希望美国能允许中国在东亚区域获得一定的战略空间和影响力。“这并不见得意味着美国需要在亚洲区域向中国让出主导地位。但美国的确需要与中国分享一些领导地位，如果中国愿意接受的话。”[3] 总有一天，澳大利亚需要在中美之间做选择。[4] 澳大利亚应该向美国传递明确的信号，澳大利亚需要美国在亚洲区域继续扮演大国角色，但不要与中国发生冲突。所以美国需要在中国可接受的范围内，重新定义自己的角色。

2010 年，随着奥巴马政府转向亚太区域，实施再平衡战略，澳大利亚面临安全上依靠美国，经济上依靠中国，一旦中美两个国家出现关于区域领导权的争夺，澳大利亚将面临极大的战略困境。为此，澳大利亚实行三手准备：一方面坚持面向亚洲战略；另一方面积极支持美国提出的 TPP 战略和美国关于东亚区域经济合作新主张；此外，积极规划新的国家参与角色，发挥纽带作用，在各个贸易集团间充当搭桥者（如加强与太平洋联盟等贸易集团间的沟通作用），以缓冲中美摩擦带来的压力，并通过开辟新的多边合作舞台“稀释”压力，提高自身发言权。

---

① Angus Grigg and Lisa Murray, “Australia – China Trade No Longer just a Resources Story”, *The Australian Financial Review*, 2013, available online at: http://m.afr.com/p/national/australia_china_trade_no_longer_BR858fGu3LCDM0n3NzUDhJ.

② Hugh White, “America or China: One Day, We will have to Choose”, *The Sydney Morning Herald*, May 28, 2013.

③ 《专译：澳洲大选最怕的不是对手而是中美》, http://www.zhgpl.com/doc/1027/2/0/9/102720988.html?coluid=93&kindid=7492&docid=102720988&mdate=0906011733.

④ Hugh White, “America or China: One Day, We will have to Choose”, *The Sydney Morning Herald*, May 28, 2013.

小　结

分析澳大利亚参与东亚多边贸易制度建设可以发现两个现象：第一，澳大利亚作为成员国，积极参与推动各类多边贸易制度建设，实现区域内自由贸易和投资便利化。第二，澳大利亚参与东亚制度建设的角色发生了变化，从东亚自由贸易规范倡导者，逐渐演变为充当亚太贸易集团间搭桥者的角色。

历史经验表明，从 APEC 到 TPP，再到 FTAAP，澳大利亚参与东亚经济合作的角色展现出不同的特点：APEC 时期，澳大利亚以制度倡议者身份转向东亚区域主义；TPP 谈判以来，澳大利亚实施追随强者的贸易战略，支持美国提出的贸易倡议，并积极参加 TPP 框架内的各轮谈判，强调借助 TPP 贸易规则，使其成为实现 FTAAP 的路径。为了克服澳大利亚对外战略的“双依赖性”，即对美国安全上的依赖和对中国贸易上的依赖，澳大利亚开始重新寻求新的定位，试图重新将自己塑造为不同贸易集团间的搭桥者身份。借助地缘和文化优势，澳大利亚作为贸易集团间沟通合作的主导者，可以获得新的影响力。

结　语

时间进入2017年，国际经济和东亚地区经济发展遭遇到一系列新冲击，包括英国脱欧，美国总统特朗普宣布退出跨太平洋伙伴关系谈判（TPP），重新谈判北美自由贸易协定（NAFTA）等封闭性质的贸易政策，以及在欧洲新一轮大选中右翼势力逐渐扩张等一系列不确定因素作用下，全球经济“逆全球化”趋势日趋明显。在这种条件下，全球经济最具活力的亚洲和作为“全球经济的重要引擎”的中国是否跟随美国采取贸易保护主义措施？2017年1月17日，国家主席习近平在瑞士达沃斯世界经济论坛开幕式上，发表题为“共担时代责任共促全球发展”的演讲，表明了中国继续走和平发展道路，建设性地参与国际事务，为推动国际经济发展作出积极贡献的决心。“一带一路”、亚洲基础设施投资银行、亚太自贸区（FTAAP）等倡议，表明中国愿意通过与其他国家一道努力，坚定不移地支持经济全球化。

东亚自由贸易有四个目标：第一，通过移除商品贸易和竞争壁垒，实现更进一步的商品市场整合；第二，移除服务贸易壁垒；第三，实现人员，特别是技术工人跨境自由流动，实现货币与金融政策更紧密的协调，实现宏观经济和汇率政策稳定；第四，通过减贫，增加对不发达国家和地区的投资，实现地区整体增长。东亚经济共同体的建立，有助于整合地区资源，最终形成东亚共同体，借助其规模效应，以及规则溢出效应，亚太经济共同体也可视为东亚共同体的自然延伸。东亚自由贸易的最终走向问题并不是本书研究的重点，本书要研究的核心问题是为什么成员国在东亚经济制度化建设进程中存在近似的选择行为。

东亚多边贸易制度是东亚区域性公共物品的供给者，而东亚自由贸易则是东亚区域性公共物品。制度是否有效推动东亚自由贸易，特别是削减关税这一衡量自由贸易的关键指标，与成员国关于参与制度的预期与制度运作过程中对自由贸易推动的实际情况进行对比，从而作为调整参与行为的重要参考依据。

东亚经济一体化制度建设过程中，存在几个制度建设的关键节点，这些节点是成员国对制度选择行为的集中观测点。东亚经济一体化存在的多重路径之争很大程度上是成员国制度内选择行为的结果，当同时积极参与该项制度建设时，东亚经济一体化则体现在该制度的发展上，当成员国漠视该项制度另辟蹊径时，东亚经济一体化制度建设则出现新的可能。

本书借助成员国“制度内选择行为”这个概念分析在制度运作过程中，成员国为什么采取了近似的制度参与形式。本书通过建立一个关于区域性公共物品制度供给的分析框架，认为自由贸易是东亚区域性公共物品，东亚多边贸易制度是该区域性公共物品的载体，成员国偏好那些能促进东亚自由贸易发展的制度。当制度有效推动自由贸易的发展时，成员国会采取积极建设的态度，当制度不能有效推动自由贸易的发展时，成员国会选择漠视甚至背离该制度。自由贸易是一个逐步深化的过程，降低关税是衡量自由贸易的关键指标，关税的降低则意味着自由流通的增加。东亚贸易规则谈判经历了一个由单纯削减贸易壁垒的自由贸易阶段过渡到强调国民待遇、劳工标准、环境标准等强调公平贸易的阶段，而东亚经济一体化制度建设经历了一个从多边缺少约束力的 APEC 自由化阶段过渡到形成以“ASEAN + N”为核心的自由贸易协定网络化阶段，随后发展到出现整合现存的各类 FTA 的巨型的跨地区自贸区的谈判阶段。成员国对东亚多边贸易制度采取支持或者不支持的行为，取决于成员国对自由贸易的理解，这种理解体现在成员国签署的贸易协定中。

在东亚经济一体化进程中，存在多种不同的多边贸易合作制度，其中，很多国家同时是几个地区性多边合作制度的成员国，它们在参与制度建立和运作过程中，制度的参与角色发生了变化，以日本、中国、美国和澳大利亚参与东亚经济一体化制度建设作为案例，则非常具有代表性。通过具体案例分析表明，东亚多边贸易制度化建设进程被两场金融危机划分为三个关键节点，每一个关键节点成员国都采取了近似的参与行为，例如，1997—1998 年的东亚金融危机后，日本、中国、美国和澳大利亚都弱化对 APEC 的参与程度，在 2007—2009 年的全球金融危机后，日本、中国、美国和澳大利亚都积极推动跨区域的巨型多边自贸区谈判，并争夺贸易规则和标准的制定权。

制度作为区域性公共物品供给这一分析方式，对东亚多边贸易制度建设的现状以及未来发展趋势有较强的解释力。成员国对东亚多边制度存在选择偏好，他们选择支持那些有助于推动东亚自由贸易的多边制度安排，弱化甚

至背离那些提供东亚自由贸易这一区域性公共物品的制度安排。正因为如此，四个成员国在1997—1998年的东亚金融危机后开始走上一条不同于APEC方式的FTA自贸网络构建的路径，并在2007—2009年后，支持和推动较高水平的自由贸易的超大型自贸区谈判。

“ASEAN + N”形式的FTA自贸网络是一种承上启下的制度安排，集成了APEC倡导的自由贸易和便利化安排，但是这种制度本身存在重复建设，制度内容存在的差异导致商业成本增加，如多重原产地原则。这被称为东亚地区自由贸易协定的“面条碗效应”。为了克服这一效应，简化贸易成本，需要进一步深化整合东亚区域经济规则，东亚多边经济合作制度面临新的洗牌，新一轮的东亚自由贸易谈判，超越双边FTA谈判，重新强调区域经济整合。

东亚多边贸易制度建设体现了碎片化与整合趋势明显的两种非常态发展趋势。对东亚自由贸易的强调，对建设高水平自贸区的目标设定，以及对新一代贸易规则、标准制定权的争夺，势必导致东亚地区存在不同国家主导下的巨型贸易集团，导致亚太贸易市场的碎片化，但是贸易规则趋同有可能是推进未来地区整合的动力。

这种碎片化与统合相互作用的情势有可能形成两种东亚地区一体化发展版本：一种版本是，在贸易集团碎片化和贸易规则整合这两种合力的作用下，东亚地区自由贸易强调效率先行，经济强势国家成为地区一体化的主导国和贸易规则的制定者，主动地为东亚地区发展提供所需区域性公共物品，形成“主导国核心—追随国依附”的自由贸易态势，这一版本历来是经济发达国家主导世界经济体系的标准版本，并没有什么新颖之处。另一种版本强调公平，强调对弱国的补贴，强调对贫穷宣战。贸易规则通过渗透、规范性互动，强调公平的高水平地区经济一体化，直至形成命运共同体。这需要东亚地区主导国提供更多、更有针对性的区域性公共物品，制度提供区域性公共物品仍是一种非常可行的供给来源。

通过考察域外国家如何参与到地区经济一体化进程中，并细化分析参与角色在不同的制度建立时期的不同表现，参与战略的变化，对中国参与经济全球化具有实际指导意义。中国目前已经是世界第二大经济体，仅次于美国，东亚地区期待中国承担责任，提供区域性公共物品，提升东亚地区的福利。中国经济的崛起，伴随着中国海外利益的增长和维护，此外，考虑到西方国家认为中国是全球自由贸易最大的“搭便车”者，因此，西方国家需要全球化，利用新的贸易规则约束中国对外经济行为，中国面临着整体贸易形势恶化，而又需要履行地区责任的新情况。中国以何种形态进一步参与到全球以及其他地区性的经济合作进程中，化解危机，并有所作为，提供区域性公共物品可以作为可行的选择之一。另外，中国作为一个域外国家如何参与到其他地区经济一体化进程中，本书通过分析东亚经济一体化中美国和澳大利亚两个国家的参与行为，为中国参与并积极塑造亚太多边贸易制度合作提供一些借鉴。

参考文献

一、中文文献

（一）期刊论文

1. 秦亚青：《国家身份、战略文化和安全利益——关于中国与国际社会关系的三个假设》，《世界经济与政治》2003 年第 1 期。

2. ［澳］保罗·基廷著，郎平译：《构筑亚太共同体及茂物、大阪会议》，《国际经济评论》2001 年第 5 期。

3. ［美］约翰·格宁著，朱世平编译：《案例研究及其效用》，《经济社会体制比较（双月刊）》2007 年第 6 期。

4. ［日］清水一史著，邵鸣译：《东盟的地区一体化——以东盟经济共同体的进展为中心》，《南洋资料译丛》2014 年第 2 期。

5. ［日］武井泉、国松麻季著，邵鸣译：《日本东盟全面经济伙伴关系协定履行的现状与课题》，《南洋资料译丛》2011 年第 3 期。

6. 高恒等：《专家学者谈 1996 年亚太形势》，《当代亚太》1997 年第 1 期。

7. ［美］彼得·卡赞斯坦：《美国主导体系下的亚洲》，《国际政治研究》2006 年第 2 期。

8. 蔡拓、杨昊：《国际公共物品的供给：中国的选择与实践》，《世界经济与政治》2012 年第 10 期。

9. 柴瑜、岳云霞：《APEC 自由贸易的发展与评价》，《当代亚太》2006 年第 11 期。

10. 陈虹：《培育东亚债券市场：现状、障碍与前景》，《世界经济与政治》2007 年第 2 期。

11. 陈鲁直：《亚太地区实现自由贸易问题：评亚太经济合作组织〈茂物宣言〉》，《国际商务》1995 年第 2 期。

12. 陈寿琦：《关于利用比较成本理论的论争》，《国际贸易》1982 年第 9 期。

13. 陈文荣：《区域公共管理视角下公共产品的有效供给》，《西安石油大学学报（社会科学版）》2007 年第 2 期。

14. 成思危：《认真开展案例研究，促进管理科学及管理教育发展》，《管理科学学报》2001 年第 4 期。

15. ［新西兰］戴维·凯皮：《结构、动荡和范式变化——东亚防务外交近期的兴起》，《南洋资料译丛》2014 年第 2 期。

16. 樊勇明：《从国际公共产品到区域性公共产品——区域合作理论的新增长点》，《世界经济与政治》2010 年第 1 期。

17. 樊勇明：《区域性国际公共产品——解析区域合作的另一个理论视点》，《世界经济与政治》2008 年第 1 期。

18. 富景筠：《日本自贸区政策的演变：基于利益集团动态博弈的视角》，《国际经济评论》2011 年第 4 期。

19. 高程：《区域公共产品供求关系与地区秩序及其变迁——以东亚秩序的演化路径为案例》，《世界经济与政治》2012 年第 11 期。

20. 宫占奎、古昕：《APEC 茂物目标：憧憬、行动、评估与展望》，《亚太经济》2013 年第 4 期。

21. 郭琼、陈一一：《主导性国家与东盟安全共同体的建构——兼谈美国重返东南亚对建构东盟安全共同体的影响》，《东南亚研究》2012 年第 5 期。

22. 郝宏杰：《APEC 在该区域公共产品供给中的作用探析》，《亚太经济》2007 年第 6 期。

23. 何帆、杨盼盼：《中国不应缺席 TPP》，《经济导刊》2013 年第 5 期。

24. 贺平、沈陈：《RCEP 与中国的亚太 FTA 战略》，《国际问题研究》2013 年第 3 期。

25. 贺平：《区域性公共产品与东亚的功能性合作——日本的实践及其启示》，《世界经济与政治》2012 年第 1 期。

26. 贺平：《日本的东亚合作战略评析：区域性公共产品的视角》，《当代亚太》2009 年第 5 期。

27. 黄河:《区域性公共产品:东亚区域合作的新动力》,《南京师范大学学报(社会科学版)》2010 年第 3 期。

28. 黄洁:《美国推行 TPP 对两岸 ECFA 的影响和对策》,《国际贸易问题》2012 年第 8 期。

29. 黄永光:《东亚区域制度化进程中的问题与中国的选择》,《国际经济评论》2009 年第 11 - 12 期。

30. 纪文华:《加入 WTO 十周年:中国参与争端解决机制的宏观问题和应对之策概析》,《世界贸易组织动态与研究》2011 年第 3 期。

31. 李俊久、丁一兵:《以自由贸易的名义:从东盟—日本 CEP 看日本对外贸易政策的变化》,《国际经济评论》2003 年第 6 期。

32. 李少军:《论国际关系中的案例研究法》,《当代亚太》2008 年第 3 期。

33. 李晓、冯永琦:《中日两国在东亚区域内贸易中地位的变化及其影响》,《当代亚太》2009 年第 6 期。

34. 林义:《制度分析及其方法论意义》,《经济学家》2001 年第 4 期。

35. 刘昌黎:《日本经济集团化战略的变化》,《国际经济评论》2001 年第 4 期。

36. 刘昌明:《双边同盟体系制约下的东亚地区主义:困境与趋向》,《当代世界社会主义问题》2011 年第 1 期。

37. 刘琛:《析澳大利亚媒体对中国国家形象的报道:以“融入亚太”为背景》,《暨南学报(哲学社会科学版)》2012 年第 3 期。

38. 刘铁明、李俊久:《东亚区域的货币金融合作与中国的制度选择》,《当代经济研究》2002 年第 5 期。

39. 刘兴宏:《亚洲开发银行成立的核心动力因素分析》,《国际论坛》2010 年第 5 期。

40. 刘有发:《试论澳大利亚的“亚太经济”策略》,《企业经济》2007 年第 12 期。

41. 卢光盛:《国际公共产品与中国—大湄公河次区域国家关系》,《创新》2011 年第 3 期。

42. 马骏:《国际制度的“次优”选择——从“有限理性”到“不确定性”》,《外交评论》2013 年第 4 期。

43. 门洪华：《压力、认知与国际形象——关于中国参与国际制度战略的历史解释》，《世界经济与政治》2005 年第 4 期。

44. 秦亚青、王燕：《建构共同体的东亚模式》，《外交学院学报》2004 年总第 78 期。

45. 秦亚青：《关系本位与过程建构：将中国理念植入国际关系理论》，《中国社会科学》2009 年第 3 期。

46. [日] 青木昌彦著，周黎安、王珊珊译：《什么是制度？我们如何理解制度?》，《经济社会体制比较》2000 年第 6 期。

47. 曲博：《因果机制与过程追踪法》，《世界经济与政治》2010 年第 4 期。

48. 任晓：《东亚合作的区域内外互动新态势》，《国际问题研究》2010 年第 2 期。

49. 沈红芳、陈凌岚：《东亚货币金融合作机制及其特点研究》，《南洋问题研究》2011 年第 4 期。

50. 沈满洪、谢慧明：《公共物品问题及其解决思路——公共物品理论文献综述》，《浙江大学学报（人文社会科学版）》2009 年第 6 期。

51. 沈铭辉：《影响东亚合作的域外因素——从区域性公共产品的视角》，《新视野》2010 年第 6 期。

52. 盛斌：《亚太区域合作的新动向：来自竞争性构想的洞察》，《国际经济评论》2010 年第 3 期。

53. 汤婧：《中国参与亚太区域整合的战略选择——RCEP 对 TPP 的替代效应》，《中国经贸导刊》2013 年第 16 期。

54. 田野：《国际制度的形式选择——一个基于国家间交易成本的模型》，《经济研究》2005 年第 7 期。

55. 王佃凯：《公平和效率的平衡——论自由贸易理论与保护贸易理论的统一性》，《对外经济贸易大学学报》2001 年第 5 期。

56. 王方方：《区域公共产品的缺失——对中日韩经济一体化困境的解析》，《实事求是》2006 年第 4 期。

57. 王建云：《案例研究方法的研究述评》，《社会科学管理与评论》2013 年第 3 期。

58. 王巧荣：《西方主要国际关系理论流派对 APEC 研究评析》，《首都师范大学学报（社会科学版）》2010 年第 4 期。

59. 王英英：《论东亚区域合作中的美国因素和主导权问题》，《亚太经济》2012 年第 3 期。

60. 王玉主：《区域公共产品供给与东亚合作主导权问题的超越》，《当代亚太》2011 年第 6 期。

61. 王玉主：《显性的双框架与隐性的双中心——冷和平时期的亚太区域合作》，《世界经济与政治》2014 年第 10 期。

62. 王正毅：《亚洲区域化：从理性主义走向社会建构主义？——从国际政治经济学的角度看》，《世界经济与政治》2003 年第 5 期。

63. 韦宗友：《非正式集团、大国协调与全球治理》，《外交评论》2010 年第 6 期。

64. 吴晓萍：《论国际公共产品的供给困境》，《中南民族大学学报（人文社会科学版）》2011 年第 3 期。

65. 吴心伯：《美国与东亚一体化》，《国际问题研究》2007 年第 5 期。

66. 席桂桂、陈水胜：《精致的公平？奥巴马公平贸易观与对华贸易政策》，《美国问题研究》2012 年第 2 期。

67. 肖欢容：《泛化的区域主义与东亚共同体的未来》，《世界经济与政治》2008 年第 10 期。

68. 肖欢容：《区域主义及其当代发展》，《世界经济与政治》2000 年第 2 期。

69. 徐梅：《中日韩 FTA 的进展、影响及前景探析》，《日本学刊》2012 年第 5 期。

70. 许宁宁：《RECP：东盟主导的区域全面经济伙伴关系》，《东南亚纵横》2012 年第 10 期。

71. 杨扬：《东亚区域合作的症结与出路》，《和平与发展》2008 年第 3 期。

72. 袁胜育、郑飞：《交易成本国际政治学：一种新的视角》，《河南师范大学学报（哲学社会科学版）》2010 年第 9 期。

73. 张海琦、李光辉：《TPP 背景下中国参与东亚区域经济合作的建议》，《国际经济合作》2013 年第 3 期。

74. 张坤：《中国在东亚区域内的进口贸易分析》，《世界经济研究》2011

年第6期。

75. 张磊、徐琳：《从区域性国际公共产品供给角度析东亚区域合作中的中韩自贸区建设》，《世界贸易组织动态与研究》2010年第2期。

76. 张清敏：《冷战后中国参与多边外交的特点分析》，《国际论坛》2006年第3期。

77. 张士威：《论基于区域公共产品分类的供给模式选择》，《辽宁行政学院学报》2011年第9期。

78. 张小明：《美国与东亚国际体系的变迁》，《国际政治研究》2007年第2期。

79. 张幼文：《全球化经济形成机制与本质分析》，《上海财经大学学报》2006年第5期。

80. 张蕴岭：《东亚合作需要创新》，《国际经济评论》2010年第1期。

81. 赵亮、陈淑梅：《广域组织RECP下我国货物贸易流量的影响因素——基于静态面板数据的贸易引力模型》，《南洋问题研究》2014年第1期。

82. 周永生、丁安平：《日本鸠山内阁的外交政策》，《现代国际关系》2010年第1期。

83. 周永生：《小泉内阁的外交政策浅析》，《日本学刊》2006年第5期。

（二）专著

1. 刘樊德：《澳大利亚东亚政策的演变：在碰撞与融合中实现国家利益》，北京：世界知识出版社，2004年。

2. 陈峰君、祁建华主编：《新地区主义与东亚合作》，北京：中国经济出版社，2007年。

3. 风笑天：《社会学研究方法》（第2版），北京：中国人民大学出版社，2005年。

4. 耿协峰：《新地区主义与亚太地区结构变动》，北京：北京大学出版社，2003年。

5. 梅平主编：《东亚合作还是亚太合作：亚太区域合作的机制与方向研究》，北京：世界知识出版社，2010年。

6. 曲博：《危机下的抉择：国内政治与汇率制度选择》，上海：上海人民出版社，2012 年。

7. 宋伟：《捍卫霸权利益：美国地区一体化战略的演变（1945—2005 年）》，北京：北京大学出版社，2014 年。

8. 唐国强主编：《跨太平洋伙伴关系协定与亚太区域经济一体化研究》，北京：世界知识出版社，2013 年。

9. 田野：《国际关系中的制度选择：一种交易成本的视角》，上海：上海人民出版社，2006 年。

10. 王杰主编：《国际机制论》，北京：新华出版社，2002 年。

11. 张贵洪、斯瓦兰·辛格主编：《亚洲的多边主义》，北京：时事出版社，2012 年。

12. 张宇燕、李增刚：《国际经济政治学》，上海：上海人民出版社，2008 年。

（三）译著

1. ［英］安德鲁·海伍德著，王浦劬译：《政治学核心概念》（影印本），北京：中国人民大学出版社，2011 年。

2. ［美］罗伯特·基欧汉、［美］约瑟夫·奈著，门洪华译：《权利与相互依赖》（第 3 版），北京：北京大学出版社，2002 年。

3. ［美］约翰·鲁杰主编，苏长和等译：《多边主义》，杭州：浙江人民出版社，2003 年。

4. ［美］罗伯特·古丁、汉斯—迪特尔·克林格曼主编，钟开斌等译：《政治科学新手册》（上册），北京：生活·读书·新知三联书店，2006 年。

5. ［美］罗伯特·殷著，周海涛主译：《案例研究方法的应用》，重庆：重庆大学出版社，2004 年。

6. ［澳］麦森塔尔：《澳大利亚简史》，上海：上海外语教育出版社，2006 年。

7. ［日］青木昌彦著，周黎安译：《比较制度分析》，上海：上海远东出版社，2001 年。

8. ［美］斯蒂芬·范埃弗拉著，陈琪译：《政治学研究方法指南》，北京：北京大学出版社，2006 年。

9. ［美］英吉·考尔等编，张春波、高静译：《全球化之道——全球公共产品的提供与管理》，北京：人民出版社，2006 年。

（四）学位论文

史伟成：《区域性公共产品与东亚外汇储备库建设》，复旦大学博士学位论文，2011 年。

（五）报纸文章

1.《中国有兴趣加入 TPP 自贸协议谈判》，《南方日报》，2014 年 4 月 10 日第 A04 版。

2. 郭丽琴、王琳、黄立俊：《东亚经济新变局：中韩贸易额要超中日》，《第一财经日报》，2014 年 1 月 9 日。

3. 卢国学：《中国：与亚太共荣》，《人民日报》，2005 年 11 月 18 日第 7 版。

4. 罗建波：《亚太自贸区建设与中国的大国责任》，《学习时报》，2014 年 11 月 24 日第 A2 版。

5. 袁源：《TPP 阻路自贸区岛争仍是三国“死结”：中日韩自贸区还缺“德法和解”》，《国际金融报》，2013 年 1 月 24 日第 1 版。

6. 张忱：《人民币有潜力成为重要外储货币》，《经济日报》，2014 年 10 月 23 日第 9 版。

7. 章文、张洁米：《零关税：中国—东盟 FTA 20 年功成》，《时代周报》，2009 年 8 月 27 日。

二、英文文献

（一）报刊论文

1. Dan Biers and Craig Forman, “Asia - Pacific Forum Finds Focus: Trade”, *Wall Street Journal*, No. 14, 1994.

2. Andrés Malamud, “A Leader without Followers? The Growing Divergence between the Regional and Global Performance of Brazilian Foreign Policy”, *Latin American Politics and Society*, Vol. 53, Issue 3, 2011.

3. Andrew Bennett and Colin Elman, “Case Study Methods in the International

Relations Subfield", *Comparative Political Studies*, Vol. 40, No. 2, 2007.

4. Andrew Linklater, "Anger and World Politics: How Collective Emotions Shift over time", *International Theory*, Vol. 6, Issue 3, 2014.

5. Andrew Moravcsik, "A New Statecraft? Supranational Entrepreneurs and International Cooperation", *International Organization*, Vol. 53, Issue 2, 1999.

6. Angus Grigg and Lisa Murray, "Australia - China Trade No Longer just a Resources Story", *The Australian Financial Review*, August 13, 2013.

7. Anna Jerzewska, "Japan's FTAs as Tools for Achieving Companies' Commercial Interests: Do Japanese Corporations Need a Region - Wide Trade Liberalization Treaty?", *Asia Regional Integration Review*, Vol. 3, 2011.

8. Anssi Paasi, "Region and Place: Regional Identity in Question", *Progress in Human Geography*, Vol. 27, No. 4, 2003.

9. Anssi Paasi, "The Resurgence of the 'Region' and 'Regional Identity': Theoretical Perspectives and Empirical Observations on Regional Dynamics in Europe", *Review of International Studies*, Vol. 35, Supplement S1, 2009.

10. Avner Greif, "Historical and Comparative Institutional Analysis", *American Economic Review*, Vol. 88, No. 2, 1998.

11. Barbara Koremenos, Charles Lipson and Duncan Snide, "The Rational Design of International Institutions", *International Organization*, Vol. 55, Issue 4, 2001.

12. M. N. Barnett and M. Finnemore, "The Politics, Power, and Pathologies of International Organizations", *International Organization*, Vol. 53, No. 4, 1999.

13. Björn Jerdén and Linus Hagström, "Rethinking Japan's China Policy: Japan as an Accommodator in the Rise of China, 1978 - 2011", *Journal of East Asian Studies*, Vol. 12, No. 2, 2012.

14. Bruce Stokes, "At APEC: Americans, Japanese are Most Skeptical that Trade Leads to More Jobs", *Pew Research Center Survey*.

15. C. Fred Bergsten, "Pacific Asia and the Asia Pacific: The Choices for APEC", *Policy Brief*, Vol. 2, No. 4, 2009.

16. C. Fred Bergsten, "Toward a Free Trade Area of the Asia Pacific", *Estudios Internacionales*, Vol. 39, No. 156, 2011.

17. C. M. Dent, "Bilateral Free Trade Agreements: Boon or Bane for Regionalism in East Asia and the Asia – Pacific?", *European Journal of East Asian Studies*, Vol. 4, No. 2, 2005.

18. Cameron G. Thies, "A Social Psychological Approach to Enduring Rivalries", *Political Psychology*, Vol. 22, No. 4, 2001.

19. Carlos Kuriyama and Emmanuel San Andres, "Trade and Economic Growth: 25 Years of a Stronger Relationship within APEC", *Policy Brief*, No. 11, 2014.

20. Chalmers Johnson, "The Patterns of Japanese Relations with China, 1952 – 1982", *Pacific Affairs*, Vol. 59, No. 3, 1986.

21. Charles F. Doran, "Security and Political Economy in US – Asian Relations", *The Journal of East Asian Affairs*, Vol. 8, No. 2, 1994.

22. Charles P. Kindleberger, "Hierarchy Versus Inertial Cooperation after Hegemony: Cooperation and Discord in the World Political Economy", *International Organization*, Vol. 40, No. 4, 1986.

23. Charles P. Kindleberger, "International Public Goods without International Government", *The American Economic Review*, Vol. 76, No. 1, 1986.

24. Christopher Johnstone, "An Awkward Dance: The Osaka Summit, Japanese Leadership and the Future of APEC", *Japan Economic Institute Report*, No. 39A, 1995.

25. Dan Ben – David and Michael B. Loewy, "Free Trade, Growth, and Convergence", *NBER Working Paper*, No. 6095, 1997.

26. Dani Rodrik, "The Rush to Free Trade in the Developing World: Why So Late? Why Now? Will It Last?", *NBER Working Paper Series*, No. 3947, 1992.

27. David A. Lake, "Leadership, Hegemony, and the International Economy: Naked Emperor or Tattered Monarch with Potential?", *International Studies Quarterly*, Vol. 37, No. 4, 1993.

28. David A. Lake, "Regional Hierarchy: Authority and Local International Order", *Review of International Studies*, Vol. 35, Supplement S1, 2009.

29. David S. Hong, "East Asian Community, into Reality", *Working Paper*, 2005.

30. Donald C. Hellmann, "APEC and the Political Economy of the Asia – Pacific: New Myths, Old Realities", *Analysis*, Vol. 6, 1995.

31. Donald Crone, "Does Hegemony Matter? The Reorganization of the Pacific

Political Economy", *World Politics*, Vol. 45, No. 4, 1993.

32. Donald Puchala and Raymond Hopkins, "International Regimes: Lessons from Inductive Analysis", *International Organization*, Vol. 36, No. 2, 1982.

33. Karolina M. Milewicz and Duncan Snidal, "Cooperation by Treaty: The Role of Multilateral Powers", *Internatioonal Organization*, Vol. 70, Issue 4, 2016.

34. Edward J. Lincoln and Kenneth Flamm, "Time to Reinvent APEC", *Brookings Policy Brief Series*, Vol. 186, No. 26, 1997.

35. Emma Hutchison and Roland Bleiker, "Theorizing Emotions in World Politics", *International Theory*, Vol. 6, Issue 3, 2014.

36. Eva Herschinger, "'Hell is the Other': Conceptualising Hegemony and Identity through Discourse Theory", *Millennium-Journal of International Studies*, Vol. 41, Issue 1, 2012.

37. Evelyn Goh, "Great Powers and Hierarchical Order in Southeast Asia", *International Security*, Vol. 32, No. 3, 2007/2008.

38. Rick Fawn, "'Regions' and Their Study: Where from, What for and Where to?" *Review of International Studies*, Vol. 35, Supplement S1, 2009.

39. G. John Ikenberry and Charles A. Kupchan, "Socialization and Hegemonic Power", *International Organization*, Vol. 44, No. 3, 1990.

40. G. John Ikenberry, "American Hegemony and East Asian Order", *Australian Journal of International Affairs*, Vol. 58, No. 3, 2004.

41. Gareth Evans, "Australia Needs to Refocus on ASEAN", *East Asia Forum*, December 17, 2014.

42. Harold Demsetz, "The Private Production of Public Goods", *Journal of Law and Economics*, Vol. 13, No. 2, 1970.

43. Helen V. Milner, "Rationalizing Politics: The Emerging Synthesis of International, American, and Comparative Politics", *International Organization*, Vol. 52, No. 4, 1998.

44. Helen V. Milner and Keiko Kubota, "Why the Move to Free Trade? Democracy and Trade Policy in the Developing Countries", *International Organization*, Vol. 59, No. 1, 2005.

45. Hu Weixing, "Building Asia – Pacific Regional Institution: The Role of APEC", *Papers of Beijing Forum*, 2009.

46. Hugh White, “America or China: One Day, We will have to Choose”, *The Sydney Morning Herald*, May 28, 2013.

47. Hugo Wheegook Kim, “Regional Integration and Inter-Korean Economic Cooperation: A Perspective of International Political Economy”, *Korean Journal of Defense Analysis*, Vol. 14, Issue 1, 2009.

48. Ian F. Fergusson, William H. Cooper, Remy Jurenas, Brock R. Williams, “The Trans – Pacific Partnership Negotiations and Issues for Congress”, *CRS Report for Congress*, Vol. 12, 2013.

49. II Hyun Cho and Seo-Hyun Papk, “Domestic Legitimacy Politics and Varieties of Regionalism in East Asia”, *Review of International Studies*, Vol. 40, Issue 3, 2014.

50. Injoo Sohn, “Learning to Cooperate: China’s Multilateral Approach to Asian Financial Cooperation”, *The China Quarterly*, Vol. 194, 2008.

51. Ira Rubins, “Risks and Rewards of Academic Capitalism and the Effects of Presidential Leadership in the Entrepreneurial University”, *Perpectives in Public Affairs*, 2007.

52. Ito Go, “Regionalism in the Asia – Pacific and U. S. Interests”, *Nanzan Review of American Studies*, Vol. 30, 2008.

53. James D. Sidaway, “Pacific Dreaming, APEC, ASEAN and Their Geographies: Reflections on Poon”, *Area*, Vol. 34, Issue 2, 2002.

54. James Morley, “Japan’s position in Asia”, *Journal of International Affairs*, Vol. 17, Issue 2, 1963.

55. Jonas Tallberg, “The Power of the Chair: Formal Leadership in International Cooperation”, *International Studies Quarterly*, Vol. 54, No. 1, 2010.

56. Jonathan Mercer, “Feeling Like a State: Social Emotion and Identity”, *International Theory*, Vol. 6, Issue 3, 2014.

57. Josef Joffe, “‘Bismarck’ or ‘Britain’? Toward an American Grand Strategy after Bipolarity”, *International Security*, Vol. 19, No. 4, 1995.

58. Junichi Sugawara, “The FTAAP and Economic Integration in East Asia: Japan’s Approach to Regionalism and U. S. Engagement in East Asia”, *Mizuho Research Paper*, 2007.

59. Kathy Powers and Gary Goertz, "The *Economic-Institutional* Construction of Regions: Conceptualisation and Operationalization", *Review of International Studies*, Vol. 37, No. 5, 2011.

60. Li Xing, "East Asian Tegional Integration: From Japan – led 'Flying – geese' to China – centred 'Bamboo Capitalism'", *Working Paper*, No. 3, 2007.

61. Linda Courtenay Botterill, "Are Policy Entrepreneurs Really Decisive in Achieving Policy Change? Drought Policy in the USA and Australia", *Australian Journal of Politics and History*, Vol. 59, Issue 1, 2013.

62. Lowell Dittmer, "East Asia in the 'New Era' in World Politics", *World Politics*, Vol. 55, No. 1, 2002.

63. M. Shefter, "Party and patronage: Germany, England, and Italy", *Politics & Society*, Vol. 7, Issue 4, 1997.

64. Marc A. Levy, Oran R. Young and Michael Zürn, "The Study of International Regimes", *European Journal of International Relations*, Vol. 1, Issue 3, 1995.

65. Mark Beeson, "Rethinking Regionalism: Europe and the East Asia in Comparative Historical Perspective", *Journal of European Public Policy*, Vol. 12, No. 6, 2005.

66. Martha Finnemore and K. Sikkink, "Taking Stock: Constructivis Research Program", *Annual Review Polititical Science*, Vol. 4, Issue 1, 2001.

67. Maryanne Kelton, "Symposium: Australia – US Economic Relations and the Regional Balance of Power Australia – US Economic Relations following the 2005 Free Trade Agreement", *Australian Journal of Political Science*, Vol. 48, Issue 2, 2013.

68. Norman Frohlich and Joe A. Oppenheimer, "I Get Along with a Little Help from My Friends", *World Politics*, Vol. 23, Issue 1, 1970.

69. Oran R. Yong, "Political Leadership and Regime Formation: On the Development of Institutions on International Society", *International Organization*, Vol. 45, Issue 3, 1991.

70. P. V. Indiresan, "The Kunming Initiative", *Frontline* (*New Delhi*), Vol. 17, No. 7, 2000.

71. Patricia Ranald, "The Australian – US Free Trade Agreement: A Contest of Interest", *Journal of Australian Political Economy*, No. 57, 2006.

72. Paul Pierson, "The Limits of Design: Explaining Institutional Origins and Change", *Governance*, Vol. 13, Issue 4, 2000.

73. Paul A. Samuelson, "The Pure Theory of Public Expenditure", The Review of Economics and Statistics, Vol. 36, No. 4, 1954.

74. Peter A. Petri and Michael G. Plummer, "The Trans – Pacific Partnership and Asia – Pacific Integration: Policy Implications", *Social Science Electronic Publishing*, Vol. 2, No. 4, 2012.

75. Peter Deysdale, "Australia and Asia", *Sydney Morning Herald*, July 19, 1971.

76. Peter Hall and Rosemary Taylor, "Political Science and Three Institutionalism", *Political Studies*, Vol. 44, No. 5, 1996.

77. R. R. Nelson, "The Co-evolution of Technology, Industrial Structure, and Supporting Institutions", *Industrial and Corporate Change*, Vol. 3, No. 1, 1994.

78. Ramtanu Maitra, "Prospects Brighten for Kunming Initiative", *Asia Times*, February 12, 2003.

79. Richard Baldwin, "A Domino Theory of Regionalism", *NBER Working Paper Series*, No. 4465, 1993.

80. Richard Baldwin and Dany Jaimovich, "Are Free Trade Agreements Contagious?", *NBER Working Paper*, No. 16084, 2010.

81. Richard M. Alston, J. R. Kearl and Michael B. Vaughan, "Is There a Consensus among Economists in the 1990's?", *American Economic Review*, Vol. 82, Issue 2, 1992.

82. Richard Pomfret, "Is Regionalism an Increasing Feature of the World Economy?", *The World Economy*, Vol. 30, No. 6, 2007.

83. Robert E. Baldwin, "The Political Economy of Trade Policy", *Journal of Economic Perspectives*, Vol. 3, No. 4, 1989.

84. Robert O. Keohane, "International Institutions: Two Approaches", *International Studies Quarterly*, Vol. 32, No. 4, 1988.

85. Robert O. Keohane, "The Demand for International Regimes", *International Organization*, Vol. 36, No. 2, 1982.

86. Romain Wacziarg and Karen Horn Welsh, "Trade Liberalization and Growth:

New Evidence", *The World Bank Economic Review*, Vol. 22, No. 2, 2008.

87. Ron Wonnacott, "A Canada's Future in a World of Trade Blocs: A Proposal", *Canadian Public Policy*, Vol. 1, Issue 1, 1975.

88. Ron Wonnacott and Paul Wonnacott, "Toward Free Trade between Canada and the United States: What are the Potential Effects of a Broad Canada-United States Free-Trade Agreement?", *Canadian Business Review*, Vol. 12, Issue 3, 1985.

89. Shi Yuanhua and Qi Huaigao, "The New Thinking on China's Asia Diplomacy during the Post – Cold War Era: Institutional Model Choices and Sino-U. S. Compatibility", *Korean Journal of Defense Analysis*, Vol. 22, Issue 3, 2010.

90. Shintaro Hamanaka, "Institutional Parameters of A Regional Wide Economic Agreement in Asia", *ADB papers*, No. 67, 2010.

91. Simon Hix, "Institutional Design of Regional Integration", *ADB papers*, No. 64, 2010.

92. Stephen D. Krasner, "State Power and the Structure of International Trade", *World Politics*, Vol. 28, No. 3, 1976.

93. Stephen D. Krasner, "Approaches to the State: Alternative Conceptions and Historical Dynamics", *Comparative Politics*, Vol. 16, Issue 2, 1984.

94. T. Gries and M. Redlin, "Trade Openness and Economic Growth: A Panel Causality Analysis", *Working Paper*, Vol. 27, No. 6, 2012.

95. Tadahiro Yoshida, "East Asian Regionalism and Japan", *Working Paper Series*, No. 9, 2004.

96. Taizo Miyagi, "Post – War Asia and Japan-Moving beyond the Cold War: An Historical Perspective", *Asia – Pacific Review*, Vol. 18, Issue 1, 2011.

97. Takashi Terada, "Entanglement of Regional Economic Integration and ASEAN", *Japan Center for Economic Research "Asia Research" Report*, 2012.

98. Takashi Terada, "The Japanese Origins of PAFTAD: The Beginning of an Asian Pacific Economic Community", *Pacific Economic Papers*, No. 292, 1999.

99. Takashi Terada, "The Origins of Japan's APEC Policy: Foreign Minister Takeo Miki's Asia – Pacific Policy and Current Implications", *The Pacific Review*, Vol. 11, No. 3, 1998.

100. Tatsushi Ogita, "The APEC Policy – Making Process in Japan", *Working Paper Series*, No. 7, 1996.

101. Thomas Gehring and Sebastian Oberthur, "The Causal Mechanisms of Interaction between International Institutions", *European Journal of International Relations*, Vol. 15, Issue 1, 2009.

102. Vinod K. Aggarwal and Cédric Dupont, "Comment on 'Common Goods, Matrix Games and Institutional Response'", *European Journal of International Relations*, Vol. 9, No. 3, 2003.

103. Vinod K. Aggarwal and Cédric Dupont, "Goods, Games and Institutions", *International Political Science Review*, Vol. 20, Issue 4, 1990.

104. Vinod K. Aggarwal, "Building International Institutions in Asia – Pacific", *Asian Survey*, Vol. 18, No. 22, 1993.

105. W. Brian Arthur, "Competing Technologies, Increasing Returns, and Lock-in by Historical Events", *The Economic Journal*, Vol. 99, No. 394, 1989.

106. William H. Cooper and Mark E. Manyin, "Japan's Possible Entry into the Trans-Pacific Partnership and Its Implications", *CRS Report for Congress*, 2012.

107. Li Xiaojun, "Social Rewards and Socialization Effects: An Alternative Explanation for the Motivation behind China's Participation in International Institutions", *The Chinese Journal of International Politics*, Vol. 3, No. 3, 2010.

108. Deng Yong, "Chinese Relations with Japan: Implications for Asia – Pacific Regionalism", *Pacific Affairs*, Vol. 70, No. 3, 1997.

109. Zeki Sarigil, "Showing the Path to Path Dependence: The Habitual Path", *European Political Science Review*, Vol. 7, No. 2, 2015.

110. Harold Demsetz, "The Private Production of Public Goods", *Journal of Law and Economics*, Vol. 13, No. 2, 1970.

111. Douglas Lippoldt, "Trading up: Asia Should Seize Its Chance to lead on Trade", *Hong Kong Business*, 2017.

（二）专著

1. Gerschenkron, *Economic Backwardness in Historical Perspective*, Cambridge: Harvard Universty Press, 1962.

2. Amitav Achaya, *Constructing a Security Community in Southeast Asia: ASEAN and the Problem of Regional order*, London: Routledge, 2001.

3. Alastair Iain Johnston and Robert S. Ross, eds., *Engaging China: The Management of an Emerging Power*, London: Routledge, 1999.

4. Albert Hirschman, *Exit, Voice, and Loyalty: Responses to Decline in Firms, Organizations, and States*, Cambridge: Harvard University Press, 1970.

5. Allan Gyngell and Michael Wesley, *Making Australian Foreign Policy*, Cambridge: Cambridge University Press, 2003.

6. Amitav Acharya, *Whose Ideas Matter? Agency and Power in Asia*, Singapore: ISEAS Publishing, 2010.

7. Ann Capling, *Australia and the Global Trade System: From Havana to Seattle*, Cambridge: Cambridge University Press, 2001.

8. Anthony Milner and Mary Quilty, eds., *Comparing Cultures*, Melbourne: Oxford University Press, 1996.

9. Antoni M. Estevadeor, Brian Frantz and Tam Nguyen, eds., *Regional Public Goods: Demand and Institutions*, Washington, D. C.: Inter-American Development Bank and Asian Development Bank, 2004,

10. B. Moore, *Social Origins of Dictatorship and Democracy*, Boston: Beacon Books, 1966.

11. Barry Buzan and Ole Waever, *The Regions and Powers: The Structure of International Security*, Cambridge: Cambridge University Press, 2004.

12. Barry Buzan, *People, State and Fear: The National Security Problems in Relations*, Sussex: Wheat sheaf Bools Ltd., 1983.

13. Charles Harvie, Fukunari Kimura and Hyun-Hoon Lee, eds., *New East Asian Regionalism: Causes, Progress and Country Perspectives*, Edward Elgar Publishing, 2006.

14. Charles P. Kindleberger, *The World in Depression, 1929 - 1939*, Berkeley: California University Press, 1973.

15. Douglass North, *Institutions, Institutional Change and Economic Performance*, Cambridge: Cambridge University Press, 1990.

16. David A. Lake and Patrick Morgan, *Regional Orders: Building Security in A New World*, University Park: Pennsylvania State University Press, 1997.

17. David Arter, *The Politics of European Integration in the Twentieth Century*, Aldershot: Dartmouth Publishing Co., 1993.

18. David Shambaugh, ed., *Power Shift: China and Asia's New Dynamics*, California: California University Press, 2005.

19. Dennis Rumley, *The Geopolitics of Australia's Regional Relations*, Boston: Kluwer Academic Publishers, 2001.

20. Donald Horne, *The Lucky Country: Australia in the 1960s*, London: Penguin, 1965.

21. Marco Ferroni and Ashoka Mody, *International Public Goods: Incentives, Measurement, and Financing*, Boston: Kluwer Academic Publisher, 2002.

22. Frank P. Harvey and Michael Brecher, eds., *Evaluating Methodology in International Studies*, Michigan: Michigan University Press, 2002.

23. Friedrich V. Kratochwil, *Rules, Norms, and Decisions: On the Conditions of Practical and Legal Reasoning in International Relations and Domestic Affairs*, Cambridge: Cambridge University Press, 1989.

24. G. J. Ikenberry, *After Victory: Institutions, Strategic Restraint, and the Rebuilding of Order after Major Wars*, Princeton: Princeton University Press, 2001.

25. Gary King, Robert O. Keohane and Sidney Verba, *Design Social Inquiry: Scientific Inference in Qualitative Research*, Princeton: Princeton University Press, 1994.

26. Gateth Evans and Bruce Grant, *Australia's Foreign Relations in the World of the 1990s*, Victoria: Melbourne University Press, 1991.

27. Geuss and Raymond, *Public Goods, Private Goods*, Princeton: Princeton University Press, 2000.

28. Giovanni Arrighi, *The Long Twentieth Century: Money, Power and the Origins of Our Times*, Verso, 2010.

29. J. Goldstein and R. Keohane, eds., *Ideas and Foreign Policy: Beliefs, Institutions, and Political Change*, Ithaca: Cornell University Press, 1993.

30. Gordon Greenwood and Pamela Bray, *Approaches to Asia: Australian Postwar Policies and Attitudes*, McGraw-Hill Book Company Australia Pty Limited, 1974.

31. Henry Stephen Albinski, Robert C. Kiste, Richard Herr, Ross Babbage and McLean, *The South Pacific: Political, Economic and Military Trends*, Wash-

ington: Brassey's Inc. , 1990.

32. Jacob Bercovitch, *ANZUS in Crisi: Alliance Management in Intenrational Affairs*, Houndsmills: Msc Millan Press, 1988.

33. James Cotton and John Ravenhill, eds. , *Seeking Asian Engagement: Australia in World Affairs, 1991 – 1995*, Melbourne: Oxford University Press, 1997.

34. Jikon Lai, *Financial Crisis and Institutional Change in East Asia*, Palgrave Macmilan, 2012.

35. John Kingdon, *Agendas, Alternatives and Public Policies*, 2nd Edition, New York, 1995.

36. Karl W. Deutsch, *Political Community at the International Level: Problems of Definition and Measurement*, New York: Doubleday, 1954.

37. Karl W. Deutssch, *The Integration of Political Communities*, Philadelphia: Lippincott, 1964.

38. Karl W. Deutsch, et al. , *Political Community and the North Atlantic Area: International Organization in the Light of Historical Experience*, Princeton: Princeton University Press, 1957.

39. Karry A. Chase, *Trading Blocs: States, Firms, and Regions in the World Economy*, Michigan: Michigan University Press, 2005.

40. Keating Paul, *Engagement: Australia Faces the Asia-Pacific*, Sydney: Pan Macmillan, 2000.

41. Kenneth A. Oye, ed. , *Cooperation under Anarchy*, Princeton: Princeton University Press, 1986.

42. Klaus Segbers, ed. , *The Making of Global City Regions: Johannesburg, Mumbai/Bombay, São Paulo, and Shanghai*, Baltimore: John Hopkins University Press, 2007.

43. L. W. Pauly, *Who Elected the Bankers? Surveillance and Control in the World Economy*, Ithaca: Cornell, 1997.

44. Louis J. Cantori and Steven L. Spiegal, *The International Politics of Regions: A Comprehensive Approach*, Eaglewood Cliffs: N. J. Prentice-Hill, 1970.

45. Marco Ferroni and Ashoka Mody, eds. , *International Public Goods: Incentives, Measurement, and Financing*, Kluwer Academic Publisher, 2002.

46. Mark Beeson and Nick Bisley, *Issues in 21st Century World Politics*, Palgrave Macmillan, 2010.

47. Mark Beeson, *Institutions of the Asia Pacific: ASEAN, APEC, and beyond*, Routledge, 2009.

48. Mark Haugaard and Howard H. Lentner, eds., *Hegemony and Power*, Palgrave Macmillan, 2012.

49. Mary Farrell, Bjorn Hettne and Luk Van Langenhove, eds., *Global Politics of Regionalism: Theory and Practice*, Cambridge: Pluto Press, 2005.

50. Michael S. Steinberg, ed., *The Technical Chalknges and Opportunities of a United Europe*, London: Pinter Publishers, 1990.

51. Michael Schulz, Frederik Soderbaum and Joakim Ojendal, eds., *Regionalization in a Globaling World: A Comparative Perspective on Forms, Actors and Processes*, New York: ZED Books, 2001.

52. Michel Oksenberg and Elizaberth Economy, eds., *China Joins the World: Progress and Prospects*, New York: Council on Foreign Relations, 1999.

53. P. Boyce and J. Angel, *Diplomacy in the Marketplace: Australia in World Affairs, 1981–1990*, Melbourne: Longman Cheshire, 1992.

54. Peter Coffey, *Europe-toward* 2001, Springer, 1996.

55. Peter J. Katzenstein and Takashi Shiraishi, eds., *Network Power: Japan and Asia*, Ithaca: Cornell University Press, 1997.

56. Peter J. Katzenstein, *A World of Regions: Asia and Europe in the American Imperium*, New York: Cornell University Press, 2005.

57. Philippa Dee, *The Australia-US Free Trade Agreement: An Assessment*, Canberra: Australia National University, 2005.

58. R. B. J. Walker, *After the Globe, before the World*, London: Routledge, 2010.

59. Richard Cornes, *The Theory of Externalities, Public Goods, and Club Goods*, Cambridge: Cambridge University Press, 1996.

60. Robert Axelrod, *The Evolution of Cooperation*, New York: Basic Books, 1984.

61. Robert Gilpin, *U. S. Power and the Multinational Corporation: The Political Economy of Foreign Direct Investment*, New York: Basic Books, 1975.

62. Robert Gilpin, *The Political Economy of International Relations*, Prince-

ton: Princeton University Press, 1987.

63. Robert O. Keohane, *After Hegemony: Cooperation and Discord in the World Political Economy*, Princeton: Princeton University Press, 1984.

64. Rodney V. Cole, *Pacific 2010: Challenging the Future Canberra*, Canberra: Australian National University, 1993.

65. Ross Garnaut, *Open Regionalism and Trade Liberalization: An Asia – Pacific Contribution to the World Trade System*, Sydney: Allen & Unwin, 1997.

66. Ruth Berins Collier and David Collier, *Shaping the Political Arena: Critical Junctures, The Labor Movement, and Regime Dynamics in Latin America*, Princeton: Princeton University Press, 1991.

67. S. M. Lipset and S. Rokkan, eds., *Party Systems and Voter Alignments*, New York: Free, 1967.

68. Shaun Breslin and Christopher W. Hughes, *New Regionalism in the Global Political Economy*, London and New York: Routledge, 2002.

69. Shintaro Hamanaka, *Asian Regionalism and Japan: The Politics of Membership in Regional Diplomatic, Financial and Trade Groups*, Routledge, 2009.

70. Stephen D. Krasner, ed., *International Regimes*, Ithaca and London: Cornell University Press, 1983.

71. V. Aggarwal and C. Morrison, *Asia-pacific Crossroads: Regime Creation and the Future of APEC*, New York: St. Martin's Press, 1998.

72. Vinod K. Aggarwal and Min Gyo Koo, eds., *Asia's New Institutional Architecture: Evolving Structures for Managing Trade, Financial, and Security Relations*, Heidelberg: Springer-Verlag, 2008.

73. W. I. Robinson, *Promoting polyarchy: Globalization, US Intervention, and Hegemony*, Cambridge: Cambridge University Press, 1966.

74. Zhang Yunling, *East Asian Regionalism and China*, Beijing: World Affairs Press, 2005.

（三）资料

1. *APEC in Charts* 2013.

2. APEC, "Opening Remarks by President Obama at APEC Session One", a-

vailable online at: http: //www. whitehouse. gov/the – press – office/2011/11/13/opening – remarks – obama – apec – session – one.

3. APEC, "The Yokohama Vision-Bogor and Beyond, The 18th APEC Economic Leader's Meeting 2010 Leaders' Declaration", available online at: http: //www. apec. org/en/Meeting – Papers/Leader – Declarations/2010/2010 – aelm. aspx.

4. Asian Development Bank, *Institutions for Regional Integration: Toward an Asian Economic Community*, Philippines: Asian Development Bank, 2010.

5. Australian Government, "Australia in the Asian Century", *White Paper*, 2012.

6. Daniel G. Arce M. and Todd Sandler, *Regional Public Goods: Typologies, Provision, Financing, and Development Assistance*, Stockholm: Almkvist and Wiksell International for Expert Group on Development Issues (EGDI), Swedish Ministry for Foreign Affairs.

7. David Dewitt, Deanne Leifso and James Manicom, "Re-engaging Asia: Global Pathways to Regional Diplomacy", Paper prepared for Plenary Session 5: Middle Powers and Regional Governance and Order, The 26th Asia – Pacific Roundtable, May, 2012, Kuala Lumpur, Malaysia.

8. ECAFE, Economic Commission for Asia and the Far East, *Official Records*, 14th Session, March, 1958, United Nations Economic and Social Council.

9. Foreign Relations of the United States (FRUS), 1955 – 1957, 1958 – 1960, 1961 – 1963, Office of the Historian, U. S. Department of State, available online at: http: //history. state. gov/historicaldocuments.

10. "Focus on Asia – Pacific Economic Cooperation: APEC Economic Cooperation: APEC Economic Leader's Meetomg Initiatives", *Bureau of Public Affairs*, U. S. Department of State, 1994.

11. Facts On File, *World News Digest Year Book 2006.*

12. Facts On File, *World News Digest Year Book 2007.*

13. Gareth Evans, "Australia and Northeast Asia", address by the Minister for Foreign Affairs and Trade, Senator Gareth Evans, "To the Committee for the Economic Development of Australia (CEDA)", Melbourne, March, 1990, available online at: http: //www. gevans. org/speeches2. html#1990.

14. Gerhard Peters and John T. Woolley, "The American Presidency Project",

available online at: http: //www. presidency. ucsb. edu/ws/? pid =49491.

15. Kihwan Kim, "Economic Integration in the Asia – Pacific: Current Problems and How They Should be Resolved", The 29th Pacific Economic Community Seminar, November, 2005.

16. "Memorandum to the President", available online at: http: //www. brookings. edu/ research/ papers/2013/01/free – trade – game-changer.

17. Merriam-webster, available online at: http: //www. merriam-webster. com/ dictionary/ entrepreneur.

18. Ole Kirkelund, "Free Trade, Public Goods, and Regime Theory: A Theoretical Discussion of the Links between Trade and IR – Theory", *Working Paper*, NR. 23, 2000.

19. Peter Van Ness, "Hegemony, not Anarchy: Why China and Japan are not Balancing US Unipolar Power", *Working Paper*, Department of International Relations RSPAS, Australian National University, Canberra, 2001.

20. Remarks of President Obama at Suntory Hall, Tokyo, Japan, November 14, 2009.

21. Ron Duncan and Yang Yongzheng, *The Impact of the Asian Crisis on Australia's Primary Exports: Why It has not been So Bad*, Australian National University: Asia Pacific Press, 2000.

22. "Supporting Provision of Regional Public Goods in the Asia and Pacific Region", Asian Development Bank, No. 0413072007, 2004.

23. *The Far East and Australasia 1989*, 20th Edition, Europa Publications Limited, 1988.

24. *The Far East and Australasia 1990*, 21st Edition, Europa Publications Limited, 1989.

25. *The Far East and Australasia 1994*, 25th Edition, Europa Publications Limited, 1993.

26. World Bank, *Economic Growth in the 1990s: Learning from a Decade of Reform*, April, 2005, available online at: http: //www1. worldbank. org/prem/lessons 1990s/.

（四）学位论文

1. Inkyo Cheong，"The Economic Effects of Asia-Pacific Economic Cooperation（APEC）and Asia-Based Free Trade AREA（AF-11：A Computeraional General Equilibrium Approach）"，A Dissertaion summited to Michigan State University in particular fulfillment of the requirements for the degree of Doctor of Philosoghy，Department of Economics，1995.

2. Maria Consuelo C. Ortuoste，"Internal and External Institutional Dynamics in Member States and ASEAN：Tracing Creation，Change and Reciprocal Influences"，a Dissertation Presented in Partial Fulfillment of the Requirements for the Doctor Degree of Philosophy，Arizona State University，2008.

三、网络文章和重要网址

1. APEC Policy Support Unit，"The Mutual Usefulness between APEC and TPP"，available online at：http：//publications. apec. org/publication – detail. php? pub_id = 1194.

2. Australia，"Australia in the Asian Century：White Paper"，available online at：http：//nla. gov. au/nla. arc – c12842.

3. Australian Government Department of Foreign Affairs and Trade，"About AUSFTA"，available online at：http：//www. dfat. gov. au/fta/ausfta/.

4. "Guiding Principles and Objectives for Negotiating the Regional Comprehensive Economic Partnership"，available online at：http：//www. meti. go. jp/press/2012/11/20121120003/20121120003 – 4. pdf.

5. "Joint Declaration on the Launch of Negotiations for the Regional Comprehensive Economic Partnership"，available online at：http：//www. mfat. govt. nz/Trade – and – Economic – Relations/2 – Trade – Relationships – and – Agreements/RCEP/jointdec. php.

6. Fact Sheet on the Regional Comprehensive Economic Partnership（RCEP）.

7. "Japan APEC IAP Peer Review（2007）"，available online at：http：//apec. org/Press/News – Releases/2007/ ~/media/DB92A9054A7845D3BEBDD1542F53237B. ashx.

8. MITI, "The Report on APEC's 2010 Economies' Progress towards the Bogor Goals", available online at: http: //www. miti. gov. my/cms/documentstorage/com. tms. cms. document. Document_ 5545aefe - c0a8156f - 34c634c6 - 7a19c6de/bogor_ Report_ AMM20101110. pdf.

9. 澳大利亚政府官方网站贸易部长主页，http: //trademinister. gov. au/releases/.

10. 澳大利亚政府官方网站贸易部长主页新闻公告，http: //trademinister. gov. au/speeches/.

11. 《东盟2030年——迈向无国界经济共同体》，http: //www. adbi. org/book/2014/07/18/6357. asean. 2030. borderless. economic. community/.

12. 日本外务省网站，http: //www. mofa. go. jp/index. html.

13. 日本经济产业省政策白皮书的内容，请参考 http: //www. meti. go. jp/english/report/data/g00Wconte. html.

14. 日本外务省，"Japan's FTA Strategy (Summary)", available online at: http: //www. mofa. go. jp/policy/economy/fta/strategy0210. html.

15. 日本外务省，"Launching of the Headquarters for the Promotion of Free Trade Agreements (FTAs) and Economic Partnership Agreements (EPAs) and Establishment of the Division for FTAs and EPAs", available online at: http: //www. mofa. go. jp/policy/economy/fta/launch0211. html.

16. 中国财政部亚太中心北京分部官方网站，http: //afdc. mof. gov. cn/.

后 记

十年前，我有幸踏入外交学院国际关系研究所攻读硕士，那是我人生中非常美好的一段时光。五年前，我有幸再次回到这里进行博士阶段的学习。不知不觉，已经毕业一年，而基于博士学位论文修改的这本《制度内选择行为与东亚经济一体化的路径选择》也即将付梓。回首这些年，我的内心充满感恩之情。

感谢我的博士生导师周永生教授，您的信任、期待和鼓励，是支持我不断上进的动力。学术上，老师对治学一丝不苟，鼓励我基于兴趣进行学习研究，并提供各种便利；生活中，老师为人旷达，宽厚敦儒，和蔼可亲，像家人一般爱护着我。这种严肃活泼的学习和生活环境，如细细涓流，让我倍感温馨。

感谢秦亚青教授、朱立群教授、苏浩教授对我专业上的指点。秦老师的方法论课程让我受益颇多，他的课程更多的是进行一种学术思维的训练，促使我们对研究问题、核心假设、研究逻辑、学术批判等有更深的领悟，从而加深对国际关系理论的理解。感谢朱立群教授、苏浩教授允许我旁听他们的方向课，朱老师课堂上针对《国际组织》《国际安全》等一系列前沿期刊进行的专题研究，使我的学术论文撰写有了系统的学习、批判和模仿的对象，得以略窥国际关系类文章写作的蹊径。不幸的是，朱老师与疾病顽强斗争后，已离世，但是先生的谆谆教诲，学生必将永记于心。苏老师治学严谨，他富有启发性的教学、关于时政的独到见解，磨砺了我的学术敏感度。

感谢我的硕士生导师李海东教授，他给了我一把打开国际关系研究之门的钥匙。感谢外交学院国际关系研究所王帆教授、赵怀普教授、卢静教授。三位老师在我读硕士阶段都是授业恩师，我非常有幸能在读博期间继续聆听教诲。感谢曲博副教授、林民望副教授，两位老师的课程让我受益匪浅，他们都是我心目中外交学院新一代的“男神”。感谢国际关系研究所的洪伊老师、马妍老师为我的学习和生活提供各种便利。

感谢参与我博士学位论文开题、匿名评审以及答辩的校内外专家学者。各位老师中肯而富有建设性的意见，使我少走了很多弯路，帮助我顺利完成博士学位论文，并写就此书。感谢中国社科院世界经济与政治研究所的李少军研究员和徐进研究员，他们在社科院举办的关于博士毕业论文写作方法课程，疏解了我完成博士学位论文的紧张感，课程也让我结识了一批志同道合的圈内好友。感谢美国约翰·霍普金斯大学戴维·卡莱欧（David Calleo）教授细致的答疑，感谢南开大学刘丰副教授、中央财经大学白云真副教授、武汉大学张晓通副教授、对外经贸大学檀有志教授、美国内华达大学政治学系蒲晓宇助理教授、北京大学宋伟副教授以及荷兰智库（Clingendael Institute）高级研究员 Maaike Okano-Heijmans 博士在本书撰写过程中给予的指导和鼓励。

延期一年毕业，让我拥有了两届的博士同学。感谢我 2011 级的博士同学们：弋浩婕、韩叶、孙丽娟、凌胜利、吴太行、李涛、崔金奇、张怿丹、谷红玉、黎旭坤、史海东、刘匡宇、崔越、尉洪池、姜志达、叶琳。怀念和大家一起探讨学术、聚餐休闲的日子。感谢我 2012 级的博士同学们：赵海清、陈侠、梅秀庭、陈水胜、贺刚、陈彩云、王娅奇、刘静烨、徐龙超、张屹。对我来说，写作是一条特别艰苦的道路，感谢陈水胜博士愿意做我的学术搭档，也感谢赵海清、梅秀庭博士、周帅博士、王隽毅博士给予的关心和支持。我还要感谢北京大学的马勇田博士、余忠剑博士，南开大学何睿博士，暨南大学的葛红亮博士，湘潭大学高鹏博士，武汉大学的赵斌博士，西南政法大学王冲博士，山东大学邹琼博士，华中师范大学张瑞欣博士等。你们是我在本书写作过程中的“正能量”提供者。

此外，由衷感谢我的父母，他们对我能力的肯定，对我小脾气的包容，对我无微不至的关怀，让我走到了今天。感谢我的丈夫，他从男朋友变成丈夫以及孩子父亲，尽管身份几经转变，他一直努力在学习、调整。感谢我的公公、婆婆不辞辛苦，无微不至地照顾我和女儿，让我在写作的过程中免于后顾之忧。本书的写作过程也见证了我女儿的出生和成长，她是我枯燥写作过程中的开心果。

最后，感谢四川外国语大学一系列科研鼓励措施，让本书得以出版。感谢暨南大学出版社黄圣英副社长、冯琳主任、吴筱颖编辑等老师在图书编辑、出版过程中的辛苦付出。篇幅所限，尚有许多给予我帮助的老师、同学、朋友未能一一列举，你们对我的帮助，我将一直铭记于心。